있는 그대로의 자유

있는 그대로의 자유

앨런 왓츠 지음

沈在龍 옮김

한국학술정보㈜

이 책을
뭇 별과, 달과, 해에게
그리고 바다와 공기와
허공의 침묵에게 바친다.

열대의 숲과 빙하, 그리고 사막에게,
부드러운 대지, 맑은 물, 그리고 난로에 피어오른 불길에게,
저 높은 산에 있는 이름 모를 폭포에게,
지붕과 너른 잎새에 떨어지는 밤비에게,
바람결에 눕는 풀잎들에게, 숲속에서 지저귀는 한 떼의 참새들에게,

그리고 이 기분좋은 날을 바라보는
그윽한 눈길에게

이 책을
바친다.

■ 일러두기

이 책의 텍스트로는 『Nature, Man and Woman』, New York: Random House(1958)을 사용했음을 밝힌다.

차 례

책머리에

서가를 들여다볼 적마다 일정한 범주(範疇)에 따라 분류되어 꽂혀 있는 책들이 무척 내 눈에 거슬린다. 대부분의 책들이 이 세상의 위대한 문명을 대변하는 철학, 심리학, 그리고 종교에 관한 것들이다. 그러나 지독히 단조롭게 철학과 신학이라는 멋없는 이분법에 묶여 있다. 간혹 재치 있지만 별 볼일 없는 책들은 얼치기 중간대를 차지하고 있다. 책의 저자들에게는 미안한 말이지만 너무도 쉽사리 딱지가 붙여진다. 이 사람은 초자연주의자, 저 사람은 자연주의자, 또 생명론자, 기계론자, 형이상학자, 실증주의자, 유심론자, 유물론자라고. 어중간한 책들은 아무 개성도 없이 전집류 아니면 수필류로 분류되어 있다.

위와 같은 이분법의 밑바닥에는 인간의 사색이, 정신과 자연이라는 양극을 왔다갔다한다는 전제가 깔려 있음이 틀림없다. 어떤 이들은 아주 한 쪽으로 쏠려서 다른 쪽은 배척한다. 또 어떤 이들은 주로 한 쪽을 찬양하고 다른 쪽을 그 밑에 종속하는 것으로 본다. 다른 이들은 두 쪽을 공평하게 다루려고 애를 쓰기도 한다. 그렇지만 인간의 사유는 자기도 모르는 사이에 한 쪽에 치우치는 것이 상례인 모양이다. 인지상정(人之常情)을 벗어나 자기만 출중한 이론을 제기하면서 무슨 그럴 듯한 말씀을 내어놓았다고 주장하는 철학자가 있다면 그 친구는 속이 꽉 막히게 답답한 사람임에 틀림없다. 논쟁이란 것이 대부분 생각의 기본적 틀, 즉 범주를 갖고 설왕설래하기 십상이다. 그 범주를 떠나버린다면 논쟁은 곧 끝나는 것과 마찬가지다.

그렇다고 정신과 자연에 대한 논의를 단지 범주니, 논리니, 철학적 논쟁거리에나 해당한다고 여기지 않는다. 정신과 자연을 둘로 나누는 이분법적 대결은, 한갓 형이상학적 논변이 아니라, 우리의 구체적인 삶과 피부에 와닿는 느낌에 관한 논의이다.

자연과 정신에 대해서 연구를 시작하면서, 나는 정신적인 삶만을 주장하는 친구들이 대부분 자연이나 육신에 대해서는 좀 모자라는 견해를 지니고 있지 않는가 하는 의구심을 품게 되었다. 왜냐하면 저들이 자연을 악(惡)과 동일시하지는 않는다 해도, 자연을 칭찬하는 법이 없이 늘 깔보는 입장을 지니고 있다고 보기 때문이다. 육신이 없는 정신만을 찬양하는 이들에게 나는 이제껏 대담하게도 반역의 기치를 높이 쳐든 이방인임을 자처하여 왔다. 그렇다고 나는 전적으로 저 이방인들의 무리에 합류하지는 않는다. 이유는 「힘좋을 적에 장미 송이를 따 모으라」는 식의 단언적 발언이 결국 절망에 이를 것이 뻔하기 때문이다. 또 결국 같은 말을 뒤집어 하는 것에 불과하지만, 자기 기만적 이상론에 그칠 공산이 크기 때문이다. 요컨대 시간이 흘러, 늙고 힘이 다하면 그저 그 턱으로 세상만사 끝장을 보는 것이 자연의 철칙이기 때문이다. 태어나면서부터 불구인 생래적 장애자에게, 사고로 인해 다친 사람들에게, 가난뱅이들에게, 그리고 죽어 가는 사람들에게 저 이방인들의 철학 즉 육신의 즐거움을 그때그때 최대한 누리라는 식의 철학은 결코 희망의 복음일 수가 없다.

그렇다고 육신을 즐기자는 이방인들의 철학을 바꾸어 놓을 대안적 철학은 무엇일까? 결국 육체를 벗어 던지고 정신 속에서나 환희의 노래를 부르자는 주장일까? 아니다. 나는 서로 상반된 주장을 펴는 당파적 철학이 결국 무의식적으로는 동일한 전제를 깔고 있음을 깨닫게 되었다. 더욱 딱한 일은 그 동일한 전제가 언어의 구조나 사회적 역할 분담 등 제도적 장치에 의해서 우리도 모르는 사이에 대대로 전승되어 오고 있다는 사실이다. 그래서 흔히 우리가 습관적으로 누구는 성인(聖人), 누구는 죄인(罪人)이라고 단정하고, 금욕주의자와 감각주의자, 형이상학자, 유물론자라고 딱 부러지게 분류를 하는 버릇이 있다. 그런데, 사실 저들은 모두 공통의 전제를 더욱 많이 지니고 있지, 차이점은 거의 무시해도 좋을 정도이다. 더위와 추위가 교차하듯이, 저 관습적 분류에 따라 나누어진 이른바—성인, 또 이른바—죄인 등도 결국 똑같은 한가지 열병의 징후가 아닌가 한다.

우리 자신의 문화와 엄청 멀리 떨어진 문화를 이해하려고 애쓸 적에야 이처럼 무의식적으로 깔고 나가는 우리의 문화적 전제들은 그 모습이 또렷하게 드러나기 마련이다. 물론 저 다른 문화에도 그들 나름의 전제가 있는 법이다. 그러나 그 두 문화의 기본적 차이점은 우리가 저들의 문화와 우리의 문화를 비교할 적에야 분명히 드러나는 것이다. 특히 극동의 문화를 우리 서양의 문화와 비교할 적에 이 사실이 두드러지게 드러난다. 저들은 서양과 따로 떨어진 채 인도—유럽의 언어 및 사유와는 그 질이 엄청 다른 언어 및 사유의 틀을 지닌 저들 고유의 고차적 문화를 발전시켜 왔다. 그래서 중국의 말과 철학을 배우는 것은 고작 중국인들과 의사를 소통하려는 데 그 가치가 있는 것만은 아니다(물론 의사소통은 그 자체가 중요한 것이긴 하다). 이 세상에 존재하는 고차적 문화 가운데 중국 문화야말로 그 사유방식이 우리 것과는 크게 다르기 때문에 중국학은 중국보다 오히려 우리 자신에 대해서 더 많은 것을 알려주는 첩경이라는 데 그 중요성이 있다.

중국의 철학은 서양 철학 내지 인도의 철학적 범주와도 잘 맞아 떨어지지 않는다. 이 사실이 나한테는 그렇게 유쾌할 수가 없다. 특히 정신과 자연의 문제를 다룰 적에 그러하다. 우리 서양 사람들이 이해하는 것처럼 정신과 자연이라는 중국철학 고유의 범주를 발견할 수 없기 때문이다. 중국의 문화에는 정신과 자연을 갈라놓고 그 틈을 넘어보려는 극렬한 대결의식이 없다. 가장 「자연적」인 중국의 그림과 시는 곧 가장 「정신적」인 예술 형식이다.

그렇다고 이 책에서 중국의 자연철학을 논문처럼 형식을 갖추어 설명하자는 의도는 없다. 나는 이미 『선의 길 *The Way of Zen*(禪道)』이라는 책에서 이 점을 길게 설명한 바 있다. 조세프 니이담(*Joseph Needham*) 역시 『중국의 과학과 문명(*Science and Civilization in China*)』이라는 책에서 중국식 자연철학을 잘 설명하고 있다. 이제부터 우리의 작업은 중국과 서양 두 철학 체계를 비교, 설명하려는 게 아니라, 중국철학 특히 노자(老子)와 장자(莊子)가 표현한 그대로 중국의 자연관을 중심으로 해서 현대의 인간 모두에게 부과된 커다란 문제 가운데 하나를 반성해 보자는 것이다. 인간이 자연에 대해 마땅히 취해야 하는 관계를 설정하는 문제가 얼마나 긴박한 것인지는 서론 부분에서 이 책을 쓰는 저자의 의도와 더불어 충분히 설명할 작정이다. 또 거기서 인간과 자연의 관계는, 동시에 남자의 여자에 대한 관계와 동일선상에 놓이는 이유까지 설명하고자 한다. 이 문제는 정신 한 쪽만을 지나치게 강조하는 서양 사람들이 특히 민감하게 반응하는 문제이기도 하다.

이 책은 내가 솔직히 「크게 소리를 내어 사색하는」 마당이다. 그 때문에 『최고의 주체성(*Supreme Identity*)』이라는 내 책의 서문에서 했던 말을 다시 크게 복창(復唱)해 보겠다.

「나는 철학자가 평생 한 가지 주장을 고집하느라고 시간을 보내는 것이 잘하는 짓이 아니라고 믿는 사람 가운데 한 사람이다. 물론 죽음을 무릅쓰고 끝까지 주장할 만반의 준비가 되어 있지도 않은 터라면 굳이 「크게 소리내서 사색」하거나 그 주장을 인쇄물로 옮기기를 꺼리는 것이 일종의 정신적 자존심이라는 것쯤 나도 모르는 바 아니다. 철학도 과학과 마찬가지로 사회와 일종의 함수 관계에 놓여 있다. 혼자서 바르게 사색할 수 있는 사람은 드물다. 그러니까 철학자도 자기 생각을 발표하여 남들의 비판에 겸손하게 귀 기울여 배울 줄 알아야 한다. 또 그렇게 함으로써만 인류의 지혜에 한 가닥 기여를 할 수 있다.

때에 따라서 내가 권위적이고 교조적인 발언을 한다 해도 그것은 내 주장을 분명히 명명백백하게 발표하기 위함이다. 결코 무슨 하나님의 말씀을 빙자한 예언을 내걸려는 욕심이 있어서가 아니라는 사정을 알아 줍시사 빌고 싶다.」

서양 사람들 사이에는, 철학이나 지적 활동은 현실적이고 기술적인 업적보다 가치가 떨어지고, 당장에 불필요한 일종의 문화적 장식품쯤으로 여기는 풍조가 널리 만연해 있다. 이런 생각과 대조적인 동양인들의 견해를 또 많은 사람들이 오해하고 있다. 즉 참된 지식은 말을 통해 얻을 수 없고, 개념의 조작(操作)을 넘어서 있는 것이라는 동양인들의 생각을, 서양 사람들은 제 눈의 안경으로 뒤섞어 혼동하기 때문에 지극히 위험하다. 우리 서양인들의 행동은 늘 목적과 가치의 철학에 의해서 조종된다. 그런 생각은 거의 무의식적으로 깔려 있어서 엉뚱하게 잘못된 철학이 비록 나쁜 결과를 가져오더라도 그것도 철학이라고 그대로 받아들이는 정도이다. 소위 동양의 「비지성적(非知性的) 경향」은 사유를 뛰어넘어 그 위에 초월해 있는 반면, 서양의 단순한 행동 제일주의는 그 훨씬 밑바닥에 처져 있는 것이다. 동양의 초월적 지혜란, 지성을 희생해서 우리들이 사유조작에 사용하는 개념들을 무의식 속에 집어넣는다고 성취되는 것이 아니다. 우리 서양인들이 사색할 적에 밑에 깔고 들어가는 전제를 쉽게 왜곡하는 버릇은 오직 그 전제가 무엇인지 그 사색의 밑바닥까지 캐들어가는 작업을 통해서나 고쳐질 수 있을 것이다.

앨런 왓츠
캘리포니아, 밀 밸리에서

미리 다짐해 두는 말

우리가 이 세상으로 귀양살이 오기 전에 살았던 맑고 영원한 세계

물고기가 들어 있는 어항을 들여다본다. 영롱한 색깔의 조약돌들이 맑은 물 밑바닥에 조용히 놓여 있다. 물고기들도 있다. 물론 처음에는 마치 꼼짝 않는 그림자처럼 보이다가 시시때때로 변화하는 햇살을 가르고 쏜살같이 내닫기도 한다. 물고기가 노는 모습은 시간의 그물과 급박한 역사의 현장을 벗어나 있다. 몇 시간을 두고 바라보아도 지치지 않을 것만 같다. 이런 그림 같은 모습이 아마 몇 백만 년은 더 계속되어 온 듯하다. 때로는 아련하게 향수와 기쁨이 뒤섞인 감정이 가슴 밑바닥을 날카롭게 쑤시고 지나간다. 이것이야말로 우리가 이 세상으로 귀양살이 오기 전에 살았던 저 맑고 투명하게 영원한 존재만 실재한다는 참 세계가 아니던가?

이런 느낌은 오래 가지 않는다. 느낌 이전에 우리는 이미 더 잘 알고 있다. 우리는 저 물고기가 잡아먹히지 않고 제 생명을 보전하기 위하여 끊임없이 헤엄친다는 사실을 알고 있다. 남의 눈에 띄지 않으려고 가만히 동작을 멈추고 또 신경을 바짝 곤두세워 조금이라도 이상한 물체가 나타나면 쏜살같이 몸을 숨기는 등 피곤한 동작을 되풀이하는 것이 저 물고기의 가련한 신세라는 것을 우리는 너무나 잘 알고 있다. 소위 「자연을 사랑한다」라는 말 뒤에 얼마나 감상적 발상이 감추어져 있는지 우리는 잘 알고 있다. 바다갈매기도 순전히 즐겁기 때문에 바다 위를 유유자적하듯 떠도는 것이 아니다. 허기진 배를 채우려고 물고기를 찾아 이리저리 헤매고 있다는 것을 우리는 알고 있다. 꿀벌들은 백합꽃 향기에 취하여 꿈을 꾸는 것이 아니다. 마치 세리가 세금을 거두듯 정기적으로 꿀을 따러 꽃 속을 기웃거린다는 사실을 잘 알고 있다. 마치 고무공처럼 장난스레 자유롭게 숲속을 뛰노는 다람쥐들도, 알고 보면 식욕과 공포가 뭉쳐진 작은 짐승일 뿐이다. 평화로 가득 찬 합리 세계, 편안한 문화생활, 현대인들이 누리는 일상적 생활규범도 따지고 보면, 모두 참기 어렵게 광포한 정열을 억압하는 관습의 껍데기일 뿐이다. 문명이란 결국 무자비한 경쟁과 공포에 휩싸여 있던 저 원시적 자연 세계라는 구덩이를 벗어나 애를 쓰고 언덕을 기어올라와서 처음으로 발견한 안락하고 평탄한 최초의 휴식처에 비유할 수 있다는 사실을 우리는 너무도 잘 알고 있다.

그런데 우리는 사실 단지 그렇게 알고 있다고 믿을 뿐이다. 이처럼 지독하게 사실적인 그림, 마치 깡패가 그려 보이는 듯한 이 세계상은, 우리 마음대로 자연 세계는 이러이러 하리라고 마구잡이로 재창조해 놓은 그림이다. 그리고 동시에 가장 낭만적인 현실도피자들이 그리는 목가적 전원풍경에 지나지 않는다. 우리가 지금 그리고 있는 자연 묘사는 대부분 유행처럼 바뀌는 지성사와 문학사의 분야에 속한다. 그런 세계는 이제 정말 우리에겐 너무나 낯설은 풍경이 되고 말았다. 이런 소외감은 이제까지 생명의 진화를 지배한 원리 원칙으로부터 멀리 떨어진 문화와 시대를 살고 있는 현대 서양인들에게는 더욱 강화되어 나타난다. 즉 오늘날의 서양 사람들은 생명과 인간이 태어난 모태인 자연계의 평형관계라는 복잡 미묘한 과정에 인류의 미래를 그대로 맡겨버릴 수 없다고 주장한다. 인간의 지성이 결국 자연에서 나온 것임에 틀림없건만, 그 지성은 이제까지의 자연 질서와는 전혀 다른 이질적인 원리의 지배를 받는다고 주장한다. 그래서 이제부터 생명이라는 조직체는 저절로 발생하는 것이 아니라, 좀 어렵기는 해도 아무튼 생명도 공학적으로 조작할 수 있는 것이라는 생각이 고개를 들기 시작한다. 인간이 생명을 조작하는 과제를 떠맡게 되자, 인간의 지성은 더 이상 그 지성을 산출한 유기체에 본래 감추어져 있는 내재적이고 자연적인 지혜에 더 이상 의존할 수가 없다고 주장한다. 인간의 지성은 이제 혼자 독립하여 오로지 자신의 힘만을 믿을 수밖에 없다. 좋건 싫건 인간은, 곧 인간의 의식적 지성은 이제부터 세계를 지배하지 않을 수 없다고 믿는다.

자기 자신에 대해서 손톱 끝만큼도 제대로 알지 못하는 인간들이 이처럼 엄청난 결론을 비약적으로 끄집어내었다니 참으로 어처구니가 없다. 인간이 심리학이나 신경생리학을 동원해서 얻는 지식이 얼마나 하찮은 것인가? 그럼에도 불구하고 위와 같은 결론을 끄집어내고 기고만장하는 인간의 유치한 오만을 생각해 보라. 어떻게 하면 우리가 세상을 제대로 의식하고 그에 관한 지식 정보를 제대로 소화하는지도 모르는 주제에, 벌써부터 의식적 지성의 역할을 벌써 다 알고 있는 양 허풍을 떨고, 너 나아가 그 알량한 지성으로 이 세상을 지배한다고 깝신대는 인간의 치졸한 오만을 생각해 보라.

인간이 자연으로부터 소외되어 있다는 느낌은 우리가 우리 자신조차 잘 모르고 있다는 근원적 소외 즉 근원적 자기 무지에서 비롯한다. 말하자면 우리 인간은 「나」라고 하는 지극히 제한된 주의력의 중심과 광대한 유기적 복합체로 조각조각 갈라져 있는 존재이다. 그 생명의 복합체는 표현하기 힘들 뿐만 아니라, 지극히 불안정한 느낌 또는 추상적 생물학적 개념을 통해서나 겨우 알까말까한 정도이다. 이것이 우리들 소위 「나 자신」의 본디 모습이다. 역사가 생긴 이래 서양 문화가 빚어낸 인간의 유형은 이상하게도 자기 자신으로부터 소외되어 왔다. 똑같은 논리를 적용하면, 인간은 유기체로서 그가 소속한 자연 환경으로부터도 소외되어 온 게 사실이다. 특히 기독교철학은 신의 본성에 대해서는 그렇게 아는 것이 많다고 하는데, 인간의 본질에 대해서는 거의 말하는 것이 없다. 성삼위(聖三位) 일체(一切)에 대해서는 두꺼운 책마다 그렇게도 정확하고 많은 이야기를 늘어놓고 있는 데 반해, 인간의 영혼과 정신에 대해서는 무척 애매하고 아주 짤막한 설명만 있을 뿐이다. 참 대조적이다. 육신에 대해서는 어떤 태도를 취하나? 「신의 작품이라니까 할 수 없이 인간의 육신도 좋다.」 이처럼 인색하게 육신을 겨우 인정하는 것은 사실이다. 그러나 실제로는 육신이란 악마가 정복한 영역으로 간주하는 것이 통례이며, 인간성에 대한 연구래야 주로 인간의 나약함과 그 실수(失手)에 치중하고 있다. 이런 점에서는 심리학자들도 신학자들과 다를 바 없다.

자연 과학자들은 어떠한가? 이론적으로는 객관적 자연주의라는 견지를 지닌다고 하면서도, 인간과 그 자연 환경을 포함한 일체의 자연을 마치 정복하고 다시 배열해야 할 존재로 생각하는 경향이 짙다. 즉 자연은 합리적 지성이 개발한 기술에 따라가야만 하는 것이라는 생각이 자연 과학자들의 주된 생각이다. 지성은 자기가 자라 나온 뿌리인 자연을 배반할 뿐만 아니라, 이제는 그 정도를 지나쳐 그것을 개량하겠다고 덤비는 것이다. 실상 기술이나 합리적 이성도 결국은 초자연적 영혼과 마찬가지로 자연으로서의 인간에게서부터 소외되어 있기는 매 한가지다. 왜냐하면 자연과 자연으로서의 인간은 둘 다 똑같이(신학적 또는 공학적) 기술에 의해서 관찰과 연구의 대상으로서 그것이 아닌 다른 무엇 즉 주관적 관찰자와는 다른 것으로 되어버리기 때문이다. 객관적 지식이 아니면 알아주지 않는 풍토에서는 우리의 앎이란 언제나 우리 자신 즉 주체에 관한 것은 아니게 마련이다. 따라서 우리의 지식은 언제나 오직 바깥으로부터 외계 대상에 만한 지식에 머무르고 만다는 느낌을 벗어날 수가 없다. 결코 안으로부터가 아니라 마치 영원히 양파 껍질을 벗기듯 꿰뚫을 수 없는 껍데기의 세계 즉 겉가죽 안에 또 다른 겉가죽에 둘러싸인 세계에 대한 지식으로 만족할 수밖에 없는 실정이다. 그러니 안으로부터 자연이 어떻게 보이는지 우리가 지닌 관념의 다발들은 기껏해야 유행 사조에 따라 변덕스럽게 변화하는 추측에 불과하다는 것은 하등 놀라울 일이 아니다.

그런데 금세기 초엽 세상을 주름잡으며 그 의기 당당하던 자연과학의 태도는 어쩐지 요즘엔 수그러지는가 싶다. 아마도 더 많이 알면 알수록 무지에 대한 자각도 늘어나기 때문이 아닌가 한다. 동시에 아무리 차가운 지성적 견지에서 보더라도 우리는 아무려면 그렇게 두 쪽이 난 이분법적 세계에 살고 있을 리가 없다. 아니다. 도대체 정신과 자연, 마음과 몸, 주체와 객체, 지배자와 피지배자라는 엄격한 구분은 결국 언어가 삶에 덮어씌운 어색한 관습에 불과하다는 것을 알게 되었다. 만사가 서로 의존하고 있는 세상의 그림을 그리는데 이런 이분법은 너무나 거칠고, 오해를 불러일으키기에 딱 알맞은 용어들이다. 세상은 마치 어느 한 코를 찾아 꿰어 질서 있게 정렬해 놓을 수 없을 정도로 이리저리 엉킨 실타래처럼 그러면서도 묘하게 평형관계를 유지하는 굉장히 복잡한 무엇이다.

그렇다고 마음이 몸으로 쉽게 환원되는 것이 아닌 것처럼, 정신 역시 소위 「자연」이란 말로 관행적으로 의미하는 그 자연으로 완전히 환원되는 것이 아니다. 요즘 우리는 물질, 실체, 질료 등등 무슨 물체를 지시하는 말들을 점점 쓰지 않게 되었다. 마음과 물질이 모두 일종의 진행 상태 아니면 과정(過程, process)으로 사라져버리기 때문이다. 사물(事物, thing)은 사건(事件, event)으로 바뀌어졌다. 어떤 모양, 조합 또는 구조로 그 사건을 파악하게 되었다. 이제 아무도 「그 모양이 무슨 물질로 구성되어 있나?」라고 물을 정도로 유치하지 않다. 그런데 중요한 점은 사물들을 오직 서로 의존해서 존재하는 것으로 바라볼 적에야 그 본성을 알게 된다는 것이다. 바로 그 상호의존적 관계로 뭉쳐진 세상은 한 치도 이은 구석이 없이 꽉 짜인 단일체이다. 그런 세상에서 인간을 자연과 메어놓고, 그 뿌리를 세상 아닌 어디 엔가 다른 데 두고, 인간이야말로 어디서부터 귀양와서 이 세상을 지배할 수 있는 정신이라고 여기는 것처럼 어처구니없는 발상도 없다. 인간은 그 자신이 끝없는 실타래의 한 고리이다. 그래서 한 쪽을 잡아당기면 다른 쪽으로 끌리는 줄 안다. 그러나 그 힘의 원천을 찾을 길이 없다. 그런 생각의 틀 자체가 바로 그걸 가로막는다. 자기가 바로 자신이라, 주체라 생각하고, 자연을 객체로 보기 때문이다. 그 힘의 원천을 주관에서도 객체에서도 아무데서도 찾을 수 없을 적에 인간은 혼란에 빠진다. 자발적 의지론으로도, 객관적 결정론으로도, 인간은 아무리 알량한 이론을 들먹여 보아야 결론을 내리지 못한다. 혼란의 원인은 과정의 실타래가 엉킨 데 있지 않다. 바로 그 생각 자체가 뒤죽박죽 엉킨 데 있다.

요즈음 서양 사상계의 풍토로 보아서 인간이 자연과 전적으로 밀접한 관계에 있다는 자각이 싹트기에는 아직 때가 이른 감이 든다. 물론 인간이 자연의 우두머리요 주인이라는 생각에 젖은 서양 문화로서 그런 자각은 부끄러움을 동반하리라. 아직도 서양 문화는 점점 높아지는 경고의 목소리에도 불구하고 저들의 기술적 힘을 과시하며 좋아라 날뛰고 있다. 미래를 위해 살아 있는 철학을 신봉한다고 말끝마다 강조하면서도, 그 과정 반대로 서양 문화의 장래를 전망해 보면 내일 모레를 못 넘길 것만 같다. 저들은 이 지구의 천연자원은 물론 소위 방사능의 에너지를 마구 착취하는 데 열을 올리고 있는데, 정작 그렇게 헤집어 놓은 대상 사이의 복잡한 관계를 눈꼽만큼도 모르는 실정이다. 우리의 가슴을 답답하게 짓누르는 것은 이 우주 자연을 그렇게 헤집어 놓아서는 안 된다는 사실도 있지만, 그런 짓거리를 벌이는 우리의 마음 상태가 허상에 불과하다는 것이다. 인간이 만약에 자연과 더불어 한 치의 틈도 없이 꽉 짜인 하나의 유기체를 이루고 있는 것이라면, 인간은 결국 자연의 기본적 충동이라고 생각하는 그 탐욕과 공포의 원초적 힘을, 그 맹목적 생존의 추구를, 합리적으로 다스리는 일을 인간의 최고 이상으로 삼아야 할 것이다.

우리는 안으로부터 자연을 배울 수 있다

지레 불안에 떨 필요는 없다. 우리는 안으로부터 자연을 배울 수 있다. 우리가 자연과 더불어 한 치의 틈도 없이 밀착되어 있는 존재라는 사실의 발견은 그야말로 획기적이다. 철학적 탐구는 이제부터 그 끝없는 실타래의 특성과 내적 작용을 풀어내는 데 모든 힘을 기울여야 한다. 이미 슬쩍 비친 것처럼 우리가 본능적으로 맹목적 충동에 휩쓸려 다닌다는 생각은 한갓 신화에 불과할지도 모른다. 아마도 이제까지 고전적 세계에서 사랑 많으신 인격적 하나님의 뜻이야말로 원초적 충동이었다고 생각하던 것과는 정반대로 방향을 바꾸어, 차라리 인간 중심적 사고라는 하나의 유행사조가 만들어진 것이 아닐까? 충동, 힘, 동기, 자극 따위의 말들은 마치 영어에서 비가 내린다고 할 적에 무의식적으로 신비스런 그것이 비를 내린다는 표현을 쓰듯이, 어떤 추상 작용이 지어낸 지성의 망령에 불과할는지 모른다. 모든 문장에 주어를 갖다놓아야 직성이 풀리는 문법적 관습이 아마도 모든 행동의 뒤에 무슨 충동이나 힘을 상정하는 유일한 이유가 될 것이다. 그런데 다음과 같은 생각도 우리를 괴롭힌다. 전혀 아무런 동기를 지니지 않은 생명체가 우주라고 생각할 수 있을까? 적어도 살아남을 의지조차 없는 생명체가 우주라고? 절대 무목적의 세계는 정말 어떠한 가능성의 조합 가운데에서도 가장 멋없는 우주가 아닐 수 없다.

무목적 우주관은 바로 그 생각이 미완성이기 때문에 우리를 공포에 떨게 한다. 목적은 인간다움의 특성이다. 이 세상에 목적이 없다함은 바로 이 세상이 목적이 있는 인간하고는 다르다는 말이다.

『도덕경(道德經)』에 이르기를: 천지불인(天地不仁)이라,

「하늘과 땅 곧 자연은 사람의 마음을 지니지 않는다」 하였고,

이어서 성인불인(聖人不仁)이라,
「지극한 도인 즉 성인 역시 사람의 마음을 지니지 않는다」 하였다.

인간을 자연과 대립하여 자연의 반대편에 놓았을 적에야 인간이 아닌 것들은 비인간적인 것처럼 보인다. 자연의 비인간적인 모습이 마치 인간을 푸대접하는 것 같고, 또 자연의 무목적성이 마치 인간의 목적의식을 비웃는 것처럼 보인다. 자연이 사람의 마음을 지니지 않는다고 했을 적에, 그리고 목적이 없다고 했을 적에, 그리고 다른 무엇을 지녔다고 생각해서는 안 된다. 예컨대 인간의 몸 전체는 손이 아니다. 그렇다고 단지 그 이유만으로 인간은 손이 아니라고 하는 것은 아니다.

만약 새나 구름 또는 별에게 인간의 특성이 없다고 해서 마치 완전한 공백처럼 여긴다든지, 또는 의식을 결한 것들은 모두 무의식적 존재라고 생각한다면 그런 발상은 지독히 인간 중심적 사고방식일 뿐이다. 우리 인간의 논리나 언어를 규정하는 상호배제적 선택지로서 자연계가 반드시 정렬되어 있으란 법은 없다. 게다가 우리들이 「자연은 맹목적이다」 또는 「물질에는 지성이 없다」라고 말한다면, 우리가 의식을 마치 무슨 물건처럼 대상화해서 알려고 할 적에 느끼는 막막한 감정을 그대로 자연 내지 물질에 덮어씌우는 것이나 아닐까? 마치 우리가 눈으로 눈을 보려고 할 적에, 아니면 혀로 혀의 맛을 보려고 덤빌 적에 느끼는 황당한 기분 말이다.

인간은 의식을 집중해서 합리적으로 생각할 적에 무서운 힘이 생긴다는 점을 알고 난 다음, 합리적 사고라는 새로운 연장에 취한 나머지 그 밖의 모든 것을 깜빡 잊어버렸다. 마치 닭이 자기 부리에 백묵으로 그려 놓은 선을 따라가다 자기 최면에 걸리는 것처럼, 인간의 자의식적 최면은 우리에게 시사하는 바가 많다. 인간은 저들의 전 인격적 감성을 마치 그 뾰족한 의식의 부분적 기능과 동일시하는 순간, 저들은 자연을 안으로부터 느끼는 능력을 잃어버린 것이다. 더욱 기막히는 일은 우리 인간이 저 자연과 빈틈없이 하나라는 사실을 망각하고 말았다는 것이다. 그 결과 우리 인간들은 행동을 철학적으로 논의하자마자, 으레 의지론과 결정론, 또는 자유와 숙명이라는 이분법적 범주로부터 헤어나지를 못한다. 우리의 행동과 저 빈틈없는 단일체로서의 세계가 전체로서 하나라는 감각을 잃어버렸기 때문이다. 프로이드 *S. Freud*의 말처럼,

> 「원래 자아(自我, *ego*)는 만유(萬有)를 포함했었는데, 점점 스스로를 소외시켜 외계(外界)로부터 떨어져나갔다. 그래서 우리가 지금 느끼는 자의식은 그보다 훨씬 포괄적인 어떤 의식의 쭈그러든 모습일 뿐이다. 원래 우리의 자아는 전 우주를 가슴에 안았었고, 자아와 외계 사이에는 한치의 빈틈도 없이 불가분의 관계에 있었다.」[1]

만일 이 말이 사실이라면, 동식물의 배고픔과 공포를 반드시 인간을 중심으로 생각해서는 안 된다. 인간의 소외된 자아는 언제나 세상만사를 모두 제 것으로만 여기는 버릇이 있다. 문제는 우리 인간이 초점을 맞추는 의식을 개발한 데 있다기보다, 그 배경이 되는 더 넓은 느낌의 세계를 망각했다는 데 있다. 즉 안으로부터 자연이 무엇인지 가르쳐 줄 수 있는 원천으로부터 소외당했다는 데 있다. 아마도 이처럼 망각된 느낌의 세계에 가장 가까운 것은 항상 우리들이 「자연적 삶」을 영원히 동경하는 데서 발견할 수 있을 것이다. 또는 우리 인간이 그로부터 타락했다고 여겨지는 저 황금시대에 대한 신화를 보아도 우리가 분명 무언가 잊고 있다는 사실을 알 수 있다. 별다른 뾰족한 이유도 없이 우리는 저 잊어버린 느낌의 세계로 돌아가면 혹시 개별화된 의식의 세계를 희생해야 하지 않을까 걱정하기도 한다. 물론 느낌의 세계와 의식의 세계, 그 두 세계는

---

1) 프로이드(1). 13쪽

이율배반적이다. 그러나 전체 나무를 잃지 않고 똑똑하게 나뭇잎새 하나하나를 볼 수 있다. 인간과 동물의 차이는 아마도 저 동물들은 가장 초보적 개별의식을 지닌 반면, 자연의 광대한 연결체계를 느끼는 고도의 감성을 소유하는 데 있지 않을까 한다. 그렇다면 저 지극히 불안정한 동물의 삶도 우리가 생각하듯이 그렇게 참을 수 없는 정도는 아닌 것 같다.[2] 그런 보상도 없다면, 과연 인간 이외의 생물들이 수백만 년을 두고 어떻게 그 위험스런 생명의 곡예를 지탱해 왔는지 상상하기 어렵다.

  자연으로부터 도태당했거나 좌절한 국외자가 아닌 인간 본연의 모습을 그 자연 속에서 발견하기 위한 가장 손쉬운 길은 중국의 도가(道家) 철학 그리고 거기에서 배태(胚胎)된 선불교(禪佛敎)와 신유학(新儒學)을 살펴보는 것이다. 조세프 니이덤은 『중국의 과학과 문명』 제2권에서 중국의 자연철학이 현대 서양의 자연과학과 철학에 얼마나 심대한 관련성을 지녔는지 여러 군데에서 이야기하고 있지만, 이제부터 하나하나 그 중요성을 탐구해 보도록 하자. 특히 도가의 철학은 우리의 특별한 관심을 끌고 또 특별한 가치가 있다. 도가의 자연철학 또는 자연주의는 흔히 서양의 기계론적 그리고 생명론적 자연론적과 전혀 다른 철학이다. 일부 서양인들의 반형이상학적(反形而上學的) 편견도 없고, 또 자연을 추상적 기호체계로 환원하려는 무리한 시도도 없는 중국인들의 자연관은 우리의 특별한 관심을 끈다.

---

2) 저 재빨리 불안하게 움직이는 동물의 행동이 과연 위험을 피하기 위해 공포에 휩싸인 행동일까 곰곰 생각해 보자. 큰 도시에 사는 인간도 고속도로에서 온갖 재주를 부려 교통혼잡을 피해가는 곡예를 벌이면서도 어느 정도 느긋한 마음의 여유를 갖고 그 곡예를 벌이는 것이 아닌가? 우리가 걷거나 달릴 적에, 음식을 씹다가 목구멍이 막혔을 적에, 또는 공을 갖고 놀다 뼈가 부러질 위험에 직면했을 적에, 거의 번개 같은 속도로 우리 눈에 뛰지 않는 수많은 신경다발의 민첩한 반응으로 그 위험을 벗어나는 경우를 생각해 보자.

더군다나 도가의 자연철학은 이론체계 이상의 무엇이다. 아니 이론하고는 아무 상관이 없는 그 무엇이다. 도가의 세계관은 우선적으로 말하자면 인간이 사는 길이다. 하나의 삶의 방식이다. 즉 개별적 의식을 하나도 잃지 않은 채 그대로 자연이 빈틈없이 하나로 통일된 전체라는 점을 본래 그대로 느낄 수 있는 그런 생활방식이다. 인간의 행동이 자연환경과 전혀 새로운 관계맺음이 가능한 생활방식이다. 자연계에 인공적 간섭을 가함이 없이 기술을 적용하는 그런 새로운 생활 태도이다. 우리들의 상식을 뒤집어엎고, 새로운 시각으로 세상을 살라고 요구하는 철학이다. 특히 우리의 생존본능을 뒤엎고, 악과 고통을 배제함으로써 선과 즐거움을 추구한다는 상식을 깨뜨리고, 특히 창조에 있어서 우리의 의지력을 없애야 한다는 새로운 철학이다.

중국의 자연철학을 심도 있게 추구하려는 우리들이 도가철학의 체계적 역사적 설명에 긴 시간을 빼앗길 수는 없다.[3] 차라리 인간이 자연에 대해서 지녀야 할 마땅한 태도를 다루면서 동양과 서양을 비교하는 가운데 도가철학에 대한 소개는 자연히 이루어지리라 믿는다.

우리의 논의에서 가장 중요한 것은 어떻게 해서 자연이 빈틈없이 하나로 연결되어 있는지를 알아내는 구체적인 방법을 발견하는 일이다. 이 논의의 성패는 철학적 사고가 아닌 느낌의 세계를 어떻게 보여주느냐에 달려 있다. 따라서 이 글은 형식적 논리에 충실한 지성적 철학자보다 감성에 충실한 시인의 정신을 따라간다. 그런데 바로 저 발견의 방법이 바로 문제다. 도대체 우리가 잊어버린 의식은 어떤 방법을 써도 발견할 수 없다는 게 문제요 역설이다. 의지나 자아의 행동은 의식의 분열적 행동

---

3) 체계적 설명은 도가에게 딱 질색이다. 물론 홈즈 웰취(Hhlmes Welch)의 책 『道의 갈랫길(Parting of the Way)』은 이런 일을 썩 잘해 놓았다. Welch(1)을 보시라. 한글로 옮긴 윤찬원의 번역본은 『老子와 道敎−道의 分岐』로 서광사에서 1988년 나왔다.

방식을 더욱더 강화한다. 그렇게 행동해 버릇한 사람은 달리 행동할 길을 모르기 때문에 이것이야말로 애당초 좌절감만 안겨주기 십상이다. 억지로 자연스러우려고 애를 쓰면 쓸수록 더욱 어색해진다는 것을 우리는 잘 알고 있다. 도가에서 자연이라는 말이 지칭하는 것은 우리가 태를 내지 않고 정상적으로 행동한다는 것 이상의 의미가 있다. 즉 우리의 체험과 행동 모두가 도의 움직임이라는 것을 구체적으로 알아차려야 한다. 도는 곧 저 끝없이 하나로 연결된 자연이라는 실타래이자, 곧 나의 의식이요 인식 주관이라는 것을 깨닫는 것이다.

세계와 하나가 된 느낌

흔히 영어로는 네이쳐(*nature*)라 하고 우리는 자연(自然)이라고 발음만 그대로 옮겨 쓰는 중국 한자(漢字) 말의 원 뜻은 「스스로 그러함」이다. 아마 영어로도 「자연스러움(*spontaneity*)」이라고 새기는 편이 나을지 모르겠다. 이 말은 아리스토텔레스(*Aristoteles*)가 신의 관념을 설명할 적에 「움직임을 당하지 않고 스스로 움직이는 자」라고 하는 말과 거의 다를 바 없다. 자연은 통채로 보거나 그 일부를 보거나 도무지 바깥에 있는 어느 누구에 의해서 움직여진다고 말할 수 없기 때문이다. 끝이 없이 한 데 이어진 실타래의 움직임은 하나하나가 모두 그 실타래 자체의 운동이다. 한 덩이가 통 채로 움직이는 유기체니까 그 일부 또는 한 바퀴의 움직임이 전체에 의해서 움직임을 당하는 수동적 존재로 생각해서는 안 될 것이다. 인식 내지는 논의의 필요에 따라 우리는 비유적으로 부분을 전체와 나누어 생각하지만 실제로 말하면 한 바퀴는 바로 그 실타래 전체와 다름없다. 마치 한 동전의 양면처럼 한 켠을 없애면 다른 면도 동시에 없어진다.4) 그러니까 인간의 예술활동이나 인공적 노력의 소산이

---

4) 아마 뫼비우스(Moebius)의 띠를 더 좋은 보기로 제공할 수 있겠다. 종이띠를 고리처럼 만들고 한번만 꼬면 뫼비우스의 띠가 된다. 뫼비우스의 띠는

모두 「자연의」 그리고 문자 그대로 「자연적」 소산(所産) 즉 스스로 만들어지는 행위와 똑같은 것으로 간주된다. 중국의 시나 그림에서 볼 수 있는 「세계와 하나가 된 느낌」을 표현하기 위해서 필요한 기술은 언뜻 보면 아무렇지도 않게 우연히 이루어지듯 만드는 기술이다. 말하자면 「조절된 우연」이랄까 억지로 의식적으로 만들었다는 느낌이 안 들게 딱 맞는 표현을 성취하는 기술이다.

서양인들에게 중국식 자연철학을 잘 응용한 예로 중국화의 기술을 들먹이는 것은 어쩐지 이상스럽다. 그럼에도 불구하고 이 철학을 자세히 논의할 필요는 있다. 여러가지 이유가 있겠지만 그런 논의에 가장 알맞는 주제는 특히 남자와 여자의 관계 그것도 성적인 관계를 논할 때이다. 무엇보다도 인간이 자연을 대하는 태도는 남성이 여성을 대하는 태도와 상징적 상관관계에 있다. 물론 상징적이라고 해서 좀 허황되게 들릴는지 모르나, 사실 이 태도야말로 동서양인들을 막론하고 저들의 성적인 사랑의 행위에 엄청난 영향을 미치고 있다. 인간이 자연과 소외되어 있다고 느끼는 문화권에서 특히 자연이 인간보다 열등하고 악으로 가득 차 있다고 생각하는 문화권에서는 사랑의 성행위는 귀찮고 문제성 있는 관계로 취급된다. 기독교 그 중에도 앵글로색슨 계통의 문화는 그 밖의 사람들이 보기에 기괴하다 할 정도로 성의 문제에 사로잡혀 있다. 그것도 「머리는 온통 성으로」 가득 찼다고 할 만큼 우리 서양인들 자신은 이상하게도 성에 집착하고 있다. 이런 집착을 해결하는 데, 단지 잊어버린다는 것으로만은 불충분하다. 지난 2천년 동안 도덕군자들의 충고가 대부분 그런 유형이었다. 그렇다고 성은 마치 한갓 생물학적 문제이니까 의학적 심리 치료적 차원에서 해결하도록 내버려둘 수도 없다.

자신 이외의 대상과 의식적으로 결합하는 공통의 방식 가운데 성적인

___

분명 두 면을 갖고 있지만 하나의 띠이다.

관계만큼 극적이고 강렬한 모습을 보여주는 것은 없다. 더 나아가 인간 자신의 유기체적 자연성을 표현하는데 성적 관계만큼 생동감 있게 드러나는 장소도 없다. 또 자신의 의식적 의지에 충동을 받아 가장 적극적으로 창조적으로 행동하는 것이 바로 성행위다. 그러자니 개인들이 자연과 소외되어 있다고 느끼는 문화는 또한 성적인 관계에 대하여 떳떳하게 내놓고 이야기 못하는 문화라고 하등 이상하게 생각할 필요가 없다. 특히 저 영적인 세계에만 온갖 정열을 쏟는 사람들에게는 성이야말로 비천하고 악에 가득 찬 것으로 보이기 마련이다.

　서양 사람들(그리고 혹은 기타 다른 문화권의 사람들)의 무질서한 성문화는 결국 성적인 관계가 한번도 진지하게 철학적 성찰의 대상이 안 되었다는데 그 근본적 원인을 돌릴 수 있다. 서양 문화에서는 성적인 관계가 영적인 체험과 생산적인 접촉을 가진 적이 없다. 인도의 성전(性典) 카마수트라에 보이듯 성적인 관계가 예술의 경지로 승화된 적도 없고, 심지어 요리술 만큼의 대접은커녕 그보다 훨씬 하등급의 대우를 받았다. 이론적으로 말하면야 기독교의 성스러운 혼배성사는 그 관계를 성스러운 것으로 인정하는 듯이 보인다. 그러나 실지에 있어서 그 과정이 간접적이고 온갖 금계로 가득 차 있다. 우리 서양인들은 흔히 그 관계를 「동물적」이라고 표현해 버릇한다. 말 그대로 우리는 여전히 그 관계에서만은 동물의 차원을 벗어나지 못하고 있다. 혼배성사는 격상되기는커녕 금줄로 둘러싸서 「진정한 사랑」이 그 관계를 완전하고 성스러운 것이 되도록 기도할 뿐이다. 몇 가지 조건이 갖추어지기만 한다면야 간혹 연구와 기술이 없이도 자연스레 이상적 관계로 발전할 수는 있었다. 그러나 문화 자체가 자연이 정말 무엇인지 모를 적에 그것은 정말 우연히 어쩌다 자연스레 성공하는 경우다. 그런데 인격이 온통 자아에만 초점이 맞추어져 있고 그 자아는 또 자연과 배치(背置)되어 동떨어진 영혼 또는 정신으로 간주되는 문화 속에서는 그런 관계는 과거에도 불가능했고 지금도 불가능하다. 요컨대 우리 서양인들이 이제까지 따라온 철학과 이제까지 배양한 정신적 체험을 통해서 성적인 관계를 건설적으로 재구성하기란 숲에 가서 물고기를 찾는 격이다.

남자가 여자를 가까이 아니함이 좋으나…… 내가 혼인하지 아니한 자들과 과부들에게 이르노니 나와 같이 그냥 지내는 것이 좋으니라. 만일 절제할 수 없거든 혼인하라. 정욕이 불타는 것보다 혼인하는 것이 나으니라…… 그러나 장가가도 죄짓는 것이 아니요, 처녀가 시집가도 죄짓는 것이 아니로되, 이런 이들은 육신에(육신 속에 고난이 있다는 말일까? 육신과 더불어 고난을 일으킨다는 말일까? 아마 육신 자체에 고난이 들어 있다고는 못할 터이지)[5] 고난이 있으리니, ……형제들아 내가 이 말을 하노니, 때가 단축하여진 고로 이후부터 아내 있는 자들은 없는 자 같이 하며……. 너희가 염려 없기를 원하노라. 장가가지 않은 자는 주의 일을 염려하여 어찌 하여야 주를 기쁘시게 할꼬(마음이 나누이며 시집가지 않은 자와 처녀는 주의 일을 염려하여 몸과 영을 다 거룩하게 하려 하되 시집간 자는 세상일을 염려하여 어찌 하여야 남편을 기쁘게 할꼬[6] 하느니라.

억지로 마지못해 남녀의 성관계를 인정하는 기독교 전통은 언제나 성관계에 온갖 압력을 가하거나 아니면 엄중한 조건을 달아놓기 일쑤다. 그것을 충족시킴은 마치 우리들이 자연의 욕구를 충족하려고 변기로 달려가는 모습처럼 그리거나 기껏해서 동물적 차원의 마지막 징표인 양 눈살을 찌푸려 후회하는 모습으로 그린다. 이에 천국에 이르르면 그것은

---

5) 옮긴이의 주석: 이처럼 괄호 속에 끼워넣은 말은 앨런 왓츠의 장난기 어린 촌평 아니면 그가 기독교 전통에 물든 일반 서양 독자들에게 진지하게 사색할 것을 권면하는 경고성 발언이리라.
6) 신약전서 중 바울의 서한문 고린도전서 제7장 가운데의 몇 마디를 따옴.

기꺼이 없어도 좋은 것처럼 묘사한다. 성관계 자체는 마치 영적인 삶에는 전혀 아무 상관이 없는 것처럼 생각한다.

기독교적 영성(靈性)의 발전에 다행한 것은 바울의 이와 같은 말씀을 하나님께서 내려주신 계명으로 하지 않고 인간 바울의 경고성 발언으로 그쳤다는 점이다. 이런 발언들은 그러니까 하나님의 계시를 받아 적은 성스런 말씀의 묶음 가운데 따로 떼어져서 『아가(雅歌)』와 더불어 따로 놓여 있다. 그리고 그런 발언들은 그리스도와 교회가 영적으로 결혼한 것인 양 또는 그리스도와 영혼이 혼인한 것인 양 비유 내지 우화적으로 이해하고 있다. 앞으로 우리의 이야기가 진행되면 모두 잘 알아들으시겠지만, 기독교 전통에도 결혼생활의 성관계가 명상적 삶의 한 가지 방편으로 발전할 가능성이 있을 뿐만 아니라, 서양의 기독교 문화를 질식시킨 정신과 자연의 괴리라는 크나큰 문제를 해결할 수 있는 잠재적 가능성이 내재되어 있다.

도가의 자연철학을 성적 관계에 적용하는 가장 학문적인 접근법은 아마도 극동아시아의 염정(艶情)문학 내지 성풍속 등을 탐구하는 것이라 생각할 수도 있다. 그러나 그처럼 어렵고 시간이 오래 걸리는 우회적 작업을 하지 않고 직접적으로 간단한 가장 실질적인 방법이 있다. 즉 도가 철학의 원리들을 이해하고 그것들을 직접 그 문제에 적용하는 길이다. 이 길 말고 다른 방법이 따로 없다. 원래 도가철학이 극동문학에 끼친 영향은 언제나 간접적이었기 때문이다. 정작 도가철학을 실천하는 사람들은, 도교라는 종교로서 신봉하는 사람들과 달라, 따로 도가철학자를 자처하는 법이 거의 없었다. 물론 도가의 방중술(房中術)을 다룬 책 등 도가적인 성관계를 말한 철학서가 없는 것은 아니다. 그러나 저들은 노자나 장자의 소위 「자연」철학을 종교로서 말하기보다, 도교가 가르치는 심리적 또는 생리적 원리를 성관계에 적용한 것들이다. 그렇다고 하더라도 저 방중서의 내용은 그래도 대부분 도가철학을 성생활에 적용한 것들이라서 소위 대중적 차원에서 말하더라도 극동문화권에서 성적 사랑은 우리 서양문화권에서보다 별반 문제성을 내포하고 있지 않다. 인간을 자연스레 보는 도가철학의 광범한 영향은 필시 아무리 간접적 영향을 끼쳤을지언정 극동사람들의 일상생활 속에 깊이 파고 들어가 있기 때문일 것이다.

동양의 요즘 모습은 너무나 비동양적이다

도가철학 외에 다른 동양의 철학들도 우리가 앞으로 다루려는 문제를 두 가지 측면에서 새롭게 조명해 줄 것이다. 첫째, 인도철학 전통이 요즘에는 좀 수그러진 경향을 보이지만 우리가 다루는 성의 문제에 대해서 아주 상징적으로 많은 것을 시사하고 있다. 하인리히 짐머(*Heinrich Zimmer*)의 해석을 보면 우리에게 깊은 통찰력을 제시한다. 둘째, 그리고 온 세계가 한 덩어리의 실타래처럼 한치의 빈틈도 없이 이어져 있다는 생각을 제시하는 철학으로 아마 선불교보다 더 깊이 들어간 철학은 드물 것이다. 그와 같은 통찰을 아주 간단히 직접적으로 또 그러면서도 가장 구체적으로 보여주고 있다. 선불교의 생활철학을 바로 일본인들의 심오한 자연철학 속에서 발견할 수 있겠다.

이처럼 보편적으로 인류 모두에게 깊은 혜지를 심어주는 동양의 철학들이 아시아에서 자라나서 우리 서양인들에게 시의 적절한 가르침을 주고 있는 데 반해, 정작 동양인들은 아직도 걱정스러울 정도로 민족주의 또는 국가주의라는 미망에 빠져 있다. 적어도 서양인들이 그렇게 느끼고 있다는 사실은 정말비극이라 고밖에는 말할 길이 없다. 불행한 일이지만 그런 느낌은 우리가 느낌의 단계에서 막연히 지적하는 것보다 더욱 심각한 지경에 이르렀는지 모른다. 그런데 동양인들의 그런 모습은 과연 그들 자신의 본래 모습인가? 아니면 못난 우리 서양인들에게서 잘못 배운 까닭인가? 예컨대 간디(*Gandhi*), 네루(*Nehru*), 낫세르(*Nasser*), 마오쩌뚱(毛澤東) 등 아시아 정치지도자들은 서로 약간의 차이는 있지만 결국 저들의 인격이나 통치철학 등을 모두 서구에서 배워간 것이 아닌가 한다. 저들의 교육과정을 살펴보자. 대부분 서구의 식민지배자들이 세운 학교에서 저들은 정치철학 내지 정치적 야심을 배웠다. 그런데, 정작 동양 정치철학의 고전『도덕경』에 나다난 정치철학과 저들의 실지 정치행위 내지 철학은 정말 천양지차가 있는 것이다.

현대의 아시아는 과연「동양의 지혜」에 값하는 모습을 보여주고 있는가? 유럽, 서양, 미국 등 서양이라는 지역적 이름에 또는 정치적 양태에 대비되는 동양의 요즘 모습은 너무나 비동양적이다. 이제 동양은 지역적 의미보다는 내면적 의미가 두드러진다. 동양의 지혜는 지역적 동양의 지혜가 아니다. 본시 영원한 철학은 동서와 고금을 넘어서서 온 인류가 공유해야 할 값있는 유산이오, 살아 있는 지혜이어야 하기 때문이다. 사실 동양과 서양의 정신을 마주 비교하는 까닭은 지역적 대비를 넘어서 두 가지 다른 문화를 깊이 있게 다루어보자는 의도에서 출발한다.

아마 이 두 가지 문화를 우리는 이렇게 대비해 볼 수 있으리라. 하나는 진보적이고, 역사적인 데 반해, 다른 한쪽은 전통적이고 비-역사적이라고. 먼저 철학에 따르면 인류 사회는 진보 발전하고, 따라서 국가의 운명은 생물학적 유기체를 닮아 자라고 커지는 것이라고 믿는다. 서양 문화의 과거 기록을 살펴보더라도 쉽사리 우리는 그 증거를 확보할 수 있다. 진보적 사회는 일정한 목적을 가진 어떤 운명적 존재에 따라 의미 있다고 생각되는 사건을 엮어 하나의 역사를 구성한다. 그런 역사를 조작하는 자들은 쉽게 그 기록에 남겨진「의미 있는 사건」들이 바로 저들의 의도에 따라 주관적으로 조작되었다는 사실을 까맣게 잊어버린다. 물론 저들의 코앞에 닥친 정치적 목적을 달성하기 위해서 의도적으로 잊어버리는 것이다. 그래서 역사는 지금 여기서 창조되기 때문에, 아니, 만들어지기 때문에 하나의 엄청난 힘으로 작용한다.

한편 전통적 사회는 비-역사적이다. 저들은 어떤 시간상의 목표를 향해서 일직선으로 움직이는 존재라고 생각해 본 적이 없다. 저들의 역사는 만들어진 기록이 아니다. 단지 계절의 뒤바뀜처럼 순환운동을 하는 사건의 연대기(年代記)일 뿐 인간의 유위적 조작에 어떤 꼴을 부여하는 역사의 조작이 아니다. 저들의 정치철학도 인간 사회가 유기적으로 의지하고 있는 자연의 평형을 유지하려는 노력을 나타낼 뿐이다. 동양의 정치철학은 바로 사회의 질서와 우주의 질서가 하나라는 영원한 상관관계를 보여주는 공적인 의례의식(儀禮儀式) 가운데 잘 표현되어 있다.

전통적 사회가 갖는 관심의 초점은 미래가 아니라 바로 현재에 있다. 「이 세상을 움직이는 부동(不動)의 중심점」은 현재이다. 동양인들의 유위적 조형물 즉 예술 작품이나 또는 경제활동의 핵심은 오직 사물을 있는 그대로 직접 드러내 보이는 것이다. 저 추상적인 금전적 이득이나, 또는 특권이나 성공처럼 한갓 심리적 보상을 바라는 게 아니다. 따라서 동양인들의 행동철학은 무엇이든 온갖 경제적 수단을 동원하여 되도록 빠른 길로 서둘러 만들려는 것이 본래 아니었다. 그런데 소위 진보적 사회를 보라. 언제나 시계에다 초점을 둔다. 일이 끝나면 눌러갈 생각, 5개년 계획이 완수되면 도래할 풍요로운 사회를 그리고 있다. 그런 사람들은 당장 서둘러 일을 끝내려고 서두르지 않을 수 없다. 정작 일을 즐기어야 할 일꾼들이 서두르다 보니 놀 시간이 닥쳐도 놀 줄을 모른다. 마치 버릇없는 아이처럼 곧 장난감에 싫증을 낸다(사실 진보적 사회가 만들어낸 것들은 바로 아이들의 장난감에 지나지 않는다.[7] 따라서 한 가지 장난감에 싫증난 아이들은 또

---

7) 캐딜락(*Cadillac*)이니 선더버드(*Thunderbird*)니 별난 이름이 붙은 자동차는 편리한 교통수단이기보다 오히려 어른들의 장난감에 다름아니다.

다른 장난감을, 본시 그 물질에 합당한 역할에 충실하기보다 저들의 기호에 맞는 더욱더 멋진 장난감을 만들려는 욕심에 들뜨게 된다.

소위 진보적 사회는 종말, 운명, 또는 목표라는 것들로 가득 차게 된다

물론 진보적 사회를 한갓 물질주의적 사회라고 한 가지로 규정하기에는 무리가 따른다. 진정한 의미의 유물론자는 구체적 물질을 즐기는 사람이어야 하니까. 요즘 현대 도시를 자세히 들여다보면 정작 물질을 사랑하는 사람들이 만들어 놓은 것이 아니다. 진보적 인간들이 하는 짓은 물질을 미워해서, 오히려 물질의 본성을 왜곡하는 짓을 자행하는 것이다. 물질의 공간적 시간적 제약을 훼방놓는 것이다. 날이 갈수록 소위 진보적 사회는 종말, 운명, 또는 목표라는 것들로 가득 차게 된다. 그 사이에 놓인 시간과 공간은 제트 엔진 같은 추진력으로 멀리 날려버린다. 그 결과 그 목적에 도달하는 물질적 충족감은 어디에고 찾아볼 수 없다. 종말 또는 목표로 가득 찬 인생이란 비유컨대, 배고플 적에 바나나의 양쪽 끝머리 쪽만 잘라먹으면서 그 허기진 배를 채우려고 쓸데없이 애쓰는 것과 진배없다. 진짜 바나나는 그 양 끝머리 사이에 있는 말랑말랑한 바나나다. 진짜 인생은 출발과 목적지 사이에 가로놓인 길 그 자체이다. 제트 엔진으로 불어 날린 가운데 토막이 진짜 우리의 인생이다. 더욱이 그렇게 참다운 인생 즉 중간의 시간과 공간을 날려버리면 남는 것들은 여러 가지 (허무맹랑한) 목적들밖에 없다. 게다가 그 목적들은 모두가 어슷비슷해지고 만다. 자, 우리가 서둘러 하와이 아니면 일본 또는 시실리로 여행을 한다 치자. 그 휴양지는 더욱더 빨리 「오염」되어 여행객들이 불평하는 대로 또 하나의 로스엔젤레스, 시카고, 아니면 런던 등 대도시와 하등 다를 바 없이 더러운 곳으로 변한다.

다시 한번 강조해 둔다. 소위 진보적 사회가 걸어놓은 목표란 사실 심리적이고 영적인 것이다. 물질적인 실재는 결국 짜릿한 감흥이나 흥분을 유도하는 필요 조건에 불과하다. 그처럼 물질을 증오하는 심리는 따지고 보면 자신의 자아와 자연 사이에 기본적 간극이 놓여 있음을 보여주는 것밖엔 아무것도 아니다. 성적 관계의 마당에서조차 정작 그 행위의 목적은 한 여성이 구체적으로 도와서 만들어내는 짜릿한 절정 그리고 그 완전한 여성 자체와 한몸 되기보다 단지 요상한 입술의 형태, 풍만한 젖가슴, 아니면 엉덩이의 총화로써 지극히 추상적인 것들과의 피상적 접촉이다. 드 루즈망(*de Rougement*)은 『서양인의 성생활』이라는 책에서 분명히 말하고 있다.[8] 그런 사랑은 진짜여성을 정말로 사랑하는 것이 아니다. 오히려 사랑 자체를 사랑한다고 할까, 또는 구체적 인간을 둘로 갈라 정신만을 사랑한다고 할까? 아무튼 그런 짓은 그 반쪽 육체를 미워한다는 말이다. 도대체 성행위의 마지막 결과인 자식의 생산만을 인정하는 사랑의 행위는 지름길을 건너지르는 너무나 반-자연적인 행위일 뿐만 아니라, 바로 그렇게 생산한 결과도 몸이 아닌 또 하나의 영혼이다. 그 영혼은 또 적당히 어느 육신에 붙어 다닌다는 것이니 정작 그 아이를 생산하는 몸은 결코 언제나 한번도 즐겨본 적이 없는 셈이다. 여기서 또 한번 우리는 역사적 기독교로부터 현대판 「세속주의」에 이르기까지 끊이지 않고 서양인들의 고정관념으로 성에 대한 특징적 태도를 살펴볼 수 있다.

이러한 논의의 연속선상에서 우리는 하나님과 악마가 모두 함께 똑같은 철학을 공유한다는 사실을 지적하고자 한다. 즉 하나님과 악마는 모두 정신 또는 영혼으로 자연계에는 속하지 않는 세상에 살고 있다. 더

---

8) 드 루즈망(1)을 보라. 이 책의 역사적 기술 몇 군데를 나중에 트집잡으려고 한다. 물론 엄청난 작업을 행한 것만은 인정한다. 그런데 저자는 역사상의 기독교를 적당히 얼버무려서 그 사랑의 교섭을 끄집어냈다. 그가 말하는 기독교적 사랑은 교부시대의 사람들한테는 끔찍하다고 생각될 정도로 전혀 현대인들의 새로운 연애만을 투사한 것이다.

나아가 이 우주의 구조를 보면 정신과 물질은 본래 서로 의존하고 있는데, 그 사실을 인식하지 못하는 하나님과 악마는 자연과 정신의 내적인 동일성을 간과할 뿐만 아니라, 주관과 객관의 통일을 알 수 없을 뿐더러, 더 나아가 하나님과 악마는 서로 공생한다고 몰래 비밀 계약을 체결한 사실을 저들 자신들도 까맣게 모르고 있다. 당연히 저들은 그 사실을 알 수가 없다. 저들에 관한 관념들이 처음 만들어졌을 당시부터 형상이 마지막으로 완성되었을 때까지 저들은 그 특성을 서로 나누어 가졌기 때문에, 하나님의 형상은 악마처럼 보이고 악마의 형상은 하나님처럼 보인다. 하나님의 형상은 오로지 착한 것들로만 가득 차 있다. 착한 것들 위에 또 착한 것들이 쌓이니까, 권세 위에 또 권세가, 영광 위에 또 영광이 덧쌓이다 보면, 참을 수 없이 괴물 같은 형상을 지니게 된다. 그런데 악마의 형상을 지을 적에는 전혀 어떤 법칙을 지킬 필요가 없었다. 인간의 온갖 상상력이 동원되었다. 인간의 속마음에 들어 있던 억눌리고 감각적인 형상들이 그대로 표출되었다. 결국 악마와 악에 대한 끊임없는 유혹 앞에 인간은 또 하나의 분출구를 만들어 놓게 되었던 것이다.

상대적인 것들이 서로 의존한다는 생각이 없는 경우, 예컨대 인생에 죽음이 없다든가, 이 세상에 선만 있고 악은 없다든가, 즐거움만 있고 괴로움은 없다든가, 빛만 있고 그림자가 없는 세계를 꿈꾸는 일이 가능하게 된다. 주관인 영혼은 객체인 육체로부터 완전히 독립한다. 그래서 기독교의 교리에 보이는 바, 이 몸이 다시 산다는 약속을 자세히 들여다보면, 그 몸은 정신에 의해서 하도 변형되어 버렸기 때문에, 진실한 의미에서 다시 부활하는 것은 우리가 보통 알고 있는 이 몸이 아니다. 오히려 일종의 환상적 몸이라 할까, 지상에서 보통 말하는 구체적 인간이 지녀야 할 무게도 없고, 남녀의 성별도 없고, 나이도 없는, 그런 환화(幻化) 허깨비 같은 몸뚱이다. 악으로부터 선을 구하고, 생명을 죽음으로부터 영원히 구원한다는 생각은 바로 진보적, 역사적 문화를 지탱하는 핵심적 사상이다. 이런 사상이 나타나서부터 마치 역사는 비약적 발전과 약진을 거듭한 듯이 보인다. 몇 백년이 지나지 않아 지난 수천년 동안 마치 잠자듯 하던 문명이 급속도로 속도가 붙어 근본적인 변화를 거듭한 듯 보인다.

그런데 문제는 역사가 그처럼 폭발적 약진을 했다기보다, 진보적 문화와 더불어 바로 역사 자체가 탄생했다고 보는 편이 옳다. 역사적 진보를 편드는 사람들은 이 사실을 박수치며 좋아하리라. 인류가 저 끝없는 순환으로부터 벗어나 드디어 일직선적 진보의 대열에 끼이게 되었노라고, 그리고 정체(停滯)를 벗어나 역사의 역동적 흐름에 참여하게 되었노라고. 그러나 저들은 역사의 악순환을 지나쳐 보고 있다. 보라. 아무리 빨리, 그리고 아무리 쉽게 우리가 가고 싶은 곳을 마음대로 간다는 오늘날, 아무리 살펴도 가보고 싶은 곳이란 점점 갈 가치조차 없는 곳이 되고 만다는 사실을 간과하고 있다. 점점 맛없고 영양가도 적은 음식을 만들어내는 요즘의 문명은 바로 저 역사의 악순환을 증명이라도 하는 것 같다. 저들이 진보라고 하는 것이 왜 악순환인가? 악순환의 본질은 우리가 그처럼 추구하는 (또는 멀어지려는) 목적지가 바로 그 정 반대편 출발지와 떼어놓을 수 없다는 사실을 확인함이다. 이것을 모르면 우리의 추격은 더욱 격렬해지고 결국 역사는 공중에서 분해하고 만다. 지난 5백년간 역사의 진보란 따지고 보면 정상적 발전이라기보다 마치 암이 급성장하듯 별안간에 터져 나온 종양이 아닐까 싶다.

우리는 어떠한 일에도 「그래서 결국 어쩌겠다는 거야?」라는 질문을 던지지 않는다

이제까지 이야기한 것이 마치 혁명의 전주곡으로 들렸을까 두렵다. 하지만 그런 게 아니다. 전통적 사회로 돌아가자는 호소요, 이 지겹도록 진

보하는 사회를 포기하자는 호소이다. 그렇다고 소위 「자연으로 돌아가자」는 구호는 그 구호를 외치는 자들조차 저들 자신이 바로 진보주의자라는 사실을 망각하는 잘못을 저지르고 있다. 미래가 현재보다 낫다는 잘못된 생각의 노예들이다. 자아가 스스로 고립된 유아론적 세계로부터 벗어나기 힘들듯이, 진보적 사회는 그 진보의 관념으로부터 벗어나기 쉽지 않다. 자신을 모순의 숲에서 건지는 것은 불가능에 가깝다. 전통적 사회의 「목표」는, 만약에 무슨 목표가 있다면, 그 목표는 미래가 아니라 현재이다. 다시 말하자면 혹시 무슨 목표를 세운다 해도 며칠 아니 몇 년 정도의 앞날에 대비하는 물질적 욕구들, 예컨대 음식이나 집을 장만하는 가장 구체적인 계획을 세우는 데 불과할 것이다. 그 이상은 어림없다. 내일의 진수성찬을 꿈꾸지도 또는 심리적 향락도 바라지 않는다. 한마디로 소위 내일의 행복을 꿈꾸지 않는다.

더욱이 그런 문화 사회의 슬기로운 분들은 당장 현재하는 생활의 만족이나 향락조차 억지로 희구하지 않는다. 바로 그것을 내 손에 움켜잡는 그 순간 그것은 스르르 내 손을 벗어나 버리기 때문에. 아마 이렇게 이유를 대면 어떨까? 향락이란 근육에 관계되는 게 아니라 신경의 함수라고 생각하기 때문이라고. 근육은 억지로 잡아끄는 데 반해, 신경은 저절로 수동적으로 받아들인다. 즐거움 또는 향락은 언제나 저절로 은총(恩寵)처럼 내려온다고 표현할 수 있다. 억지로 즐거움을 구하게 되면, 그러니까 미래가 오기도 전에 억지로 잡아채서 그것을 미리 체험하려고 하면, 당장의 즐거움에 수반되는 심리적 결과를 애타게 차지하려 하면, 그래서 현재를 가로질러 앞질러 체험하려하면 바로 그 현재를 놓치고 만다. 즐거움 자체를 어느 틈에 잃어버리고 만다. 분명 현재의 체험으로부터 무언가 끌어내려 하면 오히려 그 생생한 체험으로부터 격리되는 자신을 발견하게 된다. 그 체험자는 체험 주관이고 체험은 어느 틈에 체험 객체가 되어버린다. 스스로 그대로 체험이라는 사실을 간과하게 된다. 그래서 그 체험으로부터 무엇인가 끌어내려는 노력은 결국 자기의 허상을 쫓는 헛된 노력에 그치고 만다.

보통 우리는 이렇게 생각한다. 자의식은 주관이 자신에 대해서 어떤 의식을 갖는 것이라고 말이다. 차라리 주객이 함께 스스로 아는 것이라고 보면 혼동은 덜하다. 우리의 주관이란 곧 객관이다. 마치 뫼비우스의 띠가 겉으로는 두 면을 지닌 것처럼 보이지만 결국 한 면의 양쪽이듯이. 주관적 앎은 결국 객관적(앎의) 대상과 하나요 일체이다. 이런 비유를 좀 더 깊이 따져보자. 의식적 체험의 세계란 하나의 열려진 마당이지만, 저 뫼비우스의 띠처럼 결국 도로아미타불로 제 자신에게 돌아오고 마는 그런 마당이다. 결코 내가 나 자신과 다른 사물을 따로 동시에 안다고 말해서는 안 된다. 오히려 큰 마당이 있을 뿐이다. 그 가운데 내가— 이것을— 아는 것을— 아는— 마당이 있을 뿐이다.

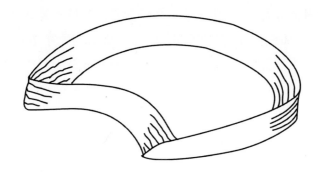

나중에 이 문제 즉 나의 의식이 현재에 드러남을 보다 더 자세히 설명하는 기회가 있을 테지만, 적어도 그 원칙만은 분명히 해두고 지나가야 인생으로부터 무언가 좋고 행복하고 즐거운 무슨 심리적 상태를 얻어내려는 짓이 결국 잘못된 허상임을 깨달을 수 있다. 요컨대 자아 중심적 사고방식에 길들여진 우리는 그렇다고 자연과 하나가 되는 상태로

되돌아가는 것이 최선이라는 생각을 해서는 안 된다는 것이다. 자연으로부터 아무리 떨어져 살려고 해도 결코 그것이 불가능하다는 사실만 인정하면 된다. 마찬가지 논리로 우리는 결코 미래를 체험할 수 없고, 또 현재를 체험 안 할 수 없다. 그런데 그렇게 애써서 노력을 하면 오히려 미래를 체험하려고 덤비는 꼴이 된다는 사실이다. 논리에 밝은 자는 나를 보고 같은 말을 반복하는 잘못을 저지른다고 공박할 것이다. 옳은 말씀이다. 아무려나 우리는 무슨 결과를 바라는 게 아니다. 우리는 어떠한 일에도「그래서 결국 어쩌겠다는 거야?」라는 질문을 던지지 않는다. 우리는 현재의 움직임이 무슨 목적이 꼭 있어야만 되는 것처럼 생각하지 않는다. 이는 마치 춤을 추는 사람을 붙잡고「저 어디로 가시지요? 도대체 이런 움직임이 무슨 뜻이 있나요?」라고 묻는 것과 마찬가지다.

물론 자연을 해석하고 설명하든가, 미래를 예측해야 마땅한 자리가 있다. 그러나 우리가 지금 이야기하는 자리는 어디였던가? 애시당초 우리는 명상과 내면적 과학에 대한 지극히 초보적 배경을 탐구하고 있었다. 물음을 던지지 않은 채 그저 어항 속의 물고기를 바라만 보고 있다가 성급하게 그만 결론을 내리고 말았다. 자, 그러면 조약돌이 깔린 그 어항 속의 물고기가 햇빛에 비늘을 반짝이며 뛰노는 그곳으로 다시 돌아가 보실까?

남성과 자연

도시문명과 전원생활

기독교적 세계는 감성적인 면과 여성적인 면이 다 함께 소외되어 있는 반쪽짜리 세계이다

일찍이 기독교인들이 이교도와 자신들을 구별할 때 쓴 페이건(*Pagan*)란 말은 원래「시골에 사는 사람」을 뜻하는 말이었다. 로마제국 초기에 기독교 중심지는 안티옥, 코린트, 에페수스, 알렉산드리아, 로마 등 대도시였다. 더욱이 기독교가 왕성하게 전도를 시작한 처음 몇 세기 동안은 로마는 경제적 번영으로 도시 인구가 집중했기 때문에 기원전 1세기 로마황제 아우구스투스는 농촌의 몰락을 근심할 정도였다.「버어질」이 쓴 전원시의 다음과 같은 구절은 이러한 우려를 직접적으로 반영하고 있다.

오! 지나친 축복이지
대지가 얼마나 많은 축복을 베푸는지
저 농부들은 알 리가 없지.

오늘날과 마찬가지로 도시가 경제나 문화의 중심지였던 시기에 기독교가 도시를 중심으로 자라났다는 사실은 기독교의 종교적 특질의 형성에 심대한 영향을 미쳤다. 기독교는 로마 카톨릭이나 개신교 할 것 없이 명백히 도회풍을 띠게 되었고 이러한 경향은 서유럽의 신흥도시로 기독교가 전파되면서 더욱 두드러지게 드러나기 시작하였다. 제국 서쪽으로 복음을 전파하면서 기독교가 직면한 가장 큰 어려움은 농민들이 믿고 있던

토속종교의 집요한 저항, 무려 1500년 간이나 지속된, 저항이었다.

　기독교와 기존의 토착종교와의 마찰에 대해서는 나 자신의 경험을 빌어-그렇다고 이것은 나 한 사람에게만 적용되는 이야기가 아니다- 설명하는 편이 보다 쉬울지 모르겠다. 내가 기억하는 한 나는 집 안에 있을 때에만 내가 기독교인 행색을 한다는 생각이 들어 사실 무척 곤혹스러웠다. 저 넓은 바깥 세상으로 나가기만 하면 나는 교회와 연관된 일체의 것, 예배니 신학이니 하는 것들로부터 벗어나 완전히 자유로웠던 것이다. 그렇다고 해서 내가 교회에 있기를 싫어했던 것으로 생각해서는 안 된다. 오히려 그 반대였다고 할 수 있다. 나는 소년시절의 대부분을 유럽에서도 가장 유서깊은 성당 경내에서 보냈다. 그 독특한 분위기가 주는 마력에서 결코 벗어나 본 적이 없다. 로마네스코 양식과 고딕양식의 건축물, 그레고리안 성가, 중세기의 유리창, 장정된 필사본들, 감람나무와 오래된 돌에서 풍기는 이끼 내음, 그리고 무엇보다도 경건한 미사의식-이러한 것들은 가장 열렬한 카톨릭식 낭만주의자에게 만큼이나 내게도 마력을 갖기에 충분한 것이다. 나는 기독교철학의 심오함과 장엄함에 대하여 둔감하지 않았다. 또 어렸을 적에 받은 훈련 탓에 「기독교적 양심」이란 달고도 쓰디쓴 맛이 어느 결에 내 속속들이 배어 있다는 것도 잘 알고 있다. 그러나 이러한 것들은 아무래도 마치 저 푸른 하늘의 밝은 햇빛이 성당의 채색 유리만을 비추듯 한 치의 틈도 허용치 않는 밀폐된 성역 안에서나 있을 법한 일일 것이다.

　흔히 기독교에 사람의 마음에 와닿는 심미적인 분위기는 별로 상관없는 것으로 여기는 수가 많다. 인간에겐 감정이란 것이 버젓이 있는데도 기독교적인 삶이란, 느끼는 삶이 아니라 의욕하는 삶이라고 떠들어댄다. 명상을 중시하는 신비주의자는 이렇게 말하리라-신을 아는 것과 느끼는 것은 엄연히 다른 것이라고. 신은 「미지의 구름」 속에서, 영혼의 어두운

밤에, 우리가 마치 남을 사랑하려고 할 때에 그를 가장 잘 알 수 있는 것처럼 그렇게 하나님을 아는 것이라고. 감정이나 느낌에는 신이 존재하지 않기 때문에 심미적인 황홀경 속에서 신을 느꼈다고 말하는 자들은 신을 전혀 모르는 자들이라고 말한다.

채색된 미사전서, 첨탑들,
넓은 휘장과 성가대의 장식—
이 모든 것들을 나는 사랑했다.
무릎을 꿇어 감사 드린다. 이러한 것들을
알아 볼 수 있다니.
아름답게 채색된 빅토리아식 유리창에
비끼는 아침 햇살에,
그리고 무지개 빛 영롱한 대기 속에
주님께서 거기 임재하심을 나는 느꼈다.
몰려드는 안개 속에 갇혀
이제야 나는
주께서 그때 거기에 계시지 않았음을 안다.[1]

그러나 이러한 감정에 대한 불신은 어떻게 보면 사내답고 씩씩한 태도로 비쳐지겠지만, 지금부터 내가 표현하고자 하는 기독교의 또 다른 징후이다. 즉 기독교적 세계라는 것은 누구나 아는 바와 같이 감성적인 면과 여성적인 면이 다함께 소외되어 있는 반쪽짜리 세계라는 사실이다. 판단과 지식전달 수단으로서 감정은 그것을 적절히 사용할 줄 모르거나 경험과 소양이 부족한 사람들에게 오해를 불러일으킬 소지를 가지고 있다. 더욱이 감정이 과소평가 되거나 무시되는 상황에서의 감정의 표현은

---

1) *John Betjeman*의 시「비감성적인 것들 앞에서 또는 진짜 두려운 것 앞에서 (*Before the Anaesthetic or A Real Fright in*)」,『시 선집(*Selected poems*)』, 존머레이 출판사, 런던(*John Murray London*), 1948 간행.

내심의 밑바닥을 드러내보이는 실속없는 짓이다.

기독교가 그리는 세계와 자연의 본 모습으로서의 세계는 분위기가 엄청나게 달라서 근본적으로 양립할 수 없다는 인상을 나는 받아왔다. 아버지 하나님과 예수 그리스도, 그리고 천사와 성자들을 내가 숨쉬고 사는 이 세계와 연관시켜 생각해 본다는 것이 거의 불가능하게 여겨지는 것이다. 나무와 바위, 별과 구름이 떠 있는 하늘과 인간의 벌거벗은 몸뚱아리를 보면서 나 자신 종교와는 하등 상관없는 세계에 살고 있음을 확인하게 된다. 기독교의 특징적 태도는 나의 이와 같은 느낌이 전혀 이상한 것이 아니라는 것을 확인시켜 주기에 충분한 것이다. 가로되,「내 왕국은 이 세상에 있지 않느니라……」그러나 만약 신이 정말로 이 세상을 창조했다면, 교회와 제단으로 상징되는 신의 나라와 저 드높은 하늘과 같이 순수한 자연의 세계 그 둘 사이에 엄존하는 근원적인 차이를 어떻게 설명할수 있을까? 누구도 중세 일본 스님 셋수(雪舟)의 풍경화를 영국화가 콘스터불(Constable)이 그린 것이라고는 생각하지 않으며, 힌데미트(Hindemith)의 교향곡을 하이든(Haydn)의 작품이라고 하지 않는다. 마찬가지로 나는 자연의 창조자와 기독교라는 종교의 창시자가 동일한 존재자라고는 도저히 생각할 수 없다. 이것은 둘 중의 어떤 쪽이 더 재주 있는가 하는 문제가 아니다. 단지 동일인의 소행이 아니라는 것, 따라서 서로 다른 두 세계를 턱없이 한 데 뭉뚱그려 얘기해선 안 된다는 것을 분명히 해두고 싶을 뿐이다.

물론 이것은 전에도 느낌으로 알았던 것이다. 이제는 어째서 그렇게 말할 수 있는지 증거를 들어 조목조목 따져 이야기할 수도 있다.「물질세계의 형상과 아름다움은 자연적인 데 반하여, 기독교의 아름다움은 초자연적인 것이라고들 한다. 물질계 가운데에서 초자연적인 아름다움에 가까운 것은 인간 아름다움이며, 더 나아가 인간의 마음의 아름다움이다.

기독교가 시골보다 도회를 더 선호하는 것은, 도회가 시골보다 더 많이 마음의 소산물로 둘러싸여 있기 때문이다. 하늘 아래 모든 피조물이 신의 작품이라면, 사람이야말로 아니 심지어 사람이 만들어낸 것까지도 신의 가장 위대한 작품이 아닐 수 없다. 우리가 간혹 인위적인 것이라고 분류하는 것들이 자연적인 것보다 오히려 초자연적인 것에 더 가깝기 때문에 사람이나 사람이 만든 소산은 해나 달, 또는 별 같은 것보다도 훨씬 더 신의 특성을 드러내는 것이다.」

이런 논증은 계속된다. 「우리가 자연계의 이면에 감추어져 있는 생존을 위한 냉혹한 투쟁에 뛰어들어 싸울 필요가 없는 한, 자연의 심미적인 겉모습만을 사랑하는 일은 너무나 쉬울 것이다. 그러나 오직 인간에게서만 도덕적, 윤리적 관념이 솟아날 수 있다. 따라서 자연은 인간이 던져주는 빛에 의해서 느낌을 지닌 존재로 인정받게 된다. 이것이야말로 신의 본성이 인간에게 가장 뚜렷이 반영되어 있음을 만족으로 보여주는 것이 아닐 수 없다. 자연 속에 홀로 거함으로써 끔찍스러운 저 도회의 군중으로부터 벗어나 위안을 찾을 필요가 있는 것도 사실이다. 그러나 가장 나쁜 것이란, 가장 좋은 것이 타락한 경우라는 사실을 기억해야 한다. 사람의 선(善)함은 봄날 경치의 훌륭[善]한 정도와는 비교할 수 없을 만큼 위대한 것이다. 철저히 홀로 남겨진 사람에게는 아무리 아름다운 자연풍경이라 할지라도 그토록 차갑고 황량해 보일 수가 없을 것이니, 어찌 단한 사람의 얼굴을 전체 자연의 아름다움과 바꾸려고 할 것인가!」

논의를 좀더 확장시킨다면 이렇게 말할 수 있다. 「기독교와 자연계가 아무리 살펴보아도 닮은 점이 없다 하자. 그러나 기독교처럼 인간성과 이토록 완벽하게 일치하는 종교는 어디에도 없을 것이다. 대체로 자연주의적 종교란 불가피한 것, 이를테면 자연은 선악을 초월해 있으며, 죽음이 삶의 대응물이란 엄연한 진리를 받아들이도록 권유하는 여러 철학들보다 더 큰 희망을 사람들에게 주고 있지는 못하다. 그러니 불가피한 것은 받아들일 수밖에 없다는 종교적 태도는 사람에게서 기대되는 가장 인간적인 속성을 희생시키는 것이다. 사람의 영원하고도 순수한 희망이란, 그의 가슴에 품고 있던 오랜 열망을 언젠가는, 그리고 어떻게 해서든지 이루고 말리라는 것이다. 만약 어떤 신기한 마술에 의해서라도 자신이 오랫동안 품어왔던 깊은 소망이 성취될 수 있다고 한다면, 어느 누가 환호작약하지 않을 것이며, 또 그러한 기회를 거절할 만큼 오만하거나 냉정할 수 있을 것인가?─만약 생전에 사랑했던 사람들과 사후에 다시 만나 영원히 함께 살 수 있다면?─만약 우리가 알고 있는 어떤 즐거움에도 비길 수 없는 천국의 축복을 신의 은총 속에서 누릴 수 있다면! 그리고 거기에서도 이 지상에서 그토록 좋아하던 온갖 모양과 빛깔, 개체의 독창성이랄까 개성 같은 것도 동시에 챙길 수 있다면, 어찌 아니 좋으랴?」 재론의 여지는 있겠지만 기독교만이 이 지상의 현인군자들이 애써 억누르고 있는 저와 같은 기본적인 욕구를 대담하게도 긍정하며, 따라서 근본적으로는 기쁨의 종교라고 할 수 있다. 이 종교는 일종의 도박을 벌이는 셈이다. 사람들로 하여금 궁극적 실재인 신의 형상에 따라 그들이 창조되었다는 사실을 믿도록 강요하면서 이 세상의 모든 것들이 최선의 상태라는 쪽에 모든 것을 걸고 있는 셈이다. 이 무모하기 이를데 없는 도박에 대해 덧붙여 말해 둬야 할 것은 만약 우리가 내기에 질 경우 손해 본 것이 무엇인지 결코 알 수 없으리라는 것이다.

이것이 기독교가 겨냥하고 있는 궁극의 이상에 대한 가장 무게있는 해석이라고 말하지는 못하겠지만 가장 일반적인 해석임에는 틀림없다. 왜냐하면 지금까지 기독교의 자연에 대한 태도를 논의함에 있어서, 기독교 전통의 가장 심원한 부분에 대하여 고찰했다기보다는 현재까지 여러 지식인들이 기독교에 대하여 품고 있었던 생각들을 단지 대변했을 뿐이며, 아울러 기독교가 서양 문명에 끼쳐온 영향력에 대하여 언급하는 한에서는 그렇게 말할 수 있기 때문이다. 앞으로 내가 말하고자 하는 것에 대하여 대부분의 기독교인들은 그들이 기독교를 이해하는 방식과 다르다는 이유로 항의할지도 모른다. 그리고 이 책에서 제시하고 있는 논지가 신학적으로 미숙한 것이라고 느낄지도 모른다. 그러나 나는 알고 있다. 기독교 신학자들이 애매하고 신비주의적인 냄새를 풍길 때라든가, 대화 중에 그가 도시문명과 전원생활 진정으로 뜻하는 바가 무엇인지 말하도록 강요받고 더듬거리며 말하는 것을 들어볼 때 기독교와 인도의 베단타철학이 거의 구별되지 않는다는 사실을. 그러나 우린 여기서 기독교를 독창적인 종교라고 말할 수 있게 하는 종교적 특성에 대하여 논의하고 있다. 사실 자신들의 신앙을 배타적인 방법으로 유지하는 대부분의 지적인 기독교인들은 저들이 기독교 이외의 전통에 대해서 아무것도 잘 알지 못하면서도 자기네 종교의 독창성 내지는 유일무이함을 강변하고 있다. 그리고 무엇보다도 우리는 기독교가 함축하고 있는, 그리하여 문명에 지대한 영향을 끼친「느낌」의 질에 대해서 논의하고 있는 중이다. 감정이란 너무나 힘이 센 것이라서, 신앙심이 아무리 지적으로 잘 무장된 성숙한 신앙인이라 할지라도 때로는 감정 앞에 힘없이 무너지기도 하는 것이다. 그리고 기독교는 너무나 인간적인, 그래서 너무나 강렬한, 감정에 호소하는 종교인 것이다. 여기서 말하는 감정이란 인류에 대한 사랑에 다름아니며 고향과 종족에 대한 향수에 근원을 둔 애정을 가리키는 것이다. 물론 여기엔 영웅심이 충족되는 데서 오는 황홀감과, 죄악과 고통에 대한 궁극적인 승리를 믿게끔 고안된 용이주도한 장치도 곁들여지게 될 것이다. 이러한 감정에의 호소 앞에서 비기독교인은 신의 왕국 안에서 자신은 한낱 개밥의 도토리에 지나지 않는다는 느낌을 면치 못하게 될 것이다.

사람은 마음 속 깊은 곳에서 자연으로부터 소외되어 있다고 느낀다

이상의 논의의 전제가 되는 것은, 사람은 마음 속 깊은 곳에서 자연으로부터 소외되어 있다고 느낀다는 것이며, 또한 그의 가장 큰바람이 슬픔과 고통과는 담을 쌓은 영원한 기쁨이라는 사실이다. 니체(*Nietzsche*)는 『차라투스트라』에서 이렇게 말했다.

모든 즐거움은 영원하기를 바란다.
참으로 깊고도 심오한 영원과 함께 하기를 바라지!

그렇다고 해서 영원한 즐거움만이 인간성의 궁극적이고 보편적인 희구라고 주장하는 것은 너무나 피상적인 관찰이며, 사회적으로 조건화된 감정과 필연적이고 절대적인 관점에서의 감정을 혼동하고 있는 것이기 쉽다. 사람은 자신에 대해서 알면 알수록 자신의 본성에 대해 정의를 내리거나, 자신이 필연적으로 느끼게 될 감정이 어떠어떠하리라는 것을 단언하기를 주저한다. 오히려 전혀 예기치 않은 방식으로 느끼고 있는 자신에 대하여 놀라게 되는 것이 보통이다. 이러한 놀라움은 부정적인 감정 ─예컨대 외로움, 슬픔, 우울, 공포 등등─으로부터 달아나려 하지 않고 깊이 음미해 볼 때 더욱 클 것이다.

원시문명권에서는 소위 종족입문식이라 일컬을 만한 모종의 의식이 있다. 그것은 상당한 기간 동안 숲이나 산 속에서 혼자 지내도록 하는 것이다. 이 기간에 고독과 자연의 비인격적 속성에 친화력을 길러 자신이 진실로 어떤 존재인지 알게 하려는 의도가 숨겨져 있는 것으로 여겨진다. 고독과 자연 가운데서 얻어지는 깨달음은 공동체 안에서 학습되는 것과 현격한 차이가 있다. 예를 들면, 숲 속에서 사람은 외로움이 자기 자신도 잘 모르고 있는 자기에 대한 가상의 두려움에 불과하다는 것을 알게 될지도 모르며, 자연의 낯선 모습도 자신이 감정의 습관적인 조건으로부터 이탈되어 있다는 사실에서 오는 두려움이 숲에 투영된 것일 뿐이라는 것 또한 알게 될지 모른다.

고독이라는 이름의 장벽을 거친 사람은 고독 자체의 위대한 권능에 의지함으로써 고독감을 도리어 우주와의 완전한 합일에 이르는 원동력으로 삼아왔음을 종종 볼 수 있다. 혹자는 이 말을 듣고「자연신비주의」나「범신론」나부랑이로 치부하고 말지 모른다. 그러나 명백한 것은 이러한 유의 감정은 우리의 우주가 조각조각 분열되어 있는 것이 아니라 상호의존적인 관계 속에 있음을 재확인시켜 주는 것이다.

우리의 감정이 어떻게 작용하는가를 더 깊이 이해할수록 우리는 감정의 양면성−예컨대 기쁨과 슬픔, 사랑과 증오, 겸허와 오만, 환희와 우울 등−을 더욱 분명히 깨닫게 된다. 우리는 우리의 감정이 고정되어 있거나 고립적인 상태에 있지 않고 끊임없이 변화하고 있는 진행형이라서, 영원한 즐거움 따위는 항상 옳기만 한 변덕쟁이란 말과 같이 무의미한 것임을 잘 알고 있다. 달리 말해서,「영원한 감정」은 그것이 정(靜)적이기 때문에 더이상 감정이라고 할 수 없는 것이다. 그래서「영원한 선(善)」과 같은 개념 역시 상상할 수도, 느껴질 수도 없고, 욕구될 수도 없는 언어적 추상화에 불과한 것이다. 그리고 다시 한번 더 부연하건대, 영원한 감정 따위를 생각하고 있는 자는 감정의 본질에 대하여 무지할 뿐 아니라, 그들이 말하듯 신의 형상을 본떠 만든 인간성의 실체에 대해서 철저히 탐구한 적이 없는 이들이다.

우리는 이제 지금까지 우리에게 알려진 기독교가 자연계와 왜 그토록 철저하게 다른 형식을 취할 수밖에 없는가에 대해서 고찰하고자 한다. 그 이유의 상당한 부분은 기독교가 관념과 개념의 구성물이며, 관념이나 개념은 그 나름의 법칙성에 따라 존재하므로 그것들이 표상하는 실제 자연계와는 연관성이 희박하기 때문이다. 물론 수학과 물리학에서도 우리는 순수개념의 구조물만을 볼 뿐이며, 휜 공간이라든가 양자量子와 같은 개념들에서도 아무런 감각적 모습을 발견할 수 없는 것이 사실이다. 그러나 적어도 물리학에서는 물리학적 개념들이 자연과학적 결과를 예측하는 데 있어서 유용한가 여부에 따라 의미를 갖고, 또 그런 만큼만 물리적 세계와 연관을 갖는다. 더욱이 물리학자들은 그러한 개념들이 반드시 어떤 구체적 실재를 가리키는 것이라고 주장하지는 않으며, 단지 컴퍼스나, 자, 숫자들과 같이 우리가 실재를 다루고 측정하기에 편리한 도구의 일종으로 생각한다. 이 도구들은 인간이 발견해낸 것이 아니라 편의에 따라 만들어진 것이다.

자, 그럼 기독교의 여러가지 중심 개념들은 어떤가? 그것들은 그 개념들이 태어나고 그것들을 사용해 온 사람이 사는 도시와 마찬가지로 인간이 만들어낸 발명품에 불과하다. 어떤 종교나 철학도 그것이 관념의 체계인 한, 그리고 그러한 관념들이 경험적으로 입증될 수 없는 것인 한 물론 다 그러할 것이다. 기독교는 바로 이 점에서 불교나 베단타철학 같은 전통과 명백히 구별된다. 후자의 경우에는 관념은 아주 부차적인 기능밖에 하지 않는다. 왜냐하면 이런 종류의 전통들의 중심적인 위치를 점하고 있는 것은 언어로 표현될 수 없는 경험이기 때문이다. 그것은 구체적인 것이며 비언어적인 것이어서 사유의 체계가 아닌 것이다. 그러나 기독교에서는 경험보다는 신앙 자체를 더 강조한다. 그리고 가장 중요하게 여겨져 온 것은 교리나 교조의 정확하고 치밀한 구성이었으며 예배의식이었다. 초기 기독교는 신비적 직관에 의해 직접적으로 신을 체험 할 수 있다고 주장한 신지(神知)학파 즉 그노시스파(*gnosis*)를 배척했다.

있는 그대로의 세계를 나타낼 수 있는 언어란 없다

정신과 자연은 전혀 다른 것이다. 마치 추상적인 것이 구체적인 것과 전혀 다른 것이듯이. 정신에 속한 것들은 마음에 속한 것들과 같은 것으로 볼 수 있겠다. 그런데 마음이란, 언어와 사유의 세계처럼, 구체적인 세계를 표상하는 것이라기보다 그 구체적 세계의 밑바닥에 놓여 있는 것으로 간주된다.「태초에 말씀이 있었다」.-이 세계는 신의 생각에 따라 창조된 것이기 때문이다. 그리하여 이 경우 관념 자체의 독립성이 요구될 뿐 아니라 비언어적인 자연계보다도 더욱 실제적이고 근본적인 것으로 격상되는 것이다. 관념이 자연을 표상하는 것이 아니라, 반대로 자연이 관념을 표상한다. 따라서 자연 안에서는 불가능하고 상상도 할 수 없는 것이 관념으로는 가능하다.-긍정적인 감정이 부정적인 감정과 대비관계를 떠나 독립적으로 존재할 수도 있게 되는 것이 관념의 세계인 것이다. 한마디로 말해서 순전히 말로만 가능한 것이, 실제로 가능한 것 보다 더 실제적인 것이 되는 것이다. 사유란 어떤 계약도 없이 제멋대로 어디든 갈 수 있다. 게다가 자연이란 개념의 조잡한 복제에 불과하므로, 관념이야말로 더욱 근원적인 무엇이라는 생각이 짙게 깔려 있다.

언어란 측정하는 것이고 분류해내는 것이며 어떤 질서로도 재편이 가능한 것이기 때문에, 본성상 나누어 생각할 수 없는 사물이 언어에 의해서는 얼마든지 분리될 수 있다. 존재(being)는 무(nothing)라는 말의 틀만 생각하면「즐거움」과「고통」처럼 완전히 서로 분리된 개념이다. 그러나, 본질적으로는 존재와무, 공간과 비공간은 동전의 양면과 같이 분리되어 생각할 수 없는 것이다. 마찬가지로 감정을 표현하는 말이 언어 상으로는 정(靜)적이지만 실제로 감정은 정적인 상태라기보다는 방향 개념이다. 그리고 방향의 세계에서 북쪽 없는 남쪽이란 있을 수 없다. 방향도 만지 상대적일 뿐이다.

그러나, 위대한 아시아의 종교, 철학 전통에서는 정신을-「브라흐만」이나 도(道)로 표현된다-전혀 추상적인 것과 혼동하지 않는다. 즉, 정신은 구체적인 자연의 세계에 대한 직접적인 경험 안에서 드러나는 것이다. 불교에서는 이를 소위 여여(如如)의 상태라 말한다. 주지하다시피 동양에서의 정신-도(道) 또는 여여(如如)-은 비언어적이며 비개념적인 상태이면서도, 물질적 세계를 의미하는 것은 아니다. 앞으로 보게 되겠지만,

「물질」이란 단어는 분석과 측정의 대상을 가리키며 이 비언어적 대상은 별개의 사물들과 사건들의 집합체로서 피트니, 인치니 하는 계량의 단위처럼 인간이 이 세계를 분석하고 다루기 위해 고안된 개념에 불과한 것이다. 있는 그대로의 세계를 나타낼 수 있는 언어란 없다. 「그것은 무엇인가?」하는 질문이 진정으로 묻고 있는 것은 「그것은 어느 범주로 분류되는가?」이다. 이제 분류하고 분석하는 행위가 인간의 조작에 불과하며, 자연의 세계가 우리에게 통조림에 붙여진 딱지처럼 분류된 채로 우리 앞에 있는 것은 아니라는 사실이 분명해졌다. 우리가 어떤 사물의 자연 그대로의 상태가 어떠한가를 물을 때, 차라리 그것을 직접 가리키는 것이 유일한 대답이 될 수 있을 것이다. 질문한 사람이 고요한 마음으로 그것을 관찰해보기를 권하면서 말이다.

이런 종류의 「바라봄」 즉 관조(觀照)는 바로 내가 이제까지 「느낌」이라는 말로 표현하는 그런 마음가짐이다. 우리가 순수자연과 완전한 조화를 이룬 원초적이고 본래적인 감정을 회복한 후에라야 자연은 본래 면목을 우리에게 드러내 보인다는 말이다. 도가(道家)와 선(禪)에서 이것을 관(觀), 혹은 묵조(默照)라고 말한다. 마치 남들이 하는 말을 주의깊게 들을 때 침묵을 지키는 것과 같이, 사유는 사유 그 자체와 다른 것을 생각할 때 침묵해야 하는 것이다. 이때 만약 침묵하지 않는다면 우리들의 마음은 말과 말의 헛된 놀음에 빠져들게 되는 것이다. 그렇게 되면 자기도 모르는 사이에 말이 자연 그 자체에 앞서게 된다. 바로 자연에 대한 분류작업의 시초인 것이다. 이로부터 자연은 개별적인 사물과 사건으로 갈갈이 찢기게 된다. 왜냐하면, 개개의 사물은 언어에 의해 생겨난 것이며, 자연 그 자체는 언어 이전의 존재이기 때문이다. 그러나 침묵하지 않음으로 해서 이 양자는 혼동된다.

언어가 갖는 마력은 결코 지성인만이 빠지는 함정이 아니다. 가장 단순한 사람들도 쉽게 그 희생자가 될 수 있다. 그리고 기독교 문명 안에서는 사회의 어떤 계층이건 그 언어의 힘에 의해 적잖은 혼란을 겪어 왔다. 아이들이 장난감에 혼을 빼앗기듯 사람들은 언어에 얼이 빠져버렸다. 그래서 지나친 말의 성찬이 진실로 서구 문화의 병적 특징이 되어버린 것이다. 우린 이것을 멈출 방도가 없다. 왜냐하면 우리가 사람들과 말하고 있지 않을 때일지라도 습관적으로 생각은 하지 않을 수 없도록 생겨먹었으니까, 생각을 한다는 것은 우리들 스스로에게 소리없이 말하고 있는 셈이니까, 의사소통도 이제는 성가신 습관이 되어버렸으며, 문화란 것 역시 한꺼번에 전부를 말해주지 못하고, 의문투성이어서 사람을 곤혹스럽게 한다. 게다가 아무것도 말해 주지도 않으면서 무엇을 이해하기를 요구하기까지 한다. 나는 일본 화가 하세가와의 질타를 잊을 수 없다. 그는 끊임없이 설명을 요구하는 서양 학생들에게 기어코 분통을 터뜨리고 만다.「도대체 어찌된 영문인가! 제군들은 느끼지도 못하나?」

어떤 유형의 문화에서는「자연에 대한 진리」가 자연에 관해서 말로 때우는 설명이나 그 재구성으로 대체된다. 마치 집을 짓기 전에 마음 속에서 구상하고 설계하여 그것에 따라 집을 짓듯이, 자연에 선행하고 자연의 배후에 있는 법칙 같은 것쯤으로 생각하는 것이다. 그러나 다른 유형의 문화권에서는 자연에 대한 진리는 선불교에서 무념(無念)[2] 이라고 불리우는 마음의 침묵 속에서 직접 경험되는 것이다. 그리하여 극동의 문화권에서는 서양 문화권에서와 달리 자연과 종교 사이의 모순이 발견되지 않는다. 그리고 중국이나 일본의 불교나 도교 미술은 형식적인 종교적 테마에 관심을

---

2) 그러나 이것은 우리가 말하는「생각없는 상태」나 단지 비어 있는 마음을 가리키는 것은 아니다. 왜냐하면 사고는 그 자체 자연의 일부이며, 관(觀) 또는 무언의 명상은 생각하고 있는 중에도 지속할 수 있기 때문이다. 그러므로「觀」은 정신의 분열이 없는 상태이며, 끊임없이 쪼개지려는 마음의 경향 ―행동과 동시에 그 행동에 대한 반성을 하고, 생각을 하며 그 생각에 대한 생각을 하는, 그래서「말에 대한 말에 대한 말」의 악순환 적인 퇴행을 반복하는 경향―이 없어진 상태이다.

보이지 않는다. 그들이 그리는 것은 풍경이나 새, 나무, 풀이다. 더욱이 선
(禪)사상은 정원을 꾸미는 기술이나, 주위의 자연환경에 잘 조화시킨 건축
양식에 직접 적용된다. 그리고 그 건축이나 정원은 동시에 사람과 자연을
자연스럽게 감싸고 있다. 그리고 이러한 것들이 불상 같은 상징물보다도
궁극적 실재에 대하여 오히려 더 잘 표현하고 있음을 알 수 있다.

우리는 여기에서 기독교와 자연 사이의 괴리뿐 아니라, 기독교와 극동
의 자연주의 예술양식과의 괴리를 엿볼 수 있지 않을까 하는 생각이 든
다. 신기하게도 중국의 예술양식에서 기독교의 주요 상징인 십자가를 재
현하기란 거의 불가능하다. 그러한 시도가 여러 번 있어 왔지만 성공하
지 못했다. 만약 중국화에 기독교의 십자가나 그에 상당하는 조형물이
중요 테마로 자리잡는다면 그림의 균형은 완전히 깨여져버릴 것이다. 중
국인 기독교가 잔가지와 껍질이 더덕더덕 붙은, 이끼 낀 나무 십자가를
그리는 것으로 이 문제를 해결해 보려고 하였다. 그러나 교차된 두 개의
직선을 그림의 나머지 부분과 도저히 융화시킬 수가 없었다. 십자가상을
없애고 나서야 그 예술가는 그림의 직선을 이리저리 구부리고 싶은 자신
의 본래적인 취향을 만족시킬 수 있었던 것이다. 그는 유동적이고 들쭉
날쭉한, 비대칭형인 자연 그대로의 모습을 그리고 싶어할 뿐이다. 반면에
기독교의 신은 가시면류관을 쓴 군주의 모습으로 상상되며, 교회의 예배
의식은 그리스−로마 황제들의 궁중의식을 본뜬 것이다. 마찬가지로 고
대 히브리 종교에서 성체는 왕권을 상징한 것이었으며 완전성을 상징하
는 정방형의 모양을 하고 있었다.

道는 스스로를 내세우려 하거나 군왕과 같이 뽐내려고 하지 않는다

그러나 중국의 철학과 미학의 관점에서 볼 때 정방형인 성궤의 대칭형
과 건축적 완벽성은 생명력이 없는 경직된 것으로밖엔 보이지 않는다. 그

런 딱딱한 형태는 자연 속에서는 거의 찾아볼 수가 없기 때문이다. 그래서 중국 예술가가 딱딱한 십자가상을 그리고자 한다면 그는 심한 갈등에 휩싸이게 된다. 그가 진정으로 그리고 싶은 것은 죽은 나무를 얽어맨 십자가가 아니라 살아 있는 나무이기 때문이다. 뿐만 아니라 그는 자연의 배후에 있는 힘을 생각하되 군주의 이미지로서가 아니라 도(道)로서 인식하며, (「도(道)」란 길이고 통로이며, 자연의 흐름이다) 또한 불과 바람, 대기와 하늘에서 도(道)의 이미지를 느끼기 때문이다. 「도(道)」는 스스로를 내세우려 하거나 군왕과 같이 뽐내려고 하지 않는다. 오히려 스스로 숨으려 하며 알려지기를 원하지 않는다. 그리고 모든 공적을 딴 데로 돌리려고 한다. 『노자(老子)』의 다음과 같은 구절이 이를 잘 나타내고 있다.

道란 左·右 어디에나,
어느 곳이든 흘러가지 않는 곳이 없다.
만물은 道에 의존하여 존재하며
道 또한 만물을 버리지 않는다.
그러면서도 그 공을 제가 했다고 주장하지 않는다.
道는 만물을 사랑하고 기르지만
군주로서 군림하지 않는다.
大道氾會 !
其可左右
萬物持之以生 而不辭
衣養萬物 而不爲主[3]

— 『도덕경』 34장

---

[3] 본래 이 장엔 다음의 몇 구절이 더 붙어 있다. 물론『도덕경』이란 장절의 구별이 나중에 생긴 것이지만 생각의 흐름을 마무리하는 의미에서 계속 읽어보면 다음과 같다. (常無欲) 可名於小; 萬物歸焉而不主, 可名爲大. 以其終不爲大, 故能成其人. 항상 아무 욕심이 없다. 이를 일러 어찌 우리가 묘하다 하지 않으랴! 만물이 모두 그리로 돌아가는데 그는 절대로 주인노릇을 하지 않는다. 어찌 크다하지 않을 수 있으랴! 결코 끝까지 크다고 뻐기지 않으니 결국 그 위대성을 모두 인정치 않을 수 없다.

이것을 다음에 『요한계시록』의 구절과 비교해 보자.

　　그 눈이 불꽃 같고 그 머리에 많은 면류관이 있고 또 이름 쓴 것이
하나가 있으니 자기밖에 아는 자가 없고 또 그가 피 뿌린 옷을 입었
는데 그 이름은 「하나님」의 말씀이라 칭하더라…… 그의 입에서 이한
(날카로운) 검(칼날)이 나오니 그것으로 만국을 치겠고 친히 저희 철
장(鐵杖)으로 다스리며 또 친히 하나님 곧 전능하신 이의 맹렬한 진노
의 포도주 틀을 밟겠고 그 옷과 그 다리에 이름 쓴 것이 있으니 만
왕의 왕이요 만주의 주라.[4]

『계시록』에 씌어진 군주의 개념은 위엄에 가득 차 있다. 도덕경에 씌
인 군주의 개념과 엄청나게 다름을 알 수 있는데 도가적 군주는,

　　그의 예리함을 무디게 하고
　　분열을 멀리한다.
　　자기의 위광을 감싸서
　　티끌과 함께한다.
　　이것을 玄同이라 한다.[5]
　　挫其說
　　解其紛
　　和其光
　　同其錄塵
　　是謂玄同

－『도덕경』56장

　　왜냐하면

---

4) 요한 계시록 19장 12−16절.
5) 현동이란 인간과 자연의 깊은(혹은 신비한) 일체감을 말한다

백성 위에 군림하고자 하는 자
반드시 백성의 아래에 거하고자 할 것이요,
만약 백성들 앞에 나서고자 한다면
그들 뒤에 서야 할 것이다.

聖人欲上民
必以言下之
欲先民
必以身後之

오직 그렇게 함으로써만,

是以

군주인 성인이 그들 위에 있더라도
백성들은 짐스럽게 느끼지 않으며,
그가 앞서 가도
사람들은 방해물로 여기지 않는다.

聖人處上
而民不重
處前
而民不害
……

— 『도덕경』 66장

　　노자 『도덕경』에서 말하는 군주니 성인은 그 모범을 도에서 얻어온 것
이지, 성인과 군주로부터 도의 모범을 이끌어낸 것은 아니다. 도란 따지

고 보면 이름도 없고, 또 그것이 어떤 것인지 알 수도 없다. 자연의 끊임없는 변화, 영원한 유동(流動)이 바로 도를 어떤 고정된 틀로 이해하기 어렵다는 점을 간접적으로 말해 줄 뿐이다.

기독교의 벽돌을 쌓아올리는 듯한 건축적이며 인위적인 특성은 기독교의 신 개념에서 가장 극명하게 드러난다. 기독교에서 신은 만물의 창조주이며, 세계는 그의 목적과 계획에 따라 만들어진 것이다. 반면에 도의 행동양식은「무위(無爲)」, 곧 의도적인 행위가 없는 것이다. 왜냐하면 도의 관점에서는 자연의 사물 형태는 만들어진 것이 아니라 성장하여 저절로 형성된 것이기 때문이다. 기계적 관점과 유기체적 관점 사이에는 근본적 차이가 있다. 집이나 가구, 기계같이 만들어진 물건은 부분들이 결합되어 조립된 것이며, 조각하듯이 밖에서부터 안으로 진행되는 일련의 과정의 고산이다. 그러나 성장하는 것들은 아니다. 그것들의 부분은 자체의 분할에 의해 전체에서부터 부분으로 세분화된 구조물인 것이다. 즉 복잡한 것에서부터 간단한 것으로.

神은 세계의 밖에 있고 道는 세계의 안에 있다.

자연 속에서 가장 비자연적으로 보이는 물체, 크리스탈(水晶)의 형성과정을 지켜보는 것은 대단히 흥미로운 일이다. 크리스탈은 용해액 속에서는 아무 형체없이 녹아 있다가 일순간에 형성된다. 마치 화면상에서 어렴풋하던 어떤 형체가 갑자기 뚜렷이 나타나듯이. 이와 비슷하게, 자장(磁場) 안에서 자력선은 순차적으로 그 형태가 나타나는 것이 아니라, 마치 수천개의 손들이 동시에 그림을 그리듯이 쇳가루 무더기가 순식간에 어떤 완벽한 형태를 이루는 것을 볼 수 있다. 나무줄기와 같은 물체가 자랄 때도 사람이 벽돌이나 콘크리트로 담을 쌓듯이 하나하나 덧붙여 나가는 것이 아니라 전체적인 형태가 안쪽으로부터 팽창하듯이 자라는 것이다. 그리고 이「안쪽으로부터」라는 방향성이「네이쳐(*nature*)」에 대한 중국어인「자연(自然)」의 본래적 의미와 정확히 일치하는 것이다. 자연(自然)이란 자발성(*spontaneity*)을 의미한다.

기독교와 자연은 아무래도 서로 용납할 수 없는 관계에 있다. 교회「안에서」, 그리고 교회의 영적 분위기 속에 있을 때, 우리는 자연의 세계가 아니라 만들어진 세계에 있는 것이며, 교회「밖에서」우리는 다시 스스로 자라나는 자연의 본래적 자연계 즉 생장하는 세계에 편입되는 것이다. 신 역시 세계를 만들었지만 마치 목수가 그가 만든 건축물 밖에 서 있듯이 세계의 밖에 서 있다. 그러나 세계를 생장시키는 도(道)는 세계의 안에 있다. 이론적으로야 기독교 역시 신이 내재적인 존재임을 인정하는 듯하지만, 실제로 항상 강조하고 있는 것은 신의 초월성이다. 신이 세계와 사물의 내면에 존재한다는 생각이 받아들여진 경우는 지극히 제한적으로 아주 엄격한 조건하에서일 뿐이다. 그 조건이란 신과 신의 피조물 사이에는 현격한 질적 차이가 있다는 전제를 받아들인다는 조건이다. 목수가 그가 지은 건물의 내부장식을 하기 위해 실내에서 일하고 있을 때조차, 엄격히 말해 건물의「바깥」에 있게 되듯이, 신 역시 내면에 있다고 말할 때조차 바깥에 서 있는 것이다.

사람과 우주가 신에 의해 만들어졌다는 신화를 서구 기독교사상은 지나치게 기계적으로 해석하려고 하는 것 같다. 이 점은 기독교 정신의 천재성을 드러내면서 동시에 맹목성을 보여주는 점이기도 하다. 우주가 서로 따로따로 떨어진 사물 또는 실체들로 구성되어 있다는 생각은 하나의 고정관념이다. 이러한 관점에서는 사람 자체가 하나의 부분이며, 건축 자재 등 건축의 구성 요소가 건물을 짓기 위해 하나하나 덧붙여지듯이, 사람 역시 자연의 전체적 조화에 일익을 담당하기 위해 외부로부터 자연에 덧붙여진 존재에 지나지 않는다는 생각이다. 게다가 우주 삼라만상의 작용은 논리적 법칙성의 관점에서 이해될 뿐이다. 이 사물에 대한 기계적 법칙은 일련의 인과율의 지배를 가리키며, 이러한 자연법칙의 획일성은 우리의 의식을 제한하여 사물을 하나씩 분리시켜 상징화하는 데 불과하다. 땅이나 공간을 측정한답시고 자연과 사물의 변화무쌍한 모습을 원이나 삼각형, 또는 유클리드의 직선으로 추상화한 근사치를 사용한다. 자연이 하나의 기계로 취급되는 것이다. 이러한 사고방식 아래에서는 자연이 어떤 기계적 법칙이나 수학적 추론에 대응하는 만큼만 파악될 뿐이다. 이러한 방식으로는 결코 자연의 모습을「있는 그대로」볼 수 없다. 단지 이러한 사고 체계가 자연에 투영하는 기하학적 형태와 양식으로밖에는 보이지 않을 것이다.

불행하게도 이러한 기계적 사고 유형은 신 자체에게도 적용된다. 비록 기독교가 어떤 종교보다도 신이 인격적 존재이며 생명체라는 것을 주장하고는 있지만, 실제로 신은 인격체의 가장 중요한 속성을 결여하고 있는 것으로밖엔 생각되지 않는다. 신은 사실상 추상적 원리들의 집합체로 상정된다. 그것은 다름 아닌 도덕성과 이성의 원리이며, 과학과 예술의 원리이다. 정의에 의해 절제된 사랑도 마찬가지로 원리의 하나이다. 그것은 느끼는 사랑이 아니라 의지에 의한 의욕된 사랑이며, 여성적인 에로스적 사랑이 아니라 남성적인 로고스적 이성의 산물이다. 기독교가 결여하고 있는 것은 한마디로 내면성(*inwardness*)라 이름할 수 있다. 그것도「따뜻한 가슴을 가졌다」라는 뜻으로 말하는 내면성이다. 현대적이고 감상적 의미로서가 아니라, 고대적 의미에서 내면성이 강조되는 것은 말할 필요도 없이, 살아 있는 유기체는 안에서 밖으로 성장하기 때문이며, 건축가나 기계공같이 밖에서 만들어내고, 또 그것의 밖에 서 있는 존재가 아니기 때문이다. 유기체는 객관적 원리에 의해서가 아니라 내적 자발성에 의해 움직이는 것이기 때문이다. 내면성은 그러므로 신비롭고 불가사이한 것일지언정 혼란스럽고 변덕스러운 것은 아니다. 그것은 법칙에 의해 작용하는 것은 아니다. 그러나 과학자들이 만들어 놓은 소위「자연의 법칙」은 이 내면성의 작용으로부터 거칠게 추상화된 것이라고밖에 말할 수 없다. (결과론적이기는 하지만)자연법칙은 산을 삼각형처럼 비슷하게 그리듯이, 생동적이며 자연스러운 질서를 기계적으로 유추해낸 것이라고 할 수 있다.

언젠가 우리집 아이들이 신에 대해서 내게 물었다

언젠가 우리 집 아이들이 신에 대해서 내게 물었다. 나는 신이란 모든 것의 가장 깊은 내면에 존재한다고 대답한 적이 있다. 우린 그때 포도를 먹고 있었는데, 아이들은 신이, 그러면 이 포도 속에도 있느냐고 물었다. 내가 그렇다고 대답하자, 아이들은 포도를 잘라 보자고 했다. 포도를 자르면서 내가 말했다. 「재미있군, 그런데 이건 진짜 안이 아니라 또 다른 바깥 쪽인 것 같은데? 또한번 잘라보자」나는 잘라진 반쪽을 한 아이의 입에 넣어주고 나머지 반쪽을 잘랐다.「그래, 우리가 아무리 잘라 봐도 진짜 속은 안 보이는데?」내가 반의 반쪽을 먹고 나머지 반의 반쪽을 자르려고 할 때, 어린 딸아이가 안으로 뛰어들어가더니 가방을 갖고 나왔다.「아빠, 이것 보세요. 여기가 내 가방 안쪽인데 신은 안보이지 않아요?」나는 대답했다.「아니다, 얘야. 거긴 가방 안이 아니라 가방 안의 바깥쪽일 뿐이야. 신은 안쪽의 안에 있어. 우린 안쪽의 안을 볼 수는 없단다.」

진정한 안쪽(내면)은 결코 대상이 될 수 없다. 우리의 삶은 깊은 내면의 흐름이기 때문에, 우리는 우리가 왜, 어떻게 살게 될 것인지 말할 수 없을 뿐더러, 알 수도 없다. 그 삶을 이어가는 것이 우리들의 가장 내면의 자아라 할지라도 그러하다. 그러나 적어도 서양에서는 우리가 신경계통의 구조를 의식적으로 통제하거나 알지는 못한다는 의미에서 실제로 삶을 가능케 하는 것이 무엇인지 모른다 해도, 우리는 어떤 것 혹은 어떤 누군가─아마 신이 되겠지만─그 작용을 하는 것이라고 느끼는 성싶다. 우리는 우리의 내면에 대해 이상한 무엇을 느낀다. 그래서 신비주의자조차도 신에 대한 그의 내적 경험을 자기의 외부에 있는 완전히 다른 존재에 대한 경험으로 느끼는 것이다. 그러나 이것은 그 자체의 자발적인 생명력에 의해 박동하는 심장을 자기 아닌 남으로 느끼는 것과 같다. 우리는 의식되는 것과 자발적인 작용을 하는 것 가운데 극히 일부분이나, 아니면 표피적인 영역만을 우리 자신과 동일시하도록 너무나 오랫동안 길들여져 왔던 것이다.

따라서 무한히 확장되어 있는 신의 권능에도 불구하고 우리가 신을 의식하는 것은 이 피상적인 자아의 그림자─이미지로서일 뿐이다. 신은 우리 내면의 흐름과 자연의 모든 활동을 계획하고 주재하는 「다른」 의식적 자아라는 것이다. 신은 그의 전지(全知)에 의지하여 모든 사물에 의식적으로 참여한다. 그리고 그의 전능(全能)에 의지하여 사물을 그의 의지에 복속시킨다. 일견 이것은 상당히 매력적이고 놀라운 생각인 것 같아 보인다. 무한하게 인식할 수 있으며, 은하계로부터 원자에 이르기까지 동시에 완벽하게 주의를 집중할 수 있는 마음은 얼마나 멋진 것인가. 그러나 조금만 더 생각해 보면 이런 관념이 놀라운 것이라기보다는 기괴한 생각임에 틀림없다. 이것은 확실히 인식의 지나친 확장 내지 다변화이기 때문에 지적 상피(象皮)병의 일종이라고 볼 수 있다. 이 경우 신은 내면성에 의해서가 아니라 의식의 분열된 이미지로 이해해야 한다. 왜냐하면 신은 사물에 대해서뿐만 아니라 그 자신에 대해서도 마찬가지로 속속들이 알 것이기 때문이다. 신은 그 자신의 의식에 대해 완전히 안다는 것은, 달리 말하면 그의 주관성이 온전히 객관적 대상이 된다는 얘기이다. 그리고 바로 이런 이유에서 신은 내면성을 상실한다. 이것이 아마도 서구인들이 지향하고 있는 것인지 모른다. 그들은 그의 무의식 깊은 곳까지 분석하고, 그의 두뇌 세포의 원자 하나하나까지 이해하고 설명할 수 있을 만큼 철저히 기계화해서라도 그 자신을 완전히 통제할 수 있기를 바란다. 그러나 내면의 마지막 요소까지 지식의 대상이 될 때 인간은 한낱 덜컹대는 껍데기로 전락하고 만다.

마찬가지로 기괴한 것은 완벽한 자기통제를 가능케 하는 절대적 전능이라는 관념이다. 이것은 총체적 마비현상에나 견줄만한 것이다. 왜냐하면 통제는 억제의 정도를 말하는 것인데 완전한 억제는 완전히 얼어붙은 상태를 가리키기 때문이다. 물론, 피아니스트나 무용가가 완벽한 통제력을 구사한다고 말할 때, 우리는 절제와 자발성(즉, 자연스러움)의 어떤 조화를 의미한다. 예술가는 어떤 제약도 없이 그 자신을 자발성으로 몰입시킬 수 있는 통제력의 영역을 확보하고 있는 것이다. 우리가 신을 상상할 때 자발성이 너무나 완벽해서 통제할 필요가 없으며, 그의 내면은 너무나 조화로워서 세심한 배려가 필요 없는 존재로 생각하지 않으면 안 된다. 그러나 그것은 기독교가 알고 있는 위풍당당한 신의 이미지는 아니다. 기독교의 신은 지고의 권능에 의해 온 우주를 자비로운 전제권으로써 통제하는 존재이어야만 하는 것이다

다행스럽게도 기독교에도 신에 대한 또 다른 제약이 있긴 하다. 아마도 다른 유파보다 그리스정교에서 더욱 두드러지게 드러나는 제약인데, 창조는 신의 변신(*kenosis*) 즉, 신이 스스로를 공허하게 비운 결과라는 견해이다. 신의 육화인 그리스도는 우주의 전체 산물의 역사적 이미지로 나타난다.

너희 안에 이 마음을 품으라. 곧 그리스도 예수의 마음이니 그는 근본 하나님의 본체시나 하나님과 동등됨을 취할 것으로 여기지 아니하시고 오히려 자기를 비워 종의 형체를 가져 사람들과 같이 되었고 사람의 모양을 나타내셨으매 자기를 낮추시어 죽기까지 복종하셨으니

곧 십자가에 죽음이시라.6)

  그리스도의 창조물인 이 세계를 신의 자기 방기, 내지 자기 은닉으로
이해하고 따라서 자연은 밖으로부터 다스려진다기보다 내면으로부터 생
명력을 얻게 된다. 「태양과 별들을 움직이는 사랑」은 내면적인 힘으로
이해되며 그것은 영원히 자신을 내어주는 신, 바로 그의 힘이다. 카톨릭
이나 개신교의 가르침 속에서도 이와 비슷한 제한이 있는데, 여기에 의
하면 신의 육화인 그리스도를 통해 보여준 신의 겸손, 혹은 신의 자기
비하가 신의 권능에 대한 모든 상상력보다도 신의 뜻을 더 강하게 계시
하는 것으로 본다. 그러나 이 생각은 「하나의 완전하고 충분한 희생」이
역사적으로 과거에 지나가 버린 것이라는데 문제가 있다. 지금 부활한
그리스도는 아버지 하나님의 오른쪽에서 그의 지배를 완성해 가고 있는
존재이다. 그는 산 자와 죽은 자를 불로 심판하기 위해 재림할 것이기
때문이다. 잠깐 묘한 신학적 통찰을 동원하면 이 두 개의 상반되는 모티
프를 화해시킬 수 있을 것으로 보인다. 그것은 신의 장엄한 이미지를 순
수하게 내적이고 영적인 것으로 받아들여, 겸허와 사랑을 숨기고 있는
존재로 보는 입장이다. 이 경우 심판의 불은 신의 사랑과 신앙에 복속하
지 않는 사람들의 가슴속에 불붙고 있는 오만과 근심을 나타내는 것이
될 것이다. 그런데, 만약 그렇다고 한다면 신에 대한 이미지는 오해를 불
러일으킬 소지가 다분해진다. 그리고 사람들의 가슴에 낙인된 심상은
이성적인 해명보다 더 영향력이 크기 때문에 기존의 이미지를 폐기 하든
가 바꿔버리는 것이 거기에 대해 변명을 늘어놓는 것보다 나을 것이다.
종교에 설득력을 부여하는 것은 실질적인 교리보다도 이미지이기 때문이
며, 이미지를 상대적으로 하찮은 것으로 다루는 것은 종교를 한낱 언어

---

6) 빌립보서 제2장 5절에서 8절까지 인용. (제6절을 제외하곤 AV판을 따른다)
   육화이론과 달리 이 「비움」이론은 아마도 정교회의 소수파 특히 헤시카스트
   Hesychast 신비주의자들의 교리였을 것이다.

로만 믿는 사람뿐 아니라, 종교적 분위기에 심취해 있는 사람도 이미지의 영향력에 대해 무감각해지는 것을 뜻하기 때문이다. —아무리 그 사람들이 저런 비유를 한갓 비유로만 이해한다 치더라도 말이다.7)

그러면 이 글의 첫머리에서 내가 언급한 개인적 인상에 대한 얘기로 돌아가 보자. 기독교의 이미지와 교회의 분위기는 교회의 담 바깥의 세상과는 너무나 판이하다. 그 이유는, 교회와 도시의 뒷골목을 떠나 하늘 아래 서게 되었을 때, 아무리 게걸스러운 놈들이라 해도 새들과 같이 있을 때, 천둥이 치는 비구름과 함께 있을 때, 그리고 폭풍과 해저의 괴물들이 날뛴다 해도 바다와 함께 있을 때, 나는 결코 기독교를 몸으로 느낄 수 없었다. 왜냐하면 내면으로부터 자라나는 전혀 다른 세계에 존재한다는 사실을 너무나 확연히 깨달았기 때문이다. 나는 천상으로부터 오는 것, 별들의 저편에서 오는 것이 이 세계의 생명이라고 느낄 수가 없다. 반면에, 이 전체적인 세계가 내면 적인 힘에 의해 작용하고 있음을 느낀다. 그 내면은 너무나 깊어서 동시에 나 자신의 내면이기도 할 것이며, 어떤 피상적인 의식보다도 훨씬「나」에 가까운 것이리라. 이 세계와 나와의 촌수를 이렇게 가깝게 느끼는 감정에는 분명히 자연의 감동적이고 아름다운 모습뿐만 아니라 무섭고 낯선 기분도 포함 되어 있다. 왜냐하면 나는 물고기나 곤충, 파충류들의 기괴스럽고 비인격적 특성이 내게도 어느 정도 남아 있다는 것을 알았기 때문이다. 이러한 느낌은 내가 고통이나 죽음을 생각 할 때의 섬뜩한 느낌이 외화(外華)되어 나타난 것

---

7) 기독교 신학과 범신론이 발전하게 된 계기가 성경의 비유적 표현에 대한 당혹감과 그것을 그럴듯하게 설명해 내어야 할 필요성 때문이었다고 말할 수 있을지 모른다. 초기의 하나님에 대한 문헌은, 당연한 일이지만, 히브리서에 보이는 여호아의 잔인한 행위를 합리화하기 위해『구약성서』를 하나의 비유로서 취급하고 있다. 그리고 오늘날의 신을 위한 변명은, 신을 반드시 성좌에 앉아 있는 허옇게 머리가 센 노인네라고 생각할 필요가 없으며, 하늘 위에 있는 황금의 도시에 있다고 생각할 필요가 없다는 것으로 일관하고 있다.

이다.

「살 것이냐, 말 것이냐」는 사실 질문이 아니다

정신과 자연의 갈등은 어느 정도 죽음과 부패를 악에 가까운 것으로 본다는 사실에 기인한다. 마치 죽음이나 부패가 신이 계획한 것의 일부가 아니라고 여긴다. 물론 삶이 죽음에 반대되는 것이 아니며, 생사(生死)가 일여(一如)임을 보여주는 것은 어렵지 않으나, 이성적 판단이란 것은 그토록 깊이 각인되어 있는 이변—죽음—에 대해선 속수무책이다. 죽음의 문제는 죽음을 없애버린다고 해서 해결될 문제는 아니다. 그것은 두통을 없애려고 머리를 빠개버리는 것과 같다. 문제는 우리가 느끼는 급작스러운 심경의 변화에 있다. 누구나 급격한 변화를 겪고 싶지는 않은 것이다. —마치 우리가 부끄러워해야 할 약점이라도 되는 듯이.

그러나 신이 존재자와 생명과 더 가깝기 때문에 비존재와 죽음은 배제되어야 마땅하다고 생각하여 죽음으로부터 부활함으로써 죽음을 정복하고자 애쓰는 것은, 이 양자가 선택적으로 취할 수 있는 것이 아니라 서로서로 마주 의지하는 상대적 사실임을 보지 못하기 때문이다. 「살 것이냐 말 것이냐(to be or not to be)」는 사실 질문이 아니다. 순수 존재와 순수 비존재는 똑같이 개념상의 허깨비이다. 그러나 사람과 자연, 아는 자와 알려진 대상 등, 이렇게 양극만에 있는 것의 「내적 동질성」을 느끼게 되면 죽음이란 단지 우리가 태어난 세계로부터 알려져 있지 않은 내면성에로 돌아가는 것으로 보이게 될 것이다. 이것은 죽음이 생물학적으로 탄생의 반대라는 뜻은 아니다. 오히려 인생의 진정한 내적 근원은 태어나는 것이 아니며 언제나 내면에 머물러 있는 것이라는 뜻이다. 마치 나무에 열매가 열리고 떨어지는 것이 반복되지만 생명력은 나무에 남아 있듯이. 외적으로 볼 때 나는 여러 개의 사과 중 한 개이며 내적으로 올

때 나는 한 그루의 나무이다.[8]

아마도 이것은 「나는 포도나무요 너희는 덩쿨이다」라고 말했을 때 예수가 의미했던 것이 아닌가 한다. 기독교라 해서 반드시 자연에 반했던 것은 아니며 그 전통 속에도 언젠가는 그 종교적 분위기를 근원적으로 변화시킬 인자(因子)를 내포하고 있다. 말라비틀어진 십자가에서도 이해의 지팡이(*Rod of Jesse*)에서와 같이 꽃이 피고, 가시에서도 열매가 열릴 날이 있을지도 모른다. 왜냐하면 고대의 찬송가가 암시하고 있듯이 십자가는 하나의 나무이기 때문이다

  신앙이 충만한 십자가,
  모든 나무 가운데서 가장 고결한 나무여 !
  어떤 숲도 이 나무의 이파리와 꽃과 씨 하나에도 미치지 못하리.
  십자가는 그 나무도 향기로워라.
  거기에 박힌 못도 향기로워라.
  그리고 십자가가 떠받치고 있는 것 역시!

이 시가 말하고 있는 것은 중국의 예술가가 십자가를 그렸을 때 나타남직한 풍경이다. 확실히 말할 수 있는 것은 십자가에 대한 이러한 시각은 딱딱한 나무로 만든 구조물을 단순히 상징적인 의미에서만 살아 있는 나무로 대체한 것은 아니며, 십자가의 고뇌와 유혈을 은폐하기 위해 상징물을 미화시키고자 한 것도 아니다. 그것은 서양인이 추상화된 신 대신에 자연으로서의 신을 발견했다는 표식이며, 십자가의 수난이 현재와

---

8) 이것은 물론 시적인 표현인데, 환상적으로 표현한 것이 아니라 비유적으로 표현한 것이다. 분명히 나무의 「생명」은 우리가 보통 죽음과 연관지어 말할 때의 「생명」은 아니다. 분류 수단으로서의 언어가 우리를 제한하여 어떤 사물이 어느 부류에 속하는지에 대해서만 관심을 갖게 하기 때문에 나무에 있어 생사(生死)가 내적으로 동일하다는 것을 언어로 표현하기가 심히 난감하다.

동떨어진, 우리들 자신과 상관없는 역사적 사건만이 아니라, 좁고 편벽된 관점을 뛰어넘어서 볼 때, 세계의 핵심에 기여한 내적 생명력임을 깨닫게 되었다는 증거이다. 삶이 생명에 대한 봉헌(奉獻)에 의해「새로운 삶이 되는 죽음」과 항상 관계를 맺고 있다는 사실은 자연적인 세계란 예수가 최후의 만찬에서 할 말의 권화(權化)라는 것을 보여주고 있다. ―이것은 너희에게 주는 나의 살이요, 이것은 너희들을 위해 흘린 나의 피이다 ― 그리고 묵시적인 찬송이 이어진다.

> 너의 가지를 굽히라. 오, 고결한 나무여!
> 너의 강인한 힘줄을 누그러뜨리고,
> 타고난 거센 기질을 부드럽게 하라.
> 그리고 너의 부드러운 가지 위에
> 하늘에 계신 왕의 권속들을 모실지어다.

그러나 팽팽한 근육은 아직 풀리지 않았으니, 자연은 아직도 기만하는 자와 유혹하는 자로 인식되고, 언제나 인간을 삼키려고 노리고 있는 하나의 심연으로 간주되고 있다. 자연은 아직도 정원을 잠식해 오는 황야, 해변을 삼키려는 파도로 인식된다. 자연은 맹목적이고 질서가 없으며, 또 거의 암적인 세포증식을 하기 때문에 사람은 그것에 대항해서 끊임없이 경계를 해야한다는 것이다. 이런 때 중심적인 역할을 하는 것은 인격체이며 의식적인 자아로서, 무의식과 동물적 욕망과 공포라는 이름의 홍수에 대비하기 위한 노아의 방주를 필요로 한다.

감정과 뚜렷이 구별되는 기독교적 이성은 자연이 본래의 모습을 되찾는 과정에 있으며, 자연의 어둡고 파괴적인 양상이 오직 신의 허락과 통제 아래에 있다는 것을 잘 알고 있다. 무제한의 권능 때문에 신의 질서는 자연으로부터 위해를 받지 않겠지만, 자유라는 주체하기 힘드는 혜택을 받은 인간의 질서는 신의 가호 아래에서만 자연의 횡포로부터 안전할 수 있다. 인간이 신으로부터 멀어지자마자 자연은 악마와 같이 신의 분노의 도구가 되고 마는 것이다. 그리하여 현대의 문명사회가 자연을 인간의 질서로써 냉혹하게 규제해야 하는 무능한 실체로 볼 때, 자연은 신을 상실한 인간에게 언제나 적이 된다는 사실을 기독교도들은 알게 될 것이다. 그리고 그들은 우리들에게 야수들 가운데에서도 아무 해를 입지 않고 지낼 수 있는 성인이나, 기적에 의해 자연의 힘을 마음대로 요리한 선지자들을 상기시키고자 할 것이다.

그러나 이런 생각은 전 우주를 통합하겠노라는 제국주의적 발상이다. 궁극적으로 신의 전능한 힘에 의존한 이 제국주의적 발상은 유기적이라기보다는 정치적 우주론이다. 전능한 힘을 성숙시킨 기독교는 기독교적 사랑을 주창하는 데 더욱 설득력을 갖게 되었다. 사형제도를 폐지하고 범법자를 감옥 대신 정신병동으로 보내는 것이 가능하게 되었다. 그렇지만 가장 자비로운 중에도 권력은 아무리 감추려고 해도 결국 권위로 남게 된다. 정치적으로 생각한다면, 그 이유는 사람들은 타인 곧 「남들(others)」이기 때문이다. 다시 말해서 밖으로부터 질서를 강요받아야 할 낯선 의지, 소외된 의식이기 때문이다.

정치적 질서는 원칙적으로 유기적 질서와는 다르다. 유기적 질서 속에서 부분은 권위나 회유와는 상관없이 자연스럽게 전체를 구성한다. 전자의 경우 전체가 가장 먼저이고 부분은 전체 안에서 상호관계 속에서만 의미를 갖는다. 그러나 정치적 질서에서 전체는 일부러 획책된 것이다. 정치적 집합체는 우주나 교회를 「신의 왕국」으로 생각하지만, 그리스도의 몸체로 생각하지는 않는다. 이 두 개념은 철저히 모순된다. 포도나무의 질서와 도시의 질서는 동일한 방식으로 잴 수 없다. 그러나 우주를 정치적으로 파악하고 더욱이 인간사회를 정치적으로 파악하는 망발은 세계를 분열되고 왜곡된 시각으로 바라보기 때문이다. 그것은 정신이 사고

와 언어에 미혹되어 언어와 언어의 틈바구니 즉, 실체를 느낄 힘을 잃어
버렸기 때문이다. 언어와 유클리드의 점, 목적과 한계는 모든 것이면서
또 아무것도 아니다.

과학과 자연

서양 문화는 자연을 바꾸는 기적에 심취된 문명이다

고대 인도의 어떤 왕이 사람의 발이 거친 땅을 밟기엔 너무나 보드랍다고 생각했다. 그는 자기 영토에 몽땅 가죽을 깔라고 명령했다. 그런데 그의 신하 가운데 꾀가 많은 자가 나서서 사람의 발에 가죽을 대어도 훨씬 쉽게 똑같은 효과를 거둘 수 있다고 진언했다. 이것이 가죽 신발의 효시라 한다. 인도인이 말하고자 하는 이 얘기의 핵심은 기술적인 재치가 아니다. 세계에 대한 두 가지 서로 다른 태도를 암시하는 우화적 표현이다. 이러한 두 가지 태도는 인류 문명의 두 유형─하나를 진보된 유형으로, 다른 하나는 전통적 유형으로 나누어 본다면─을 비교하는 재미난 일화가 될 수 있다. 바로 이 경우에는 기술적으로 재치 있는 해결책 (발바닥에 가죽을 대는 것)이 전통적 문화유형에 속한다. 전통적 문화유형에서는 자연을 인간의 목적에 맞추는 것보다, 인간이 자연의 질서에 적응하는 편이 더 쉬운 것으로 생각한다. 우리가 알고 있는 바와 같이 이것이 아시아에서 과학과 기술문명이 발달하지 못한 이유이다.

(역자주: 물론 이와 같은 이유를 댈 만한 근거가 이같은 문화유형에 있다는 설명에 설득력이 없는 것은 아니다. 그러나 이런 이유를 대는 것이 과연 과학적 설명일까? 과학기술문명이 긍정적으로 발생한 이유를 대기도 수월치 않은데 그것이 부정적으로 결여한 이유를 낸다니? 마치 존재하지 않는 귀신을 설명하는 작업이 아닌가? 문제는 그런 문화유형의 특

성을 소상히 밝히는 데 노력을 기울여야 하지, 그런 문화에서 왜 과학기술문명이 발생하지 않는가 묻는 것은 나무에서 물고기를 찾는 격이다. 과학적 이론은 있는 현상을 탐구하여 그 원인을 알아내고 실험적 가설을 세워서 장래를 예측하려는 데 목적이 있는 것이지, 없는 현상에 대해 이러쿵저러쿵 사변을 논하는 것이 아니다)

서구인들의 통념에 따르면, 자연을 기술로 통제하려는 데 대한 아시아인의 무관심은 열대지방의 특징인 게으름 때문이거나, 사회적 자각이 결여되었기 때문이라고 본다. 고통을 외면적으로 해결하기보다 내면적으로 해소하는 데에 관심을 기울이는 종교가, 기아나 불의의 사고, 또는 구체적 질병에 대해 냉담한 편이라고 믿기 쉽다. 그리고 이러한 경향의 종교는 자칫하면 가난한 자들을 착취하는 좌식계급의 취향이 아닌가 하고 오해하기 쉽다. 그러나 가난한 사람들이 더 많은 것을 갖고 싶어하도록 부추기는 자본주의적 발상이 오히려 가난한 사람들을 착취하는 것은 아닐까? 더 많은 물질을 소유하는 것이 행복이라고 생각하게끔 혼동시키는 것 역시 오히려 그들을 착취하는 것이 아닐까? 우리는 자연을 변화시킬 힘이 있다. 기적을 행할 수 있다. 과학자들의 이처럼 오만한 생각이 고통은 상대적이라는 진실을 은폐한다. 특히「자연은 진공 상태를 싫어한다」는 생각이 온갖 잘못된 사고의 출발점이다.

과학기술로써 자연의 껍질을 변화시키려는 서구인들의 실험은 그 근원을 기독교의 정치적 우주론에 두고 있다. 기독교를 변호하는 자들은 과학이 히브리 기독교적 전통에서 형성된 것이라는 사실을 지적함으로써 일종의 종교적 정당성을 획득하고자 하지만, 기독교와 자연과학 사이의 끊임없는 갈등에 대해서는 입을 다물고 있다. 기독교와 과학이 둘 다 같은 언어로 얘기하며, 같은 대상 즉 사실로써의 우주를 다루고 있다는 바로 그 이유에서 벌써 갈등의 단초를 엿볼 수 있다.

기독교의 주장 가운데 특이한 것은 무얼까? 기독교는 대부분의 역사적 사실들을 그다지 중요하게 생각하지 않으나, 예수가 죽음으로부터 육신을 갖고 부활했다든가, 생물학적으로 말한다면, 마리아가 처녀로 수태를 했다든가 하는 역사적 사실만은 항상 교리의 가장 핵심적인 부분으로 여긴다는 점이다. 이러한 사실도 모르는 기독교도는 그가 믿는 종교의 독창성에 대해 뭣 좀 안다고 큰소리칠 형편도 못 될 것이다. 그러나 현대 신학의 대체적 경향은 카톨릭이나 개신교 할 것 없이 성경에 씌어진 대로 그 역사적 진실성을 새삼스레 재강조하고 있는 편이다. 심지어 기적에 대해 의구심을 가진 자유주의 신학자들 사이에서도 이러한 경향이 보인다. 다소 신기한 형태로 나타나기는 하지만, 아무튼 어떤 면에서는 도저히 역사적 사실로 볼 수 없는 것임에도 불구하고, 기독교의 역사와 그 서술 방식이 신의 목적이 전개되는 과정이라고 생각하는 것이다.

　기독교가 주장하는 바 역사적 사실은 자연계에서는 기적들이다. 이것이 기독교의 특성이다. 「만약 그리스도가 죽음에서 부활하지 않았다면 너의 믿음은 헛된 것」이다. 이 때문에 기독교도는 물질적 세계의 변혁이 어마어마하게 중요하다는 생각을 갖고 있다. 다른 종교 전통에서도 물론 기적적 요소는 많다. 그렇지만 그것은 기적을 행한 사람의 초월적 권위를 입증하는 것이요, 흔히 있을 수 있는 상징적 사건으로 취급될 뿐이다. 결코 그 종교의 핵심적 사안이 될 수 없다. 그러나 기독교에 있어서 가장 중요한 것은 그리스도의 명령에 대한 자연의 굴복이다. 가장 두드러지게 그가 자연을 굴복시킨 사건은 죽음에 대한 승리, 곧 그의 부활이다.
　서구 문명이 요즘 아무리 탈기독교적이고 세속화된 것처럼 보인다고 할지라도, 서양 문화는 역시 자연을 바꾸는 기적에 심취된 문명이다. 기적이란 자아 밖에 있는 객관적이고 외적인 존재인 자연계에 변혁시킴에 다름 아니다. 이와 병행하여 전대미문의 문화적 제국주의가 종교적 개종을 대신하게 되었다. 신의 왕국을 건설하기 위한 역사의 진행은 이제 기술력의 확장이라는 방식으로 나타나고 있다. 물질적 세계를 성령의 세계로 바꾸는 작업은 바로 기술력의 확장을 통하여 진행되고 있는 것이다. 이 모든 것은 히브리-기독교적 전통의 정치적 우주론에 그 뿌리를 두고 있다. 최근까지도 바로 그 전통이 서구 과학의 이론이었고, 몇 가지 측면에서는 아직도 본래의 모습 그대로 남아 있다. 지금까지 우리가 본 바와 같이, 정치적 우주관에 따르면 따로따로 분리되어 있는 사물과 사실, 그리고 사건들이 어떤 법칙의 힘에 의해 다스려지고 있다. 자연법칙들이 아무리 많이 바뀐다 해도, 자연법칙이라는 개념은 지상의 왕이 내린 명령에 세계가 복종한다는 가정으로부터 나온 것이라는 사실에는 의심의 여지가 없다.

그러나 자연법이라는 개념을 세계와 정치적 왕권과의 관계로 간단히 유추함으로써 충분히 설명할 수 없다. 그런 식의 유로로는 자연의 법칙이 어떤 것인가 알 수 없으므로 우리의 근본적 사고방식을 재고해 보아야 한다. 우리가 아는 한, 이 사고방식은 일반적으로 추상적 사고 그리고 특히 언어의 발달과정에서 쉽사리 생기는 일종의 우연한 혼란으로부터 생겨나는 것이다.

자연의 본래 모습은 관계, 혹은 「힘의 마당」이라고 할 수 있다

우리는 보통 마음은 한 순간에 한 가지 일에 대해서만 생각할 수 있다고 생각한다. 그리고 언어 역시 사유의 주된 도구인 한, 한번에 하나씩 소리나거나 읽혀지는 일련의 기호이기 때문에 마음과 같이 작용한다고 볼 수 있다. 이런 상식에 따르면 아마도 의식적 사유는 주의력의 집중이며, 그러한 의식의 집중은 그 대상이 너무 복잡할 때는 어렵거나 불가능하다고 생각하기 마련이다. 따라서 주의력은 선택적일 수밖에 없다. 의식의 대상은 비교적 간단한 단위나 전체로 분할되어야 하며, 그렇게 되어야만 각 부분들은 좍 한번 훑어보는 것만으로도 파악될 수 있는 것이다. 이처럼 전체를 필요한 만큼 단순하게 작은 단위로 나누거나, 전체 중의 어떤 부분을 가려내서 쉽게 파악할 수 있는 형태로 단순화함으로써 우리의 의식작용은 가능해진다. 우리가 주의를 기울이거나 생각하는 것보다 실제로는 거의 무한하게 보고 들을 수 있는 것은 이 때문이다. 그리고 우리가 많은 부분에 있어서 결코 알 수 없는 특이한 정보를 접하고 그것을 다루게 되더라도, 우리가 그것을 면밀하게 조사해 볼 수 없을 정도로 나눈다면 전체 상황에 대한 통제력을 증가시킬 수 있다고 생각하게 된다.

이렇게 의식의 전체 영역을 선별된 주의력이 단순화시킨 단위가 소위 물체나 사건, 사실들이다. 우리는 어떤 물체가 우리가 의식을 집중시키기에 앞서 처음에 본 그 물체라고 단순하게 생각하기 때문에, 전체로부터 분리된 의식의 단위가 사실이라는 점을 보통 잘 알아차리지 못한다. 확실히 눈이란 우리가 흔히 생각하는 방식으로 물체를 보는 것이 아니다. 눈은 본래 아주 자세하게 시계의 전 영역을 볼 수 있다. 다만 물체 또는 사물은 의식의 집중에 의해 의식의 영역이 쉽게 생각될 수 있을 만큼 작은 단위로 쪼개져 있을 때 마음에 들어올 수 있게 된다. 그러나 우리는 이 과정을 발견해내는 행위로 생각하는 경향이 있다. 그래서 시각과 촉각의 영역을 연구하는 과정에서 지성은 외부 세계에 실제로 어떤 물체가 있다는 결론에 도달하게 된다. 이 결론은 물론 경험으로 입증되어야만 할 가설 일뿐이다. 다시 말하면, 위에서 말한 것같이 단순화시킨 것에 대해서 마음을 집중하여 「파악」하고 「봄」으로써 세계에 대한 우리 자신의 자세를 확립할 수 있을 것이다.

그러나 실제로 그런 결론은 확증할 수 없다. 우리가 거리를 인치와 피트로 쪼개어내고, 무게를 온스와 파운드로, 동작을 분과 초로 환원시킴으로써 외부 세계를 다루고, 사건을 예측 할 수 있다고 말하고 있지만, 우리가 12인치의 나무를 볼 때 1인치 짜리 나무 열두 조각으로 나누어 파악하는가? 그렇지 않다. 우리는 인치나 파운드로 나무를 「쪼개는 일」이 실제 상황이 아니라, 추상적으로 이루어진다는 것을 알고 있다. 그러나 의식의 영역을 물체나 사건들로 나누는 것이 역시 추상적으로 이루어지는 것이고, 파운드가 무게의 단위이듯이 물체가 사고의 측정 단위라는 것을 알아채기는 쉽지 않다. 그러나 우리가 어떤 것이라도 분석에 의해 더 작은 단위로 쪼갤 수 있으며, 또 아무리 크게 보이는 것이라도 그보다 더 큰 사물의 부분으로 생각할 수 있다는 사실을 깨닫는다면 위의 사정을 쉽사리 이해할 수 있게 될 것이다.

우리가 정말 이해하기 어려운 것은 이것이다. 인치는 측정을 돕기 위해 나무판자 위에 스스로 표시되어 측정의 단위로 쓰이게 된 것이 아니라는 것쯤은 쉽게 이해할 수 있는 반면, 물체의 윤곽은 애시당초 자연으로부터 부여받은 한계와 형태를 따르고 있는 듯이 보인다는 사실이다. 예컨대, 인간의 몸이라고 명명된 물체는 분명히 식별될 수 있는 피부면에 의해 주위의 다른 물체와 분명히 구분되어 있다. 그러나 중요한 것은 피부가 인간의 몸체를 외부 세계와 나누고 있지만, 그것은 자연 자체에서 그런 것이 아니라 우리의 사고 속에서 그러할 뿐이라는 것이다. 자연의 측면에서 피부는 나누는 역할을 한다기보다 결합하는 역할을 한다. 말하자면, 피부는 내부기관이 피부를 통해 공기나 온기, 빛과 접촉하는 교량역할을 하기 때문이다.

집중된 주의력은 본래 선택하고 배척하고 나누는 역할에 능한 것이기 때문에 전체를 통합적으로 보기보다 서로 다른 차이점을 찾아내는 데 능하기 마련이다. 시각의 주의력은 물체를 그와 대비되는 배경으로부터 갈라내고 어떤 형체로써 파악해낸다. 그리고 우리의 사고는 그러한 물체의 배경과 물체의 차이를 강조한다. 물체의 윤곽(outline)과 내선(inline)은 양자를 두개로 나눈다. 그래서 우리는 형체와 그 배경 즉, 공간과 물체가 불가분적이며 하나의 통일체라는 점을 알아내기 어렵다. 이러한 사실은 만약 그 형체를 둘러싸고 있는 배경과 공간이 없다면 물체니 형상이니 하는 것들이 과연 있을 수 있겠는가 하는 물음으로써 쉽게 이해할 수 있을 것이다. 정반대로도 물을 수 있을 것이다. 물상의 배경, 혹은 공간이라는 것도 그 속에 자리잡고 있는 것이다. 물상의 배경, 혹은 공간이라는 것도 그 속에 자리잡고 있는 물체가 없다면 어떻게 있을 수 있겠는가고. 그 대답은 간단하다. 공간이란 둘러싸고 있는 기능을 지칭하는 것이며, 둘러쌀 것이 없을 때 이미 그것은 공간이라고 할 수도 없는 것이다. 이 물체와 배경과의 상호관계와 불가분성이 논리적이나 문법적일 뿐 아니라 감각적이기도 하다는 사실을 주목하는 것이 중요하다.1)

　형체와 배경은 다양성 가운데 통일체로 결합되어 있다는 관계를 맺고 있다. 그러나 사람들이 집중된 주의력에, −분석하고 분리해내는 경향이 있으며, 선별적 기능이 갖고 있는 주의력에, −몰입해 있을 때, 그들은 서로 다른 것들의 「동일성」과, 서로 대조되는 「물체」와의 상호관계를 전혀 인식할 수 없다. 이제 사실과 사물에 대한 우리의 통념을 고찰해 보자. 사실이란 경험이 선택하고 분리해낸 것이기 때문에 둘보다 적은 수효는 결코 있을 수 없다. 하나의 독립된 사실이나 사물은 그 자체로 존재할 수가 없는 것이다. 왜냐하면 그럴 경우 사물은 한계가 없는 무제한적인 무엇일 수밖에 없기 때문이다. 이제 사물의 본질적 이원성과 다원성은 그것들의 상호의존성과 불가분리성에 대한 가장 분명한 증거임을 알 수 있다.

---

1) 텅 빈 공간과 그것을 채우고 있는 사물들이 있을 뿐이라는 소박한 생각 때문에 어떻게 세계가 무(無)로부터 생겨나는가 라는 고전적 문제가 야기된다. 이제 이 질문은 이렇게 바뀌어져야 한다. 「어떻게 무엇인가로부터 어떤 것이며 동시에 아무것도 아닌 것이 생겨나는가?」

이상의 논의를 간추리면 자연의 진짜 모습은 우리가 집중력이나 추상적 사고로 생각하듯 따로따로 나누어져 있는 물체로 구성된 것이 아니다. 이 세상은 물체들이 합치고 덧보태서 서로 관계를 맺고 있는 그런 물건들의 집합체는 아니다. 자연의 본래 모습은 관계, 혹은 「힘의 마당」이라고 할 수 있다. 이 힘의 마당 안에서는 사실들은 일종의 조건 또는 한계가 된다. 뜨겁고 찬 것이 온도의 마당에서는 상위 조건, 그리고 하위 조건이 되고, 신체에 있어서는 머리가죽과 발바닥이 위와 아래의 한계가 된다. 머리가죽과 발바닥은 분명히 신체의 표면이다. 어떤 사람이 머리가죽이 벗겨졌을 때 머리가죽은 이미 독자적인 존재로 되어버리므로 그때는 그것을 머리가죽이라고 부를 수가 없다. 아무리 불만족스러워도 우리는 유추를 통하지 않고서는 언어나 사고의 형식적 틀로 이 세상을 포괄할 수 없다. 자연의 기초적 구성 요소가 「사물」이 아니라 「관계」라는 표현은 어처구니없이 빈약하고 너무 추상적으로 들린다. 그러나 관계야말로 우리가 실질적으로 지각하고 느끼는 전부라는 사실을 알아야 한다. 이보다 더 구체적인 것은 없다.

그러나 이러한 깨달음도, 우리가 언어로 사고를 나타내기 전에 추상화시키거나 선택적으로 주의력을 집중한다든가 한다면 아무 소용이 없게 될 것이다. 고유명사가 아닌 단어는 분류하는 언어이기 때문에 언어에 의해 정돈된 이 세상은 결국 서로 관련되지 않은 잡동사니로 뒤섞여 있다는 인상만을 강화할 것이다. 우리가 어떤 것을 가리키며 무엇이다라고 말할 때 그것은 곧 그것이 어디에 분류되는 것이라고 말하는 것이 된다. 이것은 무엇이고 저것은 무엇이다라고 표현하고자 할 때 그것을 분류하는 방법 이외에 더 나은 방법은 없다. 그러나 이것은 어떤 사물이 다른 사물과 구별되는 특성이 가장 중요한 양 강조하면서 그것을 그것 이외에 모든 것으로부터 분리해내는 것에 불과하다. 그러므로 어떤 것이 무엇인지 안다는 것은 그것을 다른 것들로부터 분리해낸다는 것과 같다는 것을 알 수 있다. 예컨대 나는 첫째로 나의 역할과 계층이 나의 신원을 보증하며, 다음으로 같은 계층의 사람들과 다른 점 때문에 나의 존재가 다른 사람들과 구별되는 것과 같다. 만약 내가 나의 남과 다른 점, 나의 한계, 다른 모든 것들과의 차이에 의해 나의 존재를 확인한다면 나는 나의 자아를 타자와 분리 고립되었다는 느낌으로만 경험하는 것이다. 그런 까닭에 결국 나는 이처럼 분열되고 추상화된 차별의 인상 밑에 깔려 있는 구체적 통일체를 알 수도 없고 그것과의 일체감을 느낄 수도 없는 것이다. 구별지어진 인상은 따라서 관계로서가 아니라 고립과 부조화의 형태로 느껴진다. 이런 상황에서 나는 이 세상을 나와 어떤 관계를 맺고 있는 무엇으로서보다, 관계를 맺어 나가야 할 무엇으로 느끼는 것이다.

정치적 우주론은 이러한 분열된 세계 인식의 체험을 전제로 한 것이다. 신은, 인도의 세계관과 달리, 서로 차별 지어진 세계를 밑받침하는 동일자가 아니라 또 하나의 다른 존재일 뿐이다. 물론 이때의 신은 그 차별을 지배하는 자임에 틀림없기는 하다. 사람은 또 하나의 다른 존재로서 신과 연관되어 있는 것이다. 왕에 대한 신하, 아버지에 대한 아들의 관계와 같이. 개개인은 신에 의해 처음부터, 그리고 무(無)로부터 따로따로 만들어졌으며, 따라서 신의 의지에 복속하여야만 한다.

이 세상은 사물로 구성되어 있고 사물은 각기 일정한 범주에 의해 분류되며, 분류는 언어에 의해 질서지어지고 표시되므로, 로고스(Logos, 즉 언어와 사고)가 실제로 이 세계의 저변에 놓여 있는 것이 된다. 「하나님이 가라사대 빛이 있으라 하시매 빛이 있었고⋯⋯」「하나님의 말씀에 의하여 하늘이 만들어지고 거기 사는 모든 짐승들이 하나님의 입에서 나온 숨으로 지음을 받으시니⋯⋯」생각이 세계를 질서지우는 것으로 생각하지 않을 때는, 생각이 이미 있는 질서를 발견하게 되리라고 생각하기 마련이다. 이때의 질서란 말과 생각에 의해 표현될 수 있는 형식의 질서일 것이다.

서구 과학에 있어 역사적으로 가장 중요한 두 가지 전제가 여기서 발원하는 것이다. 첫째, 자연의 법칙이라는 것이 있는 바, 이것은 인간의 발견을 기다리고 있는 사물과 사건의 질서이며, 사유나 언어, 또는 기록에 의해 공식화될 수 있는 질서이다. 둘째, 자연의 법칙은 보편적이다. 전우주를 다스리는 하나의 신이 있다는 믿음 즉 유일신교로부터 이끌어져 나온 전제이다.

과학은 우리가 이제까지 논의해온 의식의 집중력이 만들어낸 극단적 실례이다. 그것은 선택적이며 분석적이고 추상적인 집중 방식에 근거한 자연에 대한 인식이다. 또한 그것은 사물을 알아볼 수 있을 만큼 세분화함으로써 세상을 이해할 수 있다. 마치 측량기사가 제멋대로 생긴 땅을 측량할 때 가능한 간단한 추상체, 이를테면 삼각형, 정방체, 원형 등으로 세분화해서 대충 재듯이, 일정한 형태나 형식이 없는 자연을 간단하고 다루기 쉬운 단위 구조로 쪼개내는 것이 과학의 작업이라고 할 수 있다. 이 방법에 의해 이상하고 무규정적인 것들이 점차 사라지고 결국은 신 자체가 최고의 기하학자로서 우리에게 현신하게 되는 것이다. 우리는 말한다. 「자연의 구조가 기하학적 법칙에 그토록 정확하게 일치하다니 얼마나 놀라운 일인가!」이 「놀라움」은 기하학적 법칙이 자연의 법칙의 불규칙성을 무시하고 억지로 거기에 꿰맞추려 했다는 사실을 잊어버린 망발이다. 우리는 분석이라는 것에 의해서 세계의 극소 부분이 수학적 방식으로 극단순화된 부분에 근접하도록 무리를 범함으로써 역시 그와 같은 잘못을 자행해 왔다. 또다른 방식으로 설명하자면, 이 세계를 규범적으로 재배열시키는 방식을 항렬, 또는 *Matrix* 방식으로 얘기할 수 있다. 어떤 복잡한 자연 형상 위에 투명한 정방형의 모눈종이 그래프를 놓게되면 무정형의 형상은 고도로 정밀하고 규칙적인 정방형 배열로 인하여 거의 정확하게 묘사 될 수 있다. 그러한 도형을 통해서 본다면 제멋대로 움직이는 물체의 진로를 무수히 많은 상하좌우의 정사각형으로 구성할 수 있다. 이렇게 해서 통계학적 평균치를 가지고 그 물체의 미래의 동작까지도 근사치로 예견할 수 있다. 그리고 나서는 대상 자체가 통계학적으로 추출된 법칙에 따른다는 가정을 서슴지 않는다. 그러나 그 대상은 그따위의 법칙에 따르지는 않는다. 통계학적 법칙을 따르는 것은 대상의 행동을 규칙화한 모형일 뿐이다.

법칙이라는 주머니칼에 의해 그동안 자연은 사람이 소화시킬 크기로 난도질되었다

20세기에 와서야 과학은 자연의 법칙이, 발견된 것이 아니라 고안된 것이라는 사실을 점차 알게 되었다. 자연이 어떤 고유한 방식이나 질서를 따른다는 생각이 바뀌어졌다. 그러한 방식이나 질서는 결정론이라기보다 기술記述상의 문제일 뿐이라는 견해가 지배적이다. 이것은 과학사상에 있어서 근본적인 변혁이다. 이 과학사상은 일반대중에게는 여전히 생소한 것이다. 어떤 특정 과학에 대해서는 여전히 별 영향을 주지 못하고 있다. 과학자는 처음에 이 세계의 작용이 언어나 이성, 그리고 그것들이 따르는 법칙에 의해 재구성될 수 있다는 믿음에서 신의 법칙을 발견하고자 하였다. 신의 존재를 가정해도 그의 예견의 정확성에 별 도움이 못 되었으므로, 그는 그 가정을 버리고 세계를 하나의 기계로 보게 되었다(기계는 그 법칙의 제정자가 없이도 법칙을 따르므로). 마지막으로, 모든 것에 앞서 존재하는 결정론적인 법칙을 가정할 필요가 없게 되었다. 그러한 법칙은 주머니칼같이 사람이 만든 도구에 불과 한 것으로 생각하게 되었다. 저 주머니칼에 의해 자연은 사람에 의해 소화시킬 만한 크기로 난도질 되었던 것이다.

그러나 이런 경향이 과학의 앞날에 있어서 더욱 근본적인 변화 가운데 하나의 작은 양상에 불과하다는 조짐이 있다. 우리는 과학적 방법이 자연을 연구하는 데 있어 분석적이고 추상적인 접근법만으로 스스로를 제한해야만 하는가 물을 수 있다. 얼마 전까지만 해도 거의 모든 과학적 방식의 우선적 원칙은 분류 작업이었다. 새냐 물고기냐, 화학제인가 세균인가, 유기체인가 죽은 것인가, 유리인가 별인가 등등 세밀하고 엄격하게 종(種)별로 가려내는 작업이었던 것이다. 분명한 것은 이러한 접근 방식으로는 자연에 대한 원자적이고 분열된 견해만을 양산할 뿐이기 때문에, 이러한 방식을 계속 고수한다면, 과학을 더욱 고도화함으로써 인간의 자연에 대한 지배를 확장시키려는 계획이 수포로 돌아갈 공산이 적지 않다. 그들은 자연이 그들이 탐구한 것과 같은 방식-조각난 상태로-으로 통제되지는 않는다는 사실을 알기 시작했기 때문이다. 자연은 속속들이 서로 연관되어 있기 때문에, 그 중 한 쪽을 전체적인 연관선상에서 떼어놓게 되면 그 결과는 누구도 예측할 수 없는 것이 되어버린다. 이러한 상호연계성에 대한 분석 연구는 상당히 복잡한 정보를 우리에게 알려주는데 너무 광대하고 복잡해서 실질적인 목적에 적용되기에는 상당히 곤란한 점이 있다. 특히 신속한 결정이 요구되는 상황에서는.

결과적으로 기술의 진보는 의도한 효과의 반대 효과를 초래하기에 이르렀다. 인간의 노력을 단순화시키기는커녕 훨씬 복잡하게 만들어버린 것이다. 누구도 전문가와 상의하지 않고서는 어떤 행동을 취할 엄두를 내지 못하게 되었다. 전문가는 전문가대로 끊임없이 늘어가는 정보의 홍수 속에서 그중 극히 일부분 이상은 알 수 없게 되어버렸다. 그러나 형식적인 과학지식이 부문별로 세분화되어 나간 반면에, 자연은 그렇지 않기 때문에 어느 한 분야의 지식을 통달하려고 하는 것 또한 왼쪽신발만 잔뜩 쌓인 신발장과 같이 별볼일없는 것이 되기 십상인 것이다. 이러한 정황은 내분비학이나 토양화학 또는 핵 반응과 같이 순수 과학적 문제를 다루는 경우에만 국한되는 것이 아니다. 생산 수단과 통신 수단이 고도로 기술화된 사회에서는 가장 일상적인 정치, 경제, 법률 문제가 개인을 규제하여 개개 시민들이 무력감을 느낄 지경에 이르렀다. 어찌할 수 없을 정도로 복잡하게 얽힌 구조에서는 기계적인 통제력이 관료주의나 전체주의보다 훨씬 나쁜 영향을 미친다. 이 모든 얘기가 사실이라면 과학적 지식이 이미 총체적 자멸의 지경에까지 이르게 되었다는 얘기가 아닌가? 그러나 그런 경향이 어느 정도까지만 사실로 나타나는 것은 과학자들이 분석이나 단계적 사고에서 벗어나 다른 방식에 의해 자연의 상호관계를 실제로 이해하게 되었기 때문이다. 실제로 과학자는 직관과 지성의 무의식적 진행에 꽤 많이 의존하고 있다. 이러한 이해 방식은 한 번에 하나씩 직선적으로 이해하는 고통스러운 과정이 아니라, 상호 연관된 세부 요소의 전체적인 영역을 동시에 파악할 수 있는 것이다.

자연의 상호연관성이 복잡하고 고도로 세분화된 것이라는 생각은 자연을 직선적인 사고 단위로 해석해 가는 과정에서 생긴 결과이다. 물을 마실 때 컵을 사용하는 것보다 포크를 사용하면 모든 것이 엄청나게 복잡해지는 것과 같이 자연의 복잡성이란 본래 복잡해서 그런 것이 아니라 자연을 다루는 데 사용한 도구가 부적당했기 때문에 생긴 결과로 보아야 한다. 걷거나 숨쉬는 데, 그리고 피가 순환하는 데에는 복잡한 것이 없다. 살아 있는 유기체가 이러한 기능들을 발달시키기 위해서 골머리 앓은 것은 전혀 아니다. 혈액의 순환은 외과 의학적용어로 설명될 때만 복잡해진다. 즉, 의식적인 주의력이 구분해내는 단순한 단위에 대응하는 개념상의 모형에 의해 이해될 때 그러한 것이다. 우리가 사고를 서투르게 개념화하여 그것에 준하여 자연을 접해 왔기 때문에, 자연계는 그것을 창조하고 다스리는 데 굉장히 번잡한 지성을 요구하는 거의 기적적인 복합물로 여겨진다. 마치 로마 숫자나 이집트 숫자를 사용하는 사람들에게 곱셈, 나눗셈은 맥빠지게 복잡한 과정이지만 아라비아 숫자를 사용하면 비교적 간단해지고 주판을 사용하면 훨씬 쉬운 것과 같다.

사고에 의해 자연을 이해하는 것은, 비유컨대 마치 밝긴 하지만 매우 좁게 퍼지는 조그만 플래시로, 거대한 동굴의 윤곽을 알아보려고 하는 것과 같다. 빛의 경로와 빛이 지나간 지점이 연속적으로 기억에 남게 될 것이다. 그리고 이 기억으로부터 동굴의 대략적인 모양을 힘들여 재구성해낼 수 있게 될 것이다.

실제로, 과학자들은 자신들이 그것을 믿지는 않더라도 전체로서의 자연을 파악하기 위해선 부득불 그의 직관을 사용하지 않으면 안 된다. 그는 그의 분석적 사고라는 좁은 빛줄기로 항시 자신의 직관적 통찰을 점검해 보아야 한다. 왜냐하면 직관이란 쉽게 잘못될 수가 있기 때문이다. 마치 사고에 의존하지 않고 신체를 정상적으로 유지하는 유기체적 지능이 선천적인 불구나 암 등의 잘못을 피하는 데 있어 믿을 만한 것이 못 되며, 조절 본능 또한 특별한 상황에서는 곧바로 파멸로 이끌 수 있는 것이기 때문에 믿을 게 못 되는 것과 같다. 본능이나 무의식적 지성의 실수를 바로잡는 유일한 방법은 분석과 실험과 같이 힘든 작업에 의존할 수밖에 없는 듯하다. 그러나 그러한 방법은 처음부터 자연의 질서에 개입하는 것이며, 개입이라는 것이 알려질 때는 이미 간섭이 상당히 진전된 후일 것이다.

그러므로 과학자가 자연의 실수가 진짜 실수인가를 스스로에게 물어보아야 한다. ─만약 스스로를 파멸시키지 않는다면 그 자신을 포함한 생명체 전체가 견딜 수 없게 되리란 생각에서, 어떤 종(種)이 전체로서의 자연의 질서를 유지하기 위해 스스로 자신을 파멸시킬 것인가? 선천성 질환이나 전염병 같은 실수가 생명체의 균형을 유지하기 위해 필요한 것인가? 이러한 「실수」들을 교정하는 것이 그것을 해결하는 것보다 더 심각한 문제를 야기시키는 것이나 아닐까? 그리고 그러한 문제들을 해결하는 것이 또다시 더 큰 어려움을 겪게 하지나 않을는지! 차라리 인간 아닌 다른 무의식적 지성이 나타나 자연의 평형을 깨뜨릴 정도로 성공적이라면 그런 종(種)을 잘못된 것이라고 내쳐야 할 것인가?

또 한편 자연과학자는 의식적 분석작용이 그 자체 무의식적 지성의 작위가 아닌가를 물어보아야 한다. 자연에 대한 의식적 개입이 인간을 제거하는 데 일조를 할 때조차 전제로서 자연의 질서의 편에서는 것이 전적으로 자연스러운 것인가? 혹은, 의식적 분석을 가능한 정도까지 가함으로써 무의식적 지성이 더욱 효과적일 수 있게 하는 방법을 발견할 것인가?

이러한 질문이 내포하는 어려움은 그 해답을 찾기가 너무 어려워서 요행히 그 방법을 발견한다 해도 이미 늦어 써먹을 수 없을지도 모른다는 점이다. 올바른 일을 하고 있다는 기준은 무엇일까? 다른 말로 하면 무엇이 전체로서의 자연의 질서에 좋은 것인가? 어떤 종(種), 혹은 모든 종에 좋은 것이 무엇인가 하는 문제에 대한 통상적인 대답은 단순히 살아남는 데 좋다는 것, 즉 「생존」이다. 인류를 위해 가장 좋은 것이 미래에도 계속 존속해 나갈 수 있는 길이라 믿기 때문에 과학의 주된 관심사는 예견이다. 세상을 살아가는 데 필요한 모든 행위의 시금석 그것은 바로 생존가치이다. 생명체에 있어 바람직한 것은, 그것의 무한한 지속이라는 전제를 받아들인다면, 그리고 그러한 영원성이 그 존재에게 즐거움이 되어야 한다고 가정한다면, 우리가 현명하게 행위하였는가 아닌가를 판가름하는 시금석은 우리가 여전히 여기에 존재하고 있으며, 우리가 예견하는 한 언제까지나 존속할 것이라는 것이다.

산업기술이 등장한 지 겨우 2백년 만에 인류는 생존의 전망이 우려되는 상황에 와 있다

이러한 가정으로 볼 때 인류는 존속해 왔으며, 아마도 현대과학이 모습을 드러내기까지 백만 년 이상 존속해 온 듯이 보인다. 이러한 전제 위에서 우리는 인류가 존재를 지속해 온 만큼은 현명했다고 가정할 수 있다. 우리는 인류의 삶이 그토록 행복하진 못했지 않느냐고 말할 수 있을지 모른다. 그러나 이러한 의문이 진정 뜻하는 바가 무엇인지 모르겠다. 인류는 삶이 계속되는 것이 확실히 즐거웠다. 즐겁지 않을 이유가 없다. 반면에 산업기술이 등장한 지 겨우 2백년 만에 인류 생존의 전망이 심각히 우려되는 상황에 와 있다. 우리는 이 지구를 소진시키거나 또는 이로부터 쫓겨날지도 모를 일이다.

확실히 생존의 이상은 완전히 공허한 것이 되어버렸다. 인간과 동물의 심리학을 보면 종족보존이 자연의 첫번째 법칙인 듯이 보인다. 물론 이런 생각은 인간 중심적 사고로서 인간만의 독특한 태도를 자연에 투사한 것에 지나지 않는다. 만약, 생존하는 것이 현명함을 재는 기준이라면, 생명체에 있어 중요한 것은 단지 시간일 뿐이며 우리는 존재하기 위해 존재하게 된다. 우리의 경험에 대한 태도를 보면 흡사 지속적인 굶주림 속에 있는 듯이 보인다. 왜냐하면 우리가 살아 있다는 것에 만족하고 기뻐할 때조차 사실 더 많은 것을 요구하기 때문이다. 「앙콜(encore, 한번 더)」라고 부르짖는 것은 좋아하는 것에 대한 최상의 표시이다. 이것은 분명히 생애의 어떤 순간에도 진정한 만족감을 얻지 못했기 때문이다. 「모든 즐거움은 영원하기를 바라기」 때문에 시간의 영원성이 아니면 어떤 만족감을 얻더라도 공허감에 시달리게 되는 것이다.

시간에 대한 갈증은 편협한 주의력이 고도로 전문화된 결과이며, 한

순간에 한 사물과 한 생각이 연속적으로 세계를 인식하게 된 인식유형 탓이다. 그렇기 때문에 개개의 경험은 편협된 것이고 분열되어 있으며, 불완전하다. 그리고 이렇게 분리된 경험들이 아무리 많이 더해지고 합해져도 전체적인 경험ー즉, 진정한 만족에 이르지 못한다. 대체로 그런 부분들의 집합은 지긋지긋한 포만감에 이르게 할 뿐이다. 우리들과 마찬가지로 자연 역시 생존을 위해 고군분투한다는 인상을 받는 것은 우리가 자연을 연구한 방법에 따른 필연적 결과이다. 대답은 질문의 성격으로 보아 이미 결정된 것이다. 자연이 계속해서 더 많은 것을 요구하는 불만족스런 순간의 연속으로 보이는 것은 우리가 언어를 통해 자연을 지각하기 때문이다. 우리는 자연을 조각조각 잘라서 이해하려고 한다. 그리고 자연은 본래 조각들의 집적에 불과한 것이라고 생각하며, 오로지 계속적으로, 쌓아나감으로써 목적을 달성할 수밖에 없는, 영원히 불완전한 체계라는 결론을 내린다.

사고와 과학은 그들에 의한 연구방식으로는 결코 해답을 얻을 수 없는 문제를 제기한다. 그 중 많은 문제가 사고방식에 대한 것들이 대부분이다. 예컨대 각을 삼등분하는 문제는 컴퍼스나 직선자로는 도저히 풀기 어려운 문제이다. 아킬레스와 거북이의 경주 또한 그들이 조금씩 조금씩 단계적으로 나아간다고 가정하는 한 영원히 남게 되는 반절 때문에 아킬레스는 경주에서 결코 거북이를 이길 수 없다. 그러나 거북이를 따라잡을 수 없는 것은 아킬레스가 아니라 계산 방식인 것과 같이, 경험에 있어서 만족감을 얻을 수 없는 것은 인간이 아니라, 인간의 사고방식이다. 이렇게 말한다고 해서 과학과 분석적 사고가 불필요하며, 파괴적인 도구라고 말하려 하는 것은 아니다. 오히려 과학과 분석적 사고를 사용하는 인간이 그 도구들보다 더 위대해야 한다는 것을 말하고자 할 뿐이다. 유능한 과학자가 되기 위해서는 과학자 이상이 되어야 하며, 철학자는 사색가 이상이 되어야 한다. 왜냐하면 만약 우리가 자연을 색다른 방식으로 볼 수 없으면, 자연에 대한 분석적 연구는 우리에게 아무것도 가르쳐주지 않기 때문이다.

　그러므로 과학자로서의 과학자는 자연을 전혀 보지 못한다. 마치 목수에게는 나무가 자르고 대패질해야 할 목재로 보이듯이, 과학자는 자연을 연구 대상, 또는 연구 수단으로 보게 될 뿐이다. 더욱 중요한 것은 소아(小我, ego)로서의 인간은 전혀 자연을 보지 못한다는 사실이다. 소아로서의 인간은 우리가 의식[2]이라고 부르는 주의력의 편협하고 배타적인 양식을, 그 자신(혹은 그의 마음, 또는 인식체계)과 동일시하기 때문이다. 따라서 현대과학을 극복하기 위해서는 일차적이고 근본적인 형태와 연관된 제이차적인 지각 형태(즉 그 자체에 대한 인식)로의 전환이 바람직하다. 이것은 그 자신의 인식 양태와 다른 인식 양태(예컨대 종교적 인식 같은 것인데, 모든 인식은 그 고유 영역 안에서는 모두 타당하다)가 있다는 것을 인정하는 정도가 아니다. 종교적 인간으로서의 과학자와, 과학자로서의 과학자는 다르다고 인식하는 것만으로는 부족하다. 우리는 가장 중요한 과학적 통찰이나 직관이, 흔히 인정하기를 꺼리는 이른바「비사유적」인식 양식을 통해서 얻어졌다는 사실을 잘 알고 있다.

　가장 창조적인 방식으로 과학에 종사하는 사람은 그들의 마음이 어떤 체계로부터도 자유롭게, 또 결과에 대한 집착이나 압박도 없이 자유로워야 한다는 것을 대개 깨닫게 된다. 프린스턴대학의 고등학문연구소(*Institute for Advanced Studies*)와 같은 연구재단을 방문한 사람들은 세계에서 가장 위대한 수학자 몇 사람이 손으로 머리를 감싸쥐고 책상에

---

2) 트리건트 버로우 *Trigant Burrow*는 의식의 내향성과 외향성을 가리키는 용어로 *ditention* 그리고 *cotention*이라는 말을 만들어냈다. 심리 신경다발과 내향적 의식 그리고 느낌에 대한 그의 논의는 우리로 하여금 여러모로 생각을 깊게 하는 노작이다.

앉아 있는 것을 보거나 혹은 창문 밖을 멍하게 쳐다보고 있는 것을 종종 볼 수 있다. 게으름 피우는 것 외에 아무것도 하지 않으면서도 그들은 적지 않은 돈을 보조받고 있는 것이다. 슈(R. G. H. Siu)는 『과학의 길(Tao of sceience)』이란 책-이 책은 지식을 얻기 위해 무지를 사용하는 도(道)의 원리에 대해 논한 것인데-에서 긴장이나 집중을 하지 않는 무념(無念) 또는 관(觀)/명상이 어떻게 창조적인 힘을 낼 수 있는가에 대해 서양 사람들이 발견한 것을 소개하고 있다. 경험이 풍부한 연구소 소장으로서 그는 이러한 인식 양식이, 연구를 통해 낡은 이론의 검증보다 새로운 이론을 창조하는 데 필수불가결한 것이라고 말한다.3) 요즘에는 이 비사유적 방식을 믿는 이가 적다. 오히려 분석적 방법이 이를 엄격히 제지하고 있다. 그러나 과학에 비사유적 직관을 사용하는 데 대한 불신감은 차라리 그것을 사용하지 않기 때문에 생기는 것이다. 그리고 과학이나 일상 생활에서 우리는 항상 의식을 선택적으로 집중함으로써 우리의 마음을 쉴 새 없이 흐트러뜨리기 때문일 것이다.

널리 사물을 보고 포괄적으로 생각하는 사고방식으로 전환하는 일은, 설득이나 선전으로 강요하거나 훈련이나 실습으로 개발하는 도덕적 덕목의 함양과는 완전히 다른 것이다. 우리가 잘 아는 바와 같이 이상주의는 볼품 사납게 실패로 끝나버렸다. 더욱이 미래를 겨냥하여 힘겨운 노력과 훈육에 의해 유지되어온 도덕적, 영적 이상주의는 우리들에게 고통만 안겨주었을 뿐이다. 왜냐하면 그런 이상주의는 좋은 것과 나쁜 것, 이상과 현실을 분리시켜 인식하기 때문에 선(善)이 악(惡)한 자의 이상이며, 용기는 비겁자의 동경이며, 평화는 혼란을 야기시키는 자가 떠드는 기만술책임을 알지 못하기 때문이다. 노자는 말하기를,

---

3) 슈의 모든 연구성과를 살펴보면 이 장에서 논의되고 있는 주제에 대해 상당히 광범히 다루고 있음을 알 수 있다. 불행하게도 나는 이 책을 거의 다 썼을 무렵에야 그것들을 접하게 되었다. 그는 거기에서 과학의 문제에 대해서 중국식 사고를 폭넓게 적용하고 있다. 그러나 서양의 독자들은 중국인들의 정신적 자세에 대한 설명이 다소 부족하다고 느낄 것이다.

위대한 도(道)가 사라지자
인의(仁義)가 생겨나고,
지혜와 총명이 있음으로써
큰 거짓이 나타나게 된다.
친척이 불화하니
효(孝)를 찾고,
나라가 혼란스러워지자
충(忠)을 내세우게 된다.

大道廢 有仁義
智慧出 有大僞
六親不和 有慈孝
國家昏亂 有忠臣

- 『도덕경』 18장

「돼지의 귀를 가지고 비단 지갑을 만들 수 없다」는 말처럼 아무리 노력하더라도 환란을 평화로 바꿀 수는 없다. 왜 그런가 하면, 도가(道家) 사상가의 말처럼「옳지 못한 사람 손에 들어간 바른 방법은 그릇되게 쓰여지기」때문이다.

  연속적으로, 한번에 하나만을 보는 방식으로 사물을 보는 사고는 단지 현재에서만 해결책을 찾을 수 있는 문제를 풀기 위해 미래로 시선을 던진다. 현재에 시선을 집중하더라도 고착된 주의력으로는 불가능한 데 말이다. 크리슈나무르티가 말했듯이 해결책은 문제로부터 눈을 돌리지 말고 문제 안에서 찾아져야 하는 것이다. 달리 말해서, 설사 좋지 않은 사람의 혼란된 감정과 집요한 욕망이라 할지라도 있는 그대로 보아야 하며, 더구나 그러한 감정이 일어나는 그 순간의 양상 그대로 보아야 한다.

결코 그것의 어떤 특정 측면에만 주목해서는 안되는 것이다. 그리고 미래에 무언가 달라지리라는 희망으로 마음 졸이는 대신 바로 이 자리에서 모든 경험에 대해 마음을 열고 받아들이는 것이다. 이 전체적 경험 안에서, 또한 전체적 경험에 의해서만이 무엇이 인생에 있어 좋은 것인가 하는 문제에 대한 해답을 얻을 수 있을 것이다. 괴테의 『자연에 대한 단상 (*Fragment on Nature*)』 한 쪽을 여기에 옮긴다.

「매 순간마다 그녀는 긴긴 여행을 떠나고 매 순간마다 그녀는 목적지에 닿는다…… 모든 것이 그녀 속에서는 영원한 현재이다. 과거도 미래도 모르는 그녀에겐 현재만이 영원하다네.」

느낌이라는 예술

「나」를 虛構로 생각하게 되면 이원론으로부터 자유롭게 될 것이다

고요하고 활짝 열린 마음을 가리키는 표현들은 대부분 부정적이다. 「정신 없다, 얼빠졌다, 사려깊지 않다, 애매모호하다, 정신나갔다(*thoughtless, mindless, unthinking, empty headed, and vague*).」 등등 아마 이런 표현은 우리가 복잡한 인생과 세상을 파악하고 다루는 집중적 의식에 늘 시달려 오면서도 그 만성적인 질곡으로부터 벗어나려는 본능적 두려움을 표현하는 것이 아닐까 한다. 예리하게 무엇이든 선별하는 능력이 거세된 인식은 생각만 해도 불안하리라. 그래서 그렇게 얼빠진 마음은 아이들이나 동물들과 같이 혼란된 감정 상태로 돌아가려는 것을 뜻한다고 여겨, 만약 그리 된다면 위와 아래도 분별하지 못하게 되어, 우리가 거리로 나가자마자 곧바로 차에 치이게 되리라고 믿어 의심치 않을 정도이다.

좁아진 의식, 연속적인 의식, 기억을 내장하고 있는 인상의 흐름, 이런 의식을 통해서 우리는 소아(*ego*)를 경험한다. 이런 의식 상태에서는 사고 뒤에 사고하는 존재가 있으며, 인식 뒤에 인식하는 자가 있다고 생각한다. 이제 인식하는 자 또는 사고하는 자는, 무슨 수를 쓰더라도 경험을 질서 지우고 통제하기 위해서 변화 중에 있는 경험의 파노라마로부터 벗어나 비켜서 있는 존재가 될 뿐이다. 만약 소아(*ego*)가 사라진다면, 아니, 사라진다기보다 우리의 삶에 쓸모 있는 허구(虛構)로 생각하게 되면, 주관과 객관, 그리고 경험대상과 경험주체라는 이원론으로부터 자유롭게 될 것이다. 다만 지속적이고 스스로 움직이는 경험의 흐름만이 있게 될 것이다. 이때는 경험을 통제하는 능동적 주체라는 의식도, 그것을 받아들이는 수동적 객체라는 의식도 더 이상 남지 않게 될 것이다. 사고하는 자는 더 이상 사고의 연속체가 아니게 되며, 느끼는 자 역시 그렇게 될 것이다. 영국 철학자 흄(*Hume*)은 『인간 오성론(*Treatise of Human Nature*)』에서 다음과 같이 적고 있다.

「나는 내가 나 자신이라고 부르는 것에 대해 가장 친근하게 접근할 때마다 뜨겁고 찬 것, 빛과 그림자, 사랑과 증오, 고통과 즐거움 등의 특별한 자각이나 그와 비슷한 것과 마주치게 된다. 나는 감각이 아니고서는 나 자신을 포착할 수 없고, 감각 외에는 어떠한 것도 나 자신 속에서 찾아낼 수 없다……. (우리는) 여러가지 감각의 다발 이외에 아무것도 아니다. 그 감각들은 감지할 수 없을 만큼 빠른 속도로 연속되어 있다. 그리고 영원한 율동과 움직임 속에 있다.」[1]

바로 이것이 우리가 두려워하는 것이다. 원자들의 무상한 흐름 속에서 인간은 저 통일성과 주체성을 상실하지나 않을까? 흄은 형이상학적이고 정신적 실체로서의 자아 개념에 반기를 들고 있지만, 본래적으로 서로 구분되어 있는 「감각의 다발」이라는 개념을 대치할 개념을 찾지 못했다. 그는 연속적 경험을 일직선적 사고를 나타내는 비연속적 언어로 번역해내고 있었기 때문이다. 그는 우리의 모든 인상이 「서로 다르며, 식별 가능하고 제각기 따로 나뉘어져 있어서, 하나하나 살펴볼 수 있으며, 그 인상들의 존재를 확인하기 위해 어떤 것도 더 이상 필요치 않다」고 주장했다. 독립된 실체로서의 소아(*ego*)의 허구성을 간파했음에도 불구하고, 그는 소아(*ego*)는 물론 인식의 한 양태로서 자연으로부터 추상화한 독립된 사물이나 감각이 소아와 마찬가지로 허구임을 알지 못했다. 우리가 이제

---

1) *Hume* (1). p. 252

껏 논의한 대로 본래 분리되어 있는 사물은 오직 기계적으로 아니면 정치적으로만 질서지어질 수 있을 뿐이다. 잡다한 인상들을 통합하고 질서지우는 참다운 자아를 찾지 않고서는 인간의 경험은 한갓 기계로 전락하거나 혼돈에 빠지게 된다.

만약 자연계가 소아(ego)에 비쳐진 사물도 아니고, 기계적으로 묶여진 사물(그 중 얼마쯤은 감각이겠지만)도 아니라면, 자연이 단지 유기적인 관계의 마당이라면, 자연의 무질서를 정치적 질서나 기계적 질서를 대치하는 유일한 개념이라고 두려워할 필요가 없다. 그렇다면 경험의 흐름은 초월적 자아니 초월적 신에 의해 질서지어진 것이 아니라 그 자체에 의해 질서지어지는 것이다. 이제 그 자체에 의한 질서란 지금까지 얘기되어 온 기계적 질서, 또는 자동기계의 질서를 의미하는 것은 아니다. 왜냐하면 자동기계는「저절로 움직이는 것」이기 때문이다. 그러나 유기체와 기계 사이에 현저한 차이점이 있음을 간과해서는 안 된다. 무정형의 형태가 기하학적 모형에 근접할 수 있고, 별들의 움직임이 달력에서 숫자로 번역될 수 있는 것과 마찬가지로 유기체가 기계적 모형에 의해 재현될 수는 있다. 그러나 천체란 달력과 같은 숫자판과는 전혀 다른 것이다. 아니, 그 이상인 것과 같이, 유기체와 자연 그대로의 형체는 기계적 재현에 의해 만신창이가 되어서는 절대 안 되는 것이다. 사고의 순서는 직선적이며 조금씩 조금씩 연속되기 때문에 모든 것이 동시에 일어나는 관계의 체계에 근사치로는 접근할 수 있을지 모르지만, 완전히 접근하는 것은 절대 불가능하다. 마치 우리들의 좁은 인식이 신체의 전 기관을 떠맡아 관장해야 하는 경우를 생각해 보라. 의식이 만약 그것들을 생각하지 않으면 선(腺)과 신경과 동맥은 그 자체로써 역할을 하지 못할 것이다. 말이거나 글이거나 언어가 웅변으로 말해 주듯 사고의 순서는 하나의 실이 뽑혀 나오듯이 한 줄로 직선으로 이어지는 것임에 틀림없다. 그러나 자연은 그렇지 않다. 자연은 아무리 줄여 보아도 한 줄이 아니라 한 권의 책이다. 크게 보면 무한 차원의 마당이다. 우리는 새로운 자연의 질서를 생각할 때가 되었다. 논리적인 개념도 아니고, 로고스(Logos)나 언어적 개념처럼 한 자 한 자 짜맞추어 나가는 단세포적 의식이 창출한 질서가 아니라, 전혀 다른 새로운 자연 질서를 생각해 볼 필요가 있다.

예술가는 理를 논리적 분석에서가 아니라 觀에 의해 발견한다

니이담(Needham)의 말처럼 중국철학 가운데 신유학(新儒學) 혹은 불교에서는 「이(理)」란 개념으로 새로운 자연 질서를 제시하고 있다. 理는 영어의 원리(principle)란 말 이상 잘 들어맞는 단어가 없을 것이다. 理는 우주 질서의 보편적 원리이다. 그러나 이 경우 원리 혹은 원리들은 법칙 「칙(則)」의 뜻으로 씌어진 것은 아니다. 理란 말의 어원은 옥(玉)의 무늬, 나무의 결, 또는 근육의 섬유를 의미한 것이었다. 또 칙(則)의 어원은 희생의 제물을 담는 큰 솥에 새겨진 제국(帝國)의 법을 가리키는 것이었다.[2] 옥의 무늬는 일정한 형태가 없는 것이다. 즉, 그것은 비대칭형이며, 유동하는 형상이며, 중국적 미감에 썩 잘 어울리는 복잡한 형상을 하고 있다. 그래서 「道는 容[형상]이 없다」[3]라고 말할 때, 우리는 획일적으로 텅 비어 있는 공간을 상상하기보다는 뚜렷이 식별해낼 수 있는 특징, 즉 얼굴이 없는 그 무엇을 생각하게 되는 것이다. 다른 말로 하면, 중국 화가가 바위와 구름을 보고 감탄할 때의 그것이며, 때로는 먹이 충분히 적셔지지 않은 갈필로 대담하게 그린 묵화에서 받은 느낌 같은 것이다. 여기에 대해선 『회남자(淮南子)』의 다음과 같은 구절이 잘 말해 주고 있다.

---

2) 글자 풀이에 관해서는 매튜(Mathew)의 중국−영어사전 3864(li 理) 그리고 6746(tse 則)를 보라. 원래 글자꼴은 *Larlgren* 의 *Gramata Serica* 906과 978을 보라. 중국 글자의 영어 발음 표기는 아무런 의미를 전달하지 못하기 때문에 앞으로 중국 용어는 매튜 사전의 숫자 표기로 대신한다. 보기: M 3864는 理를 가리킨다.

3) 容 *Yung*, M 7560

「天道는 신비하고도 은밀하게 작용하는 것이다. 그것은 일정한 얼굴
이 없으며 또한 정해진 법칙을 따르는 것도 아니다. 天道는 너무 커서
그 끝을 볼 수 없고, 너무 깊어서 그 깊이를 잴 수 없다.」[4]

동시에 道의 질서는 너무 불가사의한 것이라서 보통 사람은 오직 혼돈
이라 생각할 수밖에 없다. 그런데 장인(匠人)이 재료를 다룰 때 완벽을
기하기 위해서는 재료의 성질이 어떤가를 알아야 하며, 자기가 조각하는
나무의 결을 볼 줄 알아야 하며, 여러가지 악기의 음색을 조화시키는 방
법을 알아야 한다. 재료의 성질이 바로 理이다. 예술가는 理를 논리적 분
석에 의해 발견해 내는 것이 아니라, 관(觀)에 의해 발견한다. 觀에 대해
서는 이미 조용히 관조한다든가, 편협된 주의력이라는 의미로 머리를 쓰
지 않고 자연을 바라보는 것이라고 설명한 바 있다. 여섯 개의 효(爻)로
이루어진 『주역(周易)』의 관(觀) 괘(卦)에 대해 왕필은 다음과 같이 말하
고 있다.

「관도(觀道)의 의미는 무엇인가? 통치는 형벌이나 법의 압제에 의해
이루어져서는 안 된다. 암을 내다보면서 그의 영향력으로 사물을 변화
시킬 수 있어야 한다. 아무도 초월적 힘을 볼 수는 없다. 우리는, 天이
사계절을 교체하도록 명령하지 않아도 천도(天道)의 운행은 조금도 어
그러지지 않음을 본다. 마찬가지로 성인은 백성들에게 명령하고 규제
하지 않아도 그들은 복종하고 그에게 봉사한다」[5]

요컨대 만물은 소아(ego) 의해 제약되지 않은 관점에서 바라볼 적에야
저절로 질서지어진다는 말이다. 만물은 조각조각 나뉘어진 채로 보거나
생각할 때도 만물의 理는 보이지 않으며, 그 자신, 즉 주관과 대립된 대

---

4) 『회남자』. 9. Needham의 번역을 보라 (1) 2, p.561.
5) Neednam의 번역(1), Vol. 2, pp, 561~562

상으로 볼 때도 理는 보이지 않는다. 중국 문자 「觀」자를 분석해 보면, 왜가리로 보이는 새옆에 「보고 있다」는 글자가 붙은 꼴을 하고 있다. 니 이담은 이 글자를 원래 새의 비상을 어떤 조짐으로써 보고 있는 상황과 관련시켜 생각했던 것 같다. 그러나 나는 이 글자가 보여주고 있는 근본 이미지가 왜가리가 연못가에 꼼짝 않고 서서 물 속을 들여다보는 데에서 얻어온 것이 아닌가 하는 생각이 든다. 물고기를 찾고 있는 것같이 보이 지는 않지만, 움직이는 순간 왜가리는 물 속으로 곤두박질할 것이다. 그 러므로 觀은 단지 조용히 개방적으로 관찰하는 것이지, 어떤 특별한 결 과를 염두에 두고 있는 것은 아니다. 이 글자는 「보는 것」과 「보여지는 것」이라는 이원론이 더 이상 발붙일 수 없는 관찰 유형을 보여주고 있 다. 거기에는 오직 「봄」만 있을 뿐이다. 이렇게 보고 있을 때 왜가리는 바로 연못 그 자체가 된다.

연못은 기러기를 붙잡아 두고자 하지 않는다

어떤 점에서는 이것이 우리가 감정이란 말로써 의미하는 것이기도 하 다. 우리가 춤을 배울 때 스텝을 그려넣은 도면을 따라 배우기보다, 춤추 는 것을 봄으로써, 그리고 그 느낌을 공유함으로써 배우게 되는 것과 같 다. 마찬가지로 크리켓이나 야구의 투수도 기술을 배울 때 정밀한 기술 적 지시를 따라하는 것보다는, 「느낌」 즉, 감(感)에 의해서 터득한다. 음 악가가 작곡가의 스타일을 판별해낼 때나, 포도주 맛을 감별하는 사람이 포도주를 고를 때도, 화가가 화면 구성의 비례를 만들어낼 때에도, 모두 느낌에 의존한다. 어느 정도까지는 이러한 기술들을 말로 전달하고 요령 을 체계화할 수도 있을 것이다. 그러나 진짜 고수(高手)를 보통 장인(匠 人)과 구별지어주는, 어떤 정의할 수 없는 무엇이 있다. 『장자(莊子)』에 나오는 수레바퀴 깎는 노인의 말을 들어보자.

내가 종사하는 직업을 가지고 설명해 보겠다. 수레바퀴를 깎을 때 바퀴 통을 너무 헐렁하게 깎으면 너무 느슨해서 안 되고, 너무 빡빡하게 깎으면 바퀴 축을 끼울 수가 없다. 너무 헐렁해도 안 되고 너무 느슨해도 안 된다. 뭐랄까, 손과 마음이 척척 들어맞아야 제대로 깎을 수 있는데 말로는 어떻게 그것을 설명할 도리가 없다. 말로 할 수 없는 어떤 기술 같은 것이 있긴 있는데, 나는 그것을 내 자식놈에게도 가르쳐 줄 수가 없고, 그놈도 그것을 배울 수가 없어서, 지금 내 나이 일흔인 데도 아직껏 이 짓을 하고 있는 것이다.[6]

분석적으로 고찰해 본다면, 이러한 기술이 무의식적인 사고의 결과라는 것을 첫눈에 알아볼 수 있다. 극도로 복잡한 전자 컴퓨터가 그 무의식적 사고의 결과를 의식에 전달해 주는 것과 같은 무슨 두뇌 작용의 소산이 아닌가 싶다. 다른 말로 해서, 그런 기술은 의식적 사고와 단지 양적인 차이만 나는 사고과정의 결과인 것이다. 아마 이 경우 사고과정은 훨씬 빠르고 복잡하게 이루어질 것이다. 그러나 이것이 우리에게 알려주는 것은 두뇌가 어떤 작용을 하는 것인가가 아니라, 두뇌가 훈련되어 온 방식과 두뇌가 모방하는 어떤 사고방식일 것이다. 두뇌를 양적인 견지에서 측정해서 재현할 수 있을지 모르지만, 두뇌는 그러한 측정의 조건에 따라 움직이지는 않을 것이다. 그와 반대로 두뇌는 어떤 조건에 의해서 움직이는 것이 아니며, 바로 이런 이유로 「관계」라고 이름지어진 것의 비록 근사치에 불과하며, 느리고 힘들긴 하지만 지적으로 반응할 수 있게 되는 것이다.

만약 우리가 「감정이 어떻게 작용하는가」를 물어본다면—이미 이러저러하게 어떤 조건 밑에서 작용한다는 대답은 대답이 될 수 없다는 것을 인정하면서—감정이란 내면으로부터 느끼는 것처럼 작용한다고 말해야

6) *H. A. Glles* 번역(1) p.171

할 것이다. 감정은 우리의 다리가 움직이는 것과 같은 방식으로 작용할 따름이다. 우리는 이러한 설명이 객관적 묘사보다도 훨씬 친근한 우리들의 내면에 있는 자연에 대한 설명이라는 사실을 잊기 쉽다. 객관적 묘사라는 것은 표피적인 지식이기 때문에 필연적으로 피상적일 수밖에 없다. 그리하여 그의 두뇌가 어떻게 작용하는가를 술어적으로 아는 것은, 새로운 사실을 발견해내려는 과학자에게 별로 필요가 없다. 왜 그런가 하면, 그가 하는 연구가 어떤 특별한 결과를 마음에 두고 있지 않는 여유작작한 유의 것이라면 그가 감정이나 직관을 도마 위에 올려놓고 만지작거리는 것으로 이미 최선의 결과를 얻은 것이나 다름없기 때문이다. 물론 그는 그가 결과를 알게 되었을 때 그 결과를 인식할 수 있게 하는 술어에 대한 지식을 가져야만 할 것이다. 그러나 이러한 술어적 설명이 그로 하여금 그 자신과 남에게 그 결과에 대한 대화를 가능하게 하겠지만, 이런 식의 설명은 사전만큼도 그 결과를 전달해 주지 못할 것이다. 시의 운율에 대한 법칙이 시인으로 하여금 시를 지을 수 있게 하는 것은 아니다. 아무것도 요구함이 없이 느끼는 것, 혹은 개방된 인식인(觀)은 따라서 어떤 엄밀한 분석 작업보다도 과학자에게 가장 필수적인 것이다. 이것은 시인에 대해서도 마찬가지이다. 린칭시(林景熙)는 『제산집(霽山集)』에서 그런 태도를 다음과 같이 그리고 있다.

옛날의 학자가 이렇게 말했다. 마음은 본래 비어 있는 것이라, 바로 이 때문에 마음은 만물을 아무런 편견[7] 없이 그대로 응[8]할 수 있다고 하였다. 오직 비어 있는 마음만이 자연 만물에 그대로 감응할 수 있다,

---

7) 본시 跡 M502이란 글자이다. 결과(*effots*) 또는 찾아나섬(*searching out*)이라는 뜻을 갖고 있다.
8) 應 M7477 니이담은 이 단어가 중국철학의 전문용어인 정신적 감응을 가리킨다고 한다. 모든 만물 사이의 관계를 지칭하는 이 중국용어는 본시 주역에 유래한다. 에크하르트 *Eckhart* 「내 눈이 색깔을 본다면 필시 그 봄은 색깔로부터 자유로워야 하리라」고 말한 바 있다.

비록 만물이 마음에 반향을 일으킨다 할지라도 마음은 결코 공명되지 않은 듯해서, 어떤 사물도 그 속에 남아 있지 않아야 한다. 일단 한번 마음이 자연(의 인상)을 받아들이기만 하면, 사물은 마음에 남아 사라지지 않게 되어, 마음에 흔적을 남기게 될 것이다. 이것은 기러기가 연못을 날아 건너고 있는 것과 같다. 연못은 기러기를 붙잡아 두고자 하지 않는다. 그러나 기러기가 날아가는 길은 그 그림자 때문에 흔적을 연못 위에 빠짐없이 드리우게 된다. 어찌 연못 뿐이랴. 또 다른 예를 보자. 잘났거나 못났거나 모든 물체는 거울에 그대로 비춰진다. 거울은 무엇이 비치건 거부하지 않으며, 비춘 후에는 어느 것도 보존하려고 하지 않는다.9)

聞之先儒 曰 心兮本虛 應物無跡 惟虛心 故能應物 雖無物不應 而若未嘗應 不留物也 應物而物不免留 留則有跡 豈所謂虛 如雁過淵 淵無留雁之情 而雁無不見之影 豈有淵哉 衆物妍醜 畢陣於鏡 鏡未嘗拒 倏然而空 鏡體故在 心猶是也……

神에서의 깨침이란 의식적 노력없이 자연스럽게 단박 깨달음을 의미한다

觀이 단순히 비어 있는 마음이 아닌 것과 같이 道의 한 양태인 理 또한 형체 없는 공백 상태가 아니다. 진실로 觀은 내용 없는 공허라기보다 마음을 두지 않는 마음이다. 그것은 집요하게 찾고 응시하는 주체가 없이 그냥 경험하는 마음이다. 에고(ego)의 감각은 의식의 작업에 따른 감각이며 근육과 신경이 뒤엉킨 감각이다. 노려보거나 응시하는 것이 시력을 명료하게 하는 것이 아니며, 긴장해서 듣는 것이 청각을 예민하게 하는 것이 아니며, 정신적인 노력이 이해력을 증진시키는 것은 아니다. 그럼에도 불구하고 마음은 권태와 우울을 극복하기 위해, 두려움을 없애기 위해, 즐거움을 얻기 위해, 사랑하기 위해, 주의깊게 듣기 위해, 참기 위

9) 『제산집』 권4, *Needham*(1), vol. 2, p.89의 번역 참조.

해, 행복하기 위해 끊임없이 애쓰고 있다. 그런데 이러한 것들이 잘못된 것이라는 것을 알게 되는 순간 마음은 애쓰지 않기 위해 또 애쓰게 될 것이다. 이런 노력은 금방 펄쩍 뛰어서 하늘로 날아오르려고 하는 것같이, 잠들려고 애쓰는 것같이, 성기가 발기하기를 강요하는 것과 같이 무익하다는 것을 알게 되어서야 그만두게 될 것이다. 누구든 잊어버린 이름을 생각해 내려고 애쓴 경험들이 있을 것이다. 그리고 이런 일이 되풀이되는 것을 보고 자발적으로 어떤 힌트를 제공해 주지 않는 기억력에 대하여 불신을 품게 되는 경우도 적지 않을 것이다. 그러나 이것은 선불교에서 깨침/깨달음이라고 부르는 가장 흔한 경험의 하나이다. 깨침이란 의식적 노력없이 자연스럽게 단박 깨달음을 의미한다. 문제는 습관의 힘 때문에 마음이 항상 긴장되어 있기 때문에, 마음이 그 습관의 힘을 벗어날 때까지 부드럽게 보살펴야 한다는 것이다.10)

에고(*ego*)를 정신적 긴장감이라고 말할 때, 우리는 에고(*ego*)란 단어와 나란 말이 때때로 자기의 정신적인 면과 심리적 기능중의 하나와 구별되는 것으로서 이 구체적 유기체를 가리킨다는 사실을 간과해서는 안

---

10) 습관적인 마음의 긴장은 모종의 약물-예컨대 알콜, 메스컬린(메스컬에서 뽑은 알칼로이드로서 흥분제), 리세르긴酸 등-을 사용하여 일시적으로 완화시킬 수 있다. 알콜이 의식의 명징을 감소시키는 반면, 메스컬린이나 리세르긴산은 그렇지 않다. 결과적으로 볼 때 후자는(때로는 이산화질소나 탄산가스가 그러한 작용을 할 때도 있지만) 개체가 전체 자연과의 일체감을 느끼게 되는 의식 상태를 유도한다. 이러한 의식 상태가 일견「자연스런」방법에 의해 실현된 의식 상태와 비슷하게 보이지만, 수영을 할 때 구명조끼를 입고 하는 것과 그냥 하는 것이 다르듯이 다른 것이다. 필자가 리세르긴酸에 대해 연구하는 사람들과 함께 실험한 결과로 판단해 볼 때 (약물에 의해) 야기된 의식상태와 신비 체험을 혼동하는 것은 그 양자를 표현하는 언어의 유사성 때문이다. 평범한 논리로 볼 때, 둘 다 역설적인 다차원적인 체험이지만, 약물일 경우 자연의 모습은 무한히 복잡한 것으로 보이는 반면, 신비 체험 안에서 자연은 무한히 단순하게 보인다. 환각제를 쓰면 지성은 마치 그 자신의 구조를 지닌 요지경을 통해 잡다한 관계를 보는 것처럼 생각하기 쉽다.

된다. 이런 의미에서는 물론 나 「I」는 반드시 긴장 상태나 심리적 잡동사니를 가리키는 것은 아니다. 그러나 유기체 전체의 부분적 기능이면서 그 유기체를 소유하고 그 속에 살고 있는 내적 실체로서의 에고(*ego*) 의식은 감각과 특정 근육을 사용하는 활동이 남긴 찌꺼기이다. 이때 활동이란 다름 아닌 생각하는 것, 보는 것, 듣는 것, 혹은 결정을 내리는 것 등등인데, 이러한 기능에 필요 이상으로 에너지를 소비하는 습관 때문에 에고(*ego*) 의식이 강화된다는 뜻이다. 그래서 사람들은 마룻바닥에 퍼질러 누웠을 때조차 자신들의 자리를 보존하기 위해 전체적으로 볼 때는 쓸데없이 근육을 수고스럽게 한다. 마치 유기체가 형체를 유지하지 못하고 젤리같이 되어 버릴까봐 두렵다는 듯이. 이 모든 것은 유기체에 대한 통제와 조정을 배우면서 떠안게 된 걱정 때문이다. 아이들은 사람들 사이에서 궁지에 몰리게 되면 오로지 근육의 힘으로 신경 기능에 박차를 가하려고 하는 것이다.

지금까지의 모든 논의에도 불구하고 정신적 긴장은 항상 필요하다고 믿는 습관을 떨쳐버린다는 것은, 어떤 이론상의 반론이 제시될 때까지는 좀처럼 받아들이기 어려운 요구가 될 것이다. 통상적으로 심리학이 개탄하는 정신적 긴장은 물론 지나친 긴장이다. 그러나 어떤 정도의 정신적 긴장이든 거기에 대해 내적 모순이 있다는 것은 충분히 알려져 있지 않다. 우선 두 가지 중요한 반박을 생각해 볼 수 있겠다. 첫째로, 긴장이 없는 상태에서는 세계에 대해 막연히 신비롭게 느낀다든가, 애매한 범신론에 경도되는 수가 있다는 비판이다. 이런 풍토는 비도덕적일 뿐 아니라 판단력이 없이 맹종하는 기풍을 낳는다는 것이다. 둘째로 정신적 긴장은 어떤 경우에나 자기 통제를 필요로 할 때는 필수적인 것인데, 그것이 없게 되면 누구든 자기의 감정에 휩쓸리게 될 위험이 따른다는 것이다.

인간은 그의 환경을 뿔로 들이받으려는 코뿔소가 되어서는 안 된다

신학자들 사이에서 범신론은 항상 천덕꾸러기의 대명사였다. 그래서 범신론의 종교적, 철학적 견해가 건강하고 확연한 것이라고 생각하여 좋아한 사람들은 「신비주의자」라는 일종의 치욕스런 이름을 얻게 되었다. 그들은 신비주의(mysticism)를 들으면 곧 안개(mist)를 연상해서, 모호한 것, 흐릿한 주장을 하는 것, 특징이 희미한 것으로 치부해 버린다. 그래서 이러한 관점에서는 신비적 범신론이나, 범신론적 신비주의보다 더 끔찍스런 것은 없다. 아마 「觀」에 대한 태도도 대동소이할 것이다. 아무리 불교나 도교철학은 다르다고 주장해도 신학자들은 그 두 철학의 신비주의적 성격이, 이 재미 있고 특별한 배려에 의해 차별지어진 세계를, 모든 것이 근본적으로 하나이며 같은 독기어린 세계로 전락시켰다고 주장할 것이다.[11] 나는 신이고, 너도 신이고, 모든 것이 신이다. 그리고 신은 한계가 없고 어슴푸레한 의식뿐인 녹말 푸딩과 같은 특징 없는 바다이다. 그래서 신비주의자란 이 지겨운 「차별없고 심미적인 연속체」(노드롭(Northrop)이 즐겨 쓰는 용어) 속에서 열광의 원천을 발견한 여린 마음을 가진 친구이다. 신비주의자란 어떤 수를 써서라도 이 세계의 악(惡)과 분쟁을 초월적 선(善)으로 통합해내기 때문이다.

이런 표현은 좀 무식한 사람이 그리는 만화 같은 것이겠지만 철학적 모호성에 대한 비난에 대해 몇 가지 변호할 필요를 느낀다. 신기하게도 잘 구색이 맞지 않는 사람들이 철학적 모호함을 눌리려고 연합하였다.

---

11) 나는 『최고의 주체성(Supreme Identity)』에서 베단타 철학을 조심스레 소개한 바 있다. 의식으로부터 자연계를 일체 없애는 범신론 그리고 다른 「비우주적(acosmistic)」 신비주의 사상(의식으로부터 자연을 사상해 버리는 것을 이상으로 삼고 있다)과는 전혀 그 질을 달리하는 베단타 철학을 설명했던 것이다. 그런데 여기에 대해 Reinhold Niebuhr는 『The Nation』에서 내가 반대하고 있는 바로 그 견해를 옹호하고 있다고 비판한다. 기독교 신학자들은 바로 저들의 머리 속에서 만들어낸 이론을 공격하는 데 상당한 공력을 들인다. 기독교 논객의 재미있는 특징이라 아니할 수 없다.

그들은 논리적 실증주의자, 카톨릭의 신 토미즘 계통의 학자들, 변증법적 유물주의자들, 신교의 신 정통주의자들, 행동주의자들, 그리고 근본주의자들이다. 서로 엄청나게 다른 견해를 가졌음에도 불구하고 그들은 산뜻하고 딱딱하며 견고한 철학적 삶을 영위한다는 데 대해 희희낙락하고 있다는 점에서, 공통된 심리적 유형에 속한다고 볼 수 있다. 그들은 언필칭 냉혹한「사실」이라는 것을 입에 올리기 좋아하는 과학자군에서부터「명료한 교리」체계를 애지중지하는 종교인에 이르기까지 각양각색이다. 그들은 의심의 여지없는 깊은 안도감을 갖고 이렇게 말할 수 있는 자들이다.「명확하고 권위 있는 교회의 가르침은 어떠어떠하다……」또는 자기는 남의 주장, 특히 형이상학적 견해를 완전히 갈기갈기 찢어놓을 수 있는 논리적 방법론에 통달했다고 느끼는 축이다. 이런 자들은 칼날같이 예리한 정의(正義)를 종횡무진 휘두르는데, 모두들 어느 정도 공격적이고 적대적인 태도를 가지고 있다. 이러한 비유에는 은유적인 표현 이상의 진실이 들어 있다. 왜냐하면 우리가 지금껏 보아온 바와 같이 과학의 가설이나 법칙은, 주머니칼이나 망치같이 발견해낸 이론이라기보다는, 자기들 뜻대로 자연을 재단해내기 위해 만들어낸 도구이기 때문이다. 이런 유형의 인간은 그래서 세계를 연구 대상으로 삼아 진격할 때는 예리하고 완전무결한 도구로 만만히 무장한다. 그들은 그의 무기로 온 우주를 난도질해서 정확하긴 하나 빈약하기 이를 데 없는 범주 속으로 쑤셔박는다. 그래도 이 범주가 그들의 마음의 평화를 방해하는 법은 없다.

물론 이 세상에는 예리한 칼이 필요할 경우도 있을 것이다. 그러나 세계와의 접촉에서 다른 방식으로 접근하는 것이 더욱 알 맞는 분야도 있다. 인간은 그의 환경을 뿔로 들이받으려는 코뿔소가 되어서는 안 된다. 인간은 세계와 만나기를 그의 부드러운 살갗과 섬세한 눈망울과 귀로 해야 하며, 이웃과 만날 때는 따뜻하고 화기애애하며, 명확한 한계를 긋지 않고 어루만지는 듯한 손길로 해야 한다. 그럼으로써 세상은 저만치 떨어져 있는 적이 아니라, 사랑하는 아내와 같이 포옹해야 할 동료가 될 수 있는 것이다. 결국 명료한 지식을 갖기 위해 필요한 것은 온통 민감한 감각기관이다. 감각기관은 바깥 세상을 우리의 신체 속에 구현하며, 세계에 대한 지식을 우리의 신체자체와 정확히 일치하도록 우리에게 알려주는 것이다.

그래서 정확한 지식보다 잡다한 견해가 중요하다. 마음의 도구로서의 견해는 모호하고 흐릿하며, 흐물흐물한 것이지 명료한 것이 아니다. 견해를 가짐으로써 의사소통이 가능하며, 자연과의 객관적 거리를 유지하면서 비싼 대가를 지불하고 얻은 어떤 것보다도 자연과의 관계를 더 친밀하게 해주는 것이다. 동양화가들이 너무도 잘 알듯 반쯤 감은 눈으로 볼 때만 가장 잘 보이는 풍경이 있다. 산은 부분적으로 안개에 가려져 있을 때 가장 매혹적이며, 물은 수평선이 없이 하늘과 맞닿아 잠겨 있는 듯이 보일 때 더욱 심오하다.

저녁 안개 속으로 외로운 갈매기 날아가고,
너른 강과 하늘이 모두 한 색깔이네

또는 백거이(白居易)의 다음 시를 보자.

가을 구름은 아스라이 떠 있고
이 저녁 외롭고 쓸쓸하네.
옷은 비에 젖어도
그 모양 보이지 않고 그 소리 들리지 않네.

또 가도(賈島)의 다음과 같은 시를 보자.

소나무 아래 아이에게 묻는다.
「스님은 약을 캐러 나가셨어요.
반드시 이 산중에 계실 텐데요.
구름이 깊어 어디에 계신지 알 수 없지요.」

松下問童子
言師採藥去
只在此山中
雲深不知處

서양인들이 신비적인 문화에 적응하기 어려운 것은 눈이 멀었기 때문이다

이와 비슷한 분위기를 나타내는 정경을 일본 화가 세아미도 많이 그렸다. 일본 사람들의 미학 용어로 이른바 「유현(幽玄)」이라 하는 정경이다. 유현은 애당초 어둡고 모호한 아름다움의 질서를 가리킨다. 그것은 「꽃으로 뒤덮인 언덕 너머로 해가지는 것을 바라보는 것이며, 돌아올 생각도 없이 깊은 숲속을 방황하는 것이며, 해변에 서서 아스라이 떨어져 있는 섬 뒤로 사라지려는 배를 눈으로 쫓는 것이며, 구름 사이로 나타났다 사라졌다 하는 기러기의 여정을 곰곰이 생각해 보는 것」들이다.12) 그러나 어느 일각에는 신비 자체를 용납하지 않고 말소해 버리려는 성급한 사람들도 없지 않다. 말하자면, 기러기들이 어디로 가는지를 정확하게 알아내려고 한다든가, 산중의 스승이 어떤 약초를 어디에서 캐는가를 알고 싶어 한다든가, 정오의 거친 햇살 아래에서 풍경의 진면목을 보려고 하는 등의 태도들이다. 서양인들은 그렇게 하지 않고는 견디지 못하는 모양이다. 서양인들이 신비적인 문화에 적응하기 어려운 것은 그들의 재주가 모자라거나 세련되지 못해서가 아니라, 눈이 멀었기 때문이다. 그들은

---

12) *Waley* (1), pp. 21~22

겉 표면과 속 내면을 구분하지 못하며, 내면을 탐구하는 방식은 기껏해야 그 표면을 쪼개는 것이다. 그러나 깊은 내면은 오직 그것 스스로 자신을 드러낼 때 알 수 있을 뿐이며, 찾는 마음을 버릴 때 찾아지는 것이다. 『장자』에는 다음과 같은 얘기가 있다.

> 만물은 우리 둘레에서 끊임없이 나오고 있다. 그러나 그것들이 어디로부터 온 것인지 아무도 모른다. 끊임없이 생겨나지만, 누구도 그 門을 본 적이 없다. 사람들은 하나같이 모두 알려져 있는 지식만을 귀하게 여긴다. 그러나 그들은 참된 지식에 이르기 위해 알 수 없는 것을 이용할 줄을 모르고 있다. 이것은 잘못된 것이 아닌가?[13]

우리는 알 수 없는 것에 대한 공포와 알 수 없는 것에 대한 경외감은 자연으로부터 빼앗고자 하는 태도가 아니다. 오히려 자연이 스스로 그 자신을 내어줄 때까지 기다리는 자가 취하는 태도이다. 그때 자연이 주는 것은 차갑고도 명료한 겉껍질이 아니라, 따뜻한 내면성이다. 그것은 부정적이거나, 지식의 공백상태가 아니다. 우리가 「멋있다」고 감탄하는 말이 실은 「경이로 가득 차 있다(wonder-full)」는 뜻인 것처럼 그것은 긍정적 실체로서의 신비 바로 그것이다.

> 「이 세상에서 인간이 얻을 수 있는 최상의 것은 신비이다」라고 괴테는 말하였다. 「만약 일차적인 현상이 신비가 된다면 그는 안심해도 좋으리라. 일차적인 현상은 현상으로 끝날 뿐 그 이상은 아니다. 그는 현상 뒤에 있는 것을 찾고자 하는 노력을 삼가해야 할 것이다. 여기에 한계가 있다. 그러나 일차적 현상을 보는 것만으로 사람들은 만족하지 않는다. 그들은 더 나아가야 한다고 생각한다. 그래서 그들은 거울을 들여다본 후에 그 뒷쪽에 무엇이 있는지 보려고 거울을 뒤집는 아이

---

13) *H. A. Giles* (1), p. 345

들과 같다.」14)

화이'트헤드는 다음과 같은 이유을 댄다.

　당신이 태양과 주위 환경과 지구의 자전에 대해서 모조리 이해한다
해도 황혼의 아름다운 광휘를 놓치게 되기 쉽다. 그처럼 살아 있는 것
을 구체적으로 가장 완전하게 포착하려면 직접 지각[觀]하는 외에 어
떤 다른 방법이 있을 수 없다.15)

이런 발언의 핵심은 분명 진정한 유물론일지 모른다. 아니 차라리 진
정한 실체론이라고 말하는 것이 더 옳을지도 모르겠다. 왜냐하면 물질
(matter)은 미터(meter)와 동족 어휘이며, 자연의 참모습을 가리키는 것
이 아니라 측정의 견지에서 바라본 자연을 가리키고 있기 때문이다. 그
리고 이런 의미에서 실체(substance)는 물건 일반(stuff)에 대한 통칭이
아니라 중국어 體16) 에 해당되는 것이다. 「체(體)」는 한 덩어리 즉 통일
적 구조로서의 형체(形體, Gestalt)에 해당하는 말이며, 모든 관계가 통합
된 마당으로 일체의 단선적 묘사를 초월한 것이다.

친구의 이마에 붙은 파리를 도끼로 찍지 말아라

자연은 그 경이에 대한 우리의 경탄 때문에 그것이 소장하고 있는 모
든 것, 그 경이로운 충만함을 스스로 드러낸다. 그러나 단지 존경하는 마
음만으로는 우리의 탐색에 오히려 방해가 되어 자연은 추상적 관념으로
산산조각나고 만다. 만약 내가 그 너머에 무엇이 있는지를 찾아보기 위

---

14) *Eckermann* (1), *February* 18th, 1829.
15) *Whitehead* (1), p. 248
16) M 6246 體.

해 지평선만 보이면 쫓아가 넘어야 한다면, 산등성이에 서 있는 나무들 사이로 보이는 하늘의 깊이를 결코 알 수 없을 것이다. 만약 내가 골짜기를 지도로 표시하고 나무의 수를 세어야 한다면, 나는 숲의 어딘가에 숨겨져 있는 폭포소리를 듣지 못할 것이다. 만약 내가 모든 길을 탐험하고 조사해야 한다면, 산자락에서 멀리 떨어진 숲 사이로 사라진 작은 길을 결국은 도회의 근교로 돌아오는 길에서야 찾게 될 것이다. 모든 길을 그 끝까지 쫓아가 보려는 마음을 지닌 사람이 그 많은 길들을 걸어봐야 결국 아무 데도 이르지 못할 것이다. 자제라는 것은 냉혹한 현실에 대해 환멸을 느끼는 시기를 늦추는 것이 아니다. 자제란, 오히려 우리가 무작정 걸어감으로써 목적지에 도달하는 것이 아니라 차라리 이 자리에 머물러 있음으로써 도달한다는 것을 아는 지혜이다. 사물의 뒤에 있는 것을 찾아 헤매봐야 결국 지금 여기에 있는 것에 대해 눈이 먼 채로 사는 셈이다.

자연과 道와 사물의 실체를 안다는 것은 고전적 의미에서 남자가 여자를 「아는 것」과 같다. 그것도 직접적으로 접촉할 때의 따뜻하고 몽롱한 기분과 같다. 『무지의 구름(Cloud of Unknowing)』이라는 책에서 신에 대해 말하듯 「사랑에 의해 그를 알 수 있고 포착할 수 있으나, 생각을 하게 되면 결코 그를 알 수 없다.」 이 말의 속뜻을 잘못 알고 그것을 자연 또는 道 아니면 여성을 실질적으로 모호한 것으로, 마치 안개나 산란광, 혹은 녹말 푸딩 같은 것으로 생각한다면 큰 오산이다. 모호함의 이미지가 함축하고 있는 것은 이것이다. 자연을 알기 위해선 자연에 대한 모든 관념과 모든 사고와 모든 견해를 버리고 단지 「보고」 「느껴야」 한다는 것이다. 만약 우리가 그것에 대해 어떤 관념을 갖고 있다면, 그것은 가장 애매모호한 그림 같은 것임에 틀림없다. 따라서 서양인들에게 道와 같이 형상 없는 개념을 전달하려면, 결국 온갖 형상으로 가득 찬 신의 관념으로 바꾸어 이야기해 주어야 하는 이유가 여기에 있다.

자연을 범신론 또는 신비주의적 태도를 갖고 대할 때 혹시 그것이 배타적이며, 일방적일 수 있다는 근거 없는 걱정을 하는 사람이 종종 있다. 그러나 역사적으로 그러한 실례도 없고, 뚜렷한 이유를 대기는 어렵지만, 신비주의는 오히려 바로 우리들에게 일상의 형태와 실질적인 문제를 보다 선명히 보게 하는 무형의 배경을 제공한다는 이점을 지니고 있다. 배경에 대한 관념 곧 신에 대한 관념이 고도로 형식화될 때, 우리의 일상적인 행위는 인쇄된 종이에 글씨를 쓰는 것과 같이 뒤틀리게 될 것이다. 옳고 그름의 문제란 따지고 보면, 우리가 정해놓은 의사소통의 관습체계인 문법의 규칙과 같다. 이 점을 제대로 숙지하지 못한 까닭에, 시비를 재대로 가릴 수 없게 된다. 옳고 그름을 어떤 배경 즉 절대자에게 못박아 놓으면, 규범 자체가 지나치게 경직화될 뿐 아니라, 또 지나치게 무거운 권위에 의해 규범 역시 제제받게 될 것이다. 중국 속담에 이런 것이 있다. 「네 친구의 이마에 붙은 파리를 도끼로 찍지 말아라.」 신의 이름으로 행위의 규범을 못박은 서구에서 그렇다고 엄청나게 훌륭한 수준의 도덕을 함양하는 데 성공한 것도 아니다. 오히려 서구 역사는 견디기 힘든 권위주의에 대항하여 격렬한 이데올로기의 혁명으로 점철되어 있다. 똑같은 이야기를 자연과학의 경직성에 대해서도 말할 수 있다. 무엇이 자연이며, 무엇이 자연이 아닌가에 대해 서구의 과학은 지나치게 독단적이었다.

구체적인 경험을 중시하는 쪽이 신비주의이다

　실상 자연이나 신에 대해 경직된 공식화를 꺼리는 신비주의자는 과학의 성장에 대해서는 일반적으로 말해서 우호적이었다.[17]

---

17) 이 점에 대해서는 *Needham* (1). vol. 2. pp. 89~98을 참조할 것.

왜냐하면 신비주의의 태도는 차라리 경험적이기 때문이다. 이론적 체계화나 신앙보다는 구체적인 경험을 중시하는 쪽이 신비주의이다. 그리고 신비주의자들의 정신적 태도는 명상적이며 수용적이었다. 그러나 과학이 자연과 추상화된 모델을 혼동하고, 또 기술로서의 과학이 근시안적으로 자연에 개입하거나 과학 이전의 견해를 근거로 자연에 개입하려 할 때 신비주의는 과학에 대해 별로 호의적이 아니다. 더군다나 신비주의는 지나간 과거의 실험을 축적한 자연의 법칙 또는 신의 의지에 근거한 합법적 견해와 상치되는 행위에 대해 단단한 기반을 제공해 준다.

관(觀)이란 태도는 변화무쌍한 상호관련성 안에 존재하는 직접적 계기라는 조건에 특별히 민감하다. 그리고 우리가 보아온 대로 과학적 지식의 난점은 그 직선적 사고의 복잡성 때문에 신속하게 판단하고 결정을 하기가 어렵다는 것이다. 특히 여건이 변화할 경우에 과학은 무력하기 짝이 없다. 훌륭한 연극의 비결을 논하는 세아미의 말에 귀를 기울여 보자.

> 만약 연극이란 예술의 궁극적 본질을 깊이 꿰뚫어 본다면, 소위 연극의 꽃(여기서는 유현을 말함)이라고 불리는 것이 독립된 존재를 갖고 있지 않다는 것을 알게 될 것이다. 사실 공연에서 수천 가지 아름다움을 볼 줄 아는 관객이 있어야 꽃은 존재하는 것이다. 경전에 씌어 있기를 「선과 악은 하나다. 사악과 정직도 한 식구다」 옳고 그름을 구분해내는 기준이 어디에 있나? 다만 어떤 순간의 요구에 딱 들어맞는 것을 일러 우리는 그것을 「좋다」고 할 뿐이다.[18]

위와 같은 태도는 만약 어떤 순간을 (개개의 사물을 전체와의 상관관계에서 보지 않는) 직선적이고 기능적인 관점에서만 생각하면 지극히 근시안적이라 하지 않을 수 없다.[19] 예를 들어, 우리가 최고로 지독하게 미

---

18) *Waley* (1), p. 22.

위하는 사람들이 때로는 지독하게 사랑하는 사람들일 수 있다. 만약 우리가 이 상호관계에 둔감하다면, 부분적 감각과 전체를 혼동해서, 우리가 사랑하는 사람을 파멸시키거나 우리가 미워하게 될 사람과 결혼하는 어리석음을 저지르게 된다.

여기서 우리는 두 번째의 이론적 반박에 직면한다. 소아(ego)를 통제하는 정신적 긴장은, 우리가 타고난 그대로 막돼먹은 느낌에 휩쓸리지 않기 위해 필요하다는 것이다. 이런 반박은 다시 한번 못박아 두겠거니와 인간성을 통일적 유기체의 관점에서 보지 않고 정치적으로 보는 데 기인한다. 저들에 따르면 인간은 여러 부분 즉 기능들을 한데 모아놓은 것이라 한다. 마치 구세주 신이 인간을 만들 적에 동물의 몸에 천사의 영혼을 접붙인 것과 같다. 그래서 인간을 에고(ego)의 영혼이 다스리는 부분과 욕구와 미각의 집합체로 생각한다. 이런 관점이 현대 심리학에 심대한 영향을 준 것은 명백하다. 현대 심리학은 에고(ego)로 하여금 폭력 대신에 친절하게 다스리도록 조언하지만 여전히 에고(ego)를 나머지 부분을 감독하는 책임자 또는 두목쯤으로 여기고 있다.

그러나 인간의 경험적 총체를 안팎으로 통틀어 무의식적 경험의 심리학적 토대와 함께 모두 유기적으로 조절되는 통제적 체계로서 조망한다

---

19) 순간적 동작에 민감한 예는 검도(劍道)에 적용시킨 선(禪)에서 찾아볼 수 있다. 무사가 아무리 반사신경을 훈련시킨다해도 무한한 방향에서 무한한 방식으로 가해지는 상대방의 공격에 특히 한 명 이상의 적과 대치하기란 쉽지 않다. 따라서 그는 어떤 특별한 대비를 하지 않는 것, 그리고 어느 한 적에게만 준비하지 않는 것을 먼저 배워야 한다. 그 대신 다음의 공격에 대응할 수 있도록 뒤로 한 걸음 물러날 줄 알아야 한다. 그럼으로써 이완되어 있는 휴식의 중심부로부터 원하는 방향으로 즉시 튀어나갈 수 있어야 하는 것이다. 이렇게 감각이 이완되어 모든 방향으로 개방되어 있는 것을 「觀」이라 한다. 禪에서는 무심(無心)이라고 하는데, 보통 어느 특정한 결과를 주시하는 통상적 「마음」을 비우거나 그런 마음의 긴장을 푼다는 뜻이다.

면, 통제의 원칙은 완전히 다를 것임에 틀림없다.

　즐거움과 분노, 슬픔과 행복, 조심과 후회는 계속 변화하는 정황 속에서 차례로 우리를 엄습한다. 이런 감정들은 텅 빈 굴로부터 울려오는 음악과 같이, 혹은 습기찬 곳에서 피어나는 버섯과 같이 우리에게 다가온다. 밤낮으로 우리들 속을 갈마들지만 우리는 그것이 어디서 솟아나는지 알지 못한다……

　이러한 감정들이 없다면 나는 존재할 수가 없을 것이다. 또 내가 존재하지 않는다면 감정들은 깃들 데가 없을 것이다. 이렇게 생각하는 데까지 생각해 볼 수 있다. 그러나 그렇게 하게 하는 것이 무엇인지 알 수 없구나. 진실로 어떤 통치자[宰]가 있다 해도 우리는 그것이 존재한다는 증거를 찾을 수 없다. 사람들은 그것이 활동한다고 생각하지만 우리는 그 모습도 보지 못했다. 그것은 형체가 없이 감정만 있는 것인가 보다.

　백 개의 뼈, 아홉 구멍, 여섯 개의 내장은 제각기 제자리에 온전히 있다. 사람은 그 중에 어느 하나를 좋아해야 하는가? 아니면 그 모두를 똑같이 좋아해 줄 것인가? 혹은 그 중 하나만을 더 좋아해야 하는가? 그것들 모두가 다른 것의 노예인가? 이들 노예들은 서로가 서로를 다스릴 수는 없는가, 아니면 서로서로 번갈아가며 노예가 되고 주인이 되는가?[20]

장자에 나오는 이 우화에 대해 곽상(郭尙)이 붙인 주석이 있다.

　손과 발은 서로 임무가 다르다. 오장(五臟)도 제각기 기능이 다르다. 이들은 서로서로 협력 관계에 있지 않다. 그러나 (몸에 있는)백 개의 부분들은 한 덩어리로 결합되어 있다. 이것이 교제하지 않으면서 교제

20) 장자 권2 *H. A. Giles*(1), p. 14, 임어당 (2), p. 235, 그리고 *Needham* (1), vol. 2, p. 52를 참조할 것.

하는 방식이다. 그것들은 결고 (애써) 협력하려고 하지 않는다. 그러나 내적으로나 외적으로나 제각기 서로서로 완전하게 해준다. 이것이 협력하지 않으면서 협력하는 방식이다.21)

다른 말로 하면, 유기체의 모든 부분은 자발적으로[自然] 스스로를 조절하고 있기 때문에, 혹시 그 물샐틈없이 자연스런 감정의 흐름이 통제역할을 하는 에고와 부딪치게 되면 혼란에 빠진다는 것이다. 통제하는 에고(ego)는 긍정적인 것[陽]은 보존하려고 하며, 부정적인 것[陰]은 거부하려 하기 때문이다.

악마는 신이 무의식적으로 만들어낸 신의 그림자이다

도가(道家) 철학은 외부로부터 정신을 조절해서 부정적 요소를 긍정적 요소로부터 빼앗아 없애버리려는 노력이 온갖 사회적 도덕적 혼란의 원천이라고 말한다. 통제할 필요가 있는 것은 감정의 자발적 흐름이 아니라, 그러한 것들을 자기 손아귀에 넣으려고 하는 에고(ego)이다. 즉, 통제자 그 자체를 통제해야 한다. 이 점은 성 어거스틴 그리고 마틴 루터와 같이 예민한 사람들은 이미 잘 알고 있는 것이다. 그들은 악이 또아리를 트는 곳이 바로 자아이기 때문에 자기 통제는 인류의 죄에 대한 처방이 될 수 없음을 날카롭게 지적하고 있다. 그러나 그들도 통제의 정치적 이념을 포기한 건 아니다. 왜냐하면 죄악에 대한 그들의 해결책이란 우주적 자아인 신의 은총에 의해 자아가 힘을 얻고 다시 사는 것이었기 때문이다. 저들은 통제자의 선의와 악의에 어려움이 있는 것이 아니라, 행사하고자 했던 전체적인 통제의 원리 자체에 난점이 도사리고 있음을 간파하지 못했다. 그리고 신의 문제가 인간 자아의 문제와 다를 바 없다는 사실은 깨닫지 못했다. 왜 그런가 하면, 신이 창조한 우주가 악마를

---

21) 莊子註 卷 3, 25, 영어 번역은 *Boddclfung Yu-lan* (1) vol. 2, p. 211를 참조.

부화시켰음에 틀림없지만, 악마는 그 자신의 독립적인 악의에서 온 것이라기보다는, 신이 전지전능한 왕권을 떠맡고 순수선과 자신을 동일시하는 오만방자함에서 비롯된 것이다. 악마는 신이 무의식적으로 만들어낸 신의 그림자이다. 그런데 신은 악의 기원에 대해 책임을 지려고 하지 않는다. 본시 신과 악 그 둘 사이의 관계는 무의식적이기 때문이다. 인간들은 이렇게 말하기를 좋아한다. 「나는 너를 다치게 하려고 한 건 아닌데, 내 성깔을 나도 주체 못해서 그런 거야. 앞으로 참아보도록 노력하겠어.」신은 이렇게 말하기를 좋아한다. 「내가 악을 만들려고 해서 만든 게 아니야. 그런데 내 천사 주시퍼가 제멋대로 키워 놓았던 거야. 앞으로는 지옥에 안전하게 가둬 놓을게.」[22]

선이 문제가 되자마자 악의 문제가 고개를 내민다. 즉 어떻게 하면 현재의 상황을 더 낫게 할 수 있을까 하는 생각을 하자마자 악의 문제가 발생하는 것이다. 물론 전문 용어를 현학적으로 사용해서 사태의 본질을 기만할 수도 있다. 도가(道家)철학을 다음과 같은 것이라고 오해하는 사람들이 많다. 즉, 도가철학은 신체의 유기적 체계에 간섭하기보다는 자기를 스스로 조절하도록 내버려두는 편이 낫다고 생각하며, 선악의 문제에 대해서도 선을 악으로부터 쟁취해내기보다는 선악이 상호의존적이며, 상대적인 것으로 인식하는 것이 낫다고 생각하는 철학이라고. 여기에 대해선 일찍이 장자가 분명히 말한 바 있다.

상대편이 없이 오로지 자기만 옳다는 사람은 그르다. 그리고 상대방을 고려하지 않고 오로지 스스로 훌륭하다는 정치도 사실 제대로 다스리지 못하는 정치이다. 그들은 우주의 위대한 원리도 이해하지 못하고, 만물이 필요로 하는 조건이 무엇인지도 모른다. 땅 없이 하늘이 있다고 말하거나, 긍정 없이 부정만 있다고 말하는 것도 마찬가지로

---

22) 이 주제에 관한 좀 더 깊은 논의는 *Jung* (1) *Watts*(2). ch. 2.를 보라.

터무니없는 일이다. 내 말에 승복하지 않는 사람이 있다면 그는 바보거나 불한당이다.23)

그러나 이 말이 만약 사실이라면 바보나 불한당도 성인과 현자와 상대적으로 존재하는 것이 아닌가? 공격받고 있는 바로 그 논리로 공격하는 것은 오류가 아닌가?

만약, 긍정과 부정, 선과 악이 진정 상대적인 것이라면 어떤 행위도 바람직한 것이 될 수 없다. 심지어 행동하지 않는 것조차 불가능하다. 나쁘게 될 수 없는 것은 더 좋게 될 수도 없다. 그러나 이 점이 바로 도가철학이 말하듯 인간의 에고(ego)가 빠진 궁지이다. 에고(ego)는 상황을 호전시키기 위해 그것을 조절하려고 항상 애를 쓴다. 그러나 향상시키려는 동기가 있는 곳에 행위건 무위(無爲)건 모두 성공하지 못한다. 자신이 궁지에 빠진 것을 깨닫고, 선을 추구하는 에고(ego)의 노력 자체를 방기하는 것 의에 다른 선택의 여지가 없다. 마음은 그렇게 하는 것이 사태를 개선시키리라는 생각에서 혼쾌히 굴복한다. 그것은 무조건적 항복이다. 아무것도 하지 않는 것이 좋기 때문이 아니라, 아무것도 할 수 없기 때문이다. 드디어 그와 같은 자발성에 의해 저절로 심원하고, 의도하지 않은 완전한 정적이 찾아든다. 이 고요는 폭설이 시작될 때와 같이, 바람 없는 오후의 숲과 같이 온 세계를 감싼다. 오직 풀숲의 벌레소리가 그 죽음 같은 고요를 확인한다.

결과를 찾지 않을 때 삶은 현재에 깊이 뿌리를 내린다

그와 같은 정적 속에서는 모든 것을 받아들인다는 느낌도, 숙명에 굴

23) *H. A. Giles* (I). pp. 207~208

복한다는 느낌도 없다. 이젠 마음과 경험 사이에 더 이상 차별이 존재하지 않기 때문이다. 모든 행위-자기의 행위나 남의 행위-가 같은 근원에서 자유로이 일어나는 것 같아 보인다. 삶은 계속된다. 결과를 찾지 않을 때, 그 삶은 현재에 깊이 뿌리를 내리고 있다. 현재는 긴장된 의식이 잡을 수 없는 미세한 부분에서 모든 것을 포용하는 영원에까지 뻗어 있다. 부정적이든 긍정적이든 감정은 아무 혼선 없이 들락날락한다. 누구도 지켜주는 사람이 없는데 모든 것이 그대로 샅샅이 느껴진다. 그 느낌은 하늘을 나는 새처럼 일정한 길 없이 쓸데없는 짓거리를 할 때처럼 아무런 저항을 받지 않는다.

되돌아 생각해 보자. 이런 상태는 이전에 흔히 사람들이 빠지는 마음의 상태 즉 긴장을 요구하거나 응시하는 것보다는 분명 더 낫다. 그러나 이렇게 「좋은」 느낌은 분명 또 다른 차원을 가리키고 있다. 그때의 좋은 느낌은 요구에 응해서 나오는 것이 아니기 때문에, 악과 연관된 선이 아니며, 혼란 가운데서 느껴지는 평화의 환상도 아니다. 더군다나 이런 느낌은 그 느낌을 계속 보존하기 위해 아무것도 하지 않기 때문에 앞선 느낌의 상태에 대한 기억과 무관하다. 그렇지 않다면 변화에 대처하기 위해 어떤 감정을 강화하거나 다른 감정으로부터 그 감정을 보호하려 들 것이다. 이젠 더 이상의 강화작용도 없다. 기억 또한 다른 감정과 같이 앞선 기억보다는 좀더 분명한 상태로 부침한다. 그리고 더 이상 자기 동질성이 계속되리라는 환상에 매달려 에고(*ego*) 주위에 들러붙진 않을 것이다.

이러한 관점에서 보면 지성은 따로 독립된 마음에 질서를 부여하는 기능이 아니라, 전체적인 유기체적 상관관계 속의 한 특성일 뿐이다. 「관계」는 인간 존재의 실체가 깃들어 있는 힘의 마당이다. 맥나일 딕슨(*Macneile Dixon*)은 『인간의 처지(*Human situation*)』란 책에서 이런 말을 하고 있다.「만질 수 있고 볼 수 있는 사물이란 실은 지각할 수 없는 에너지 마당의 양극일 뿐이다. 물질이, 어떤 의미에서든 존재한다면, 자연이란 회사의 익명사원(경영에 참여하지 않는)으로서일 것이다.」이제 주체와 객체, 유기체와 환경, 음(陰)과 양(陽) 사이에는 도(道)라고 불리는 균형 또는 평형(homeostasis) 관계가 있다. 道는 에고(ego)를 지녀서가 아니라 理를 갖추고 있기 때문에 유기체적 지성이라 할 만하다. 감정이 자동적으로 흐른다는 것은 저 도라는 일종의 균형을 이루려는 움직임에 필수적인 것이지, 맹목적 열정의 무질서한 방종으로 생각해서는 안된다. 그렇기 때문에 열자(列子)는 이렇게 말한다. 道란「가슴에서 느껴지는 대로 내버려둠으로써」얻어지는 것이다.24) 훌륭한 뱃사공이배의 움직임에 자신을 내맡기고, 자기가 하고 싶은 대로 배의 움직임에 맞서지 않듯이, 도통한 사람[道人]은 그의 기분에 스스로를 내맡긴다.

그러나 이것은 흔히 말하듯「제 기분 내키는 대로」하는 것과는 완전히 다르다. 기분 내키는 대로하면「내맡기는」것이라기보다「저항」하는 기미가 엿보인다. 우리는 흔히 감정에 대해서 마치 그것이 고정된 상태인 양 표현하는 경향이 있다. 노여움, 침울, 공포, 슬픔, 걱정 등등의 단어들은 어떤 동작도 그러한 감정들을 변화시키거나 누그러뜨릴 수 없는 것처럼 여겨서 하나의 고정된 상태가 유지되는 것처럼 생각한다. 고열이 한때는 병이 치유되는 과정이 아니라 그 자체가 병인 것처럼 간주되었던 때가 있었던 것과 같이, 우리는 지금도 부정적인 감정을 치료받아야 할 필요가 있는 마음의 병으로 생각하고 있다. 그러나 치료받아야 할 것은

---

24) 『列子』卷 2. L. Giles (1), p.41는 다음과 같이 번역한다. 즉「내 마음[心]이 그 반성[念]에 날린 고삐를 풀어놓는다」고. 그러나 이 번역은 지나치게 이성적인 냄새를 풍긴다. 왜냐하면 심(心)이란 사유하는 마음이라기보다 마음의 총체적 활동을 가리키기 때문에 의식이건 무의식이건 이 마음을 떠나는 것이 없는 것이요, 념(念) 역시 머리 속에서만의 상념을 가리키기보다 마음이 겪는 체험을 가리키는 말이다.

우리로 하여금 조급한 행동으로 그러한 감정들을 떨쳐버리려는 우리 내면의 저항감이다. 요컨대, 분노는 고정된 상태가 아니라, 동작일 뿐이다. 저항감에 의해 억눌려져 폭력으로까지 발전하지 않는다면(흡사 밀폐된 용기의 끓는 물같이) 분노의 감정은 저절로 사그라지게 될 것이다. 왜냐하면, 분노는 무의식으로부터 아무 때고 기어올라오는 독립적이며 자동적으로 움직이는 악마는 아니기 때문이다. 분노는 정신적 행위의 방향성 혹은 하나의 양식일 뿐이다. 따라서 분노란 것은 없다. 오직 화난 동작이 있을 뿐이며, 화난 감정이 있을 뿐이다. 분노는 또 다른 상태로 이행 중에 있는 감정이다. 노자(老子)의 얘기를 들어보자.

> 회오리 바람은 아침 한때를 가지 못하고
> 소나기도 한나절 계속 내리지는 않는다.
> 하늘이나 땅이 아니고서 누가 비와 바람을 일으키겠는가?
> 하늘과 땅도 이것들을 지속시키지 못하는데 하물며 사람이야?
> 飄風不終朝 驟雨不終日 孰爲此者?
> 天地. 天地尙不能久 而 沉兄於人乎?
>
> —『도덕경』23장

감정을 제멋대로 흐르게 내버려둔다는 것은 무엇을 말하는가? 감정은 동작이다. 때문에 고정된 상태가 아니다. 더군다나 선악에 대한 판단도 아니다. 이 사실을 인정하고, 아무런 훼방을 놓지 말고 또 거기에 어떤 특정한 이름도 붙이지 말고 그저 바라보는 것이다. 이때 감정은 신경 근육의 긴장과 변화이며, 심장의 고동과 압박일 뿐이며, 가슴 설레임과 경련일 뿐이다. 그렇다고 이런 관조를, 감정의 색조를 긍정적이고「좋은」쪽으로 유도하기 위해 부정적인 감정을 받아들이는 정신요법과 같은 것으로 생각해선 안 된다. 정신요법에서의 감정 수용은 직접적인 감정과 경험으로부터 멀찌감치 떨어져 있는 에고(ego)의 존재를 느끼게 한다.

관찰하고 있는 주체라는 의미가 남아 있는 한 아무리 간접적이라 해도 외부로부터 감정을 통제하려는 의지적인 노력이 있는 것이며, 이런 노력이야말로 감정의 자연스런 흐름에 혼란을 야기시키는 저항이 된다. 저항을 제거하고, 균형을 이루려는 움직임이 충분한 효과를 보려면, 주체의 의도가 있어서는 안 된다. 주체, 혹은 에고(*ego*) 의식이 통제자의 입장에서 감정의 밖에 서 있지 않는 것이 중요하다. 장자의 다음과 같은 글이 이 점을 잘 나타내고 있다.

> 오직 지혜로운 자만이 모든 만물은 하나라는 제일(齊一)의 원리를 이해한다. 그들은 만물을 주관적으로 그들 자신의 견지에서 보는 것이 아니라 보여지는 사물의 입장이 되어서 사물을 본다. 그렇게 봄으로써 그들은 사물을 이해할 수 있으며, 그것들을 주재할 수 있는 것이다.[25]

이런 관점은, 주관이 객관으로 다루어진다는 것을 의미하는 것이라기보다, 주관-객관이 하나라는 관점에서 다루어진다고 말하는 편이 훨씬 더 이해하기 쉬울 것이다. 즉, 아는 주관과 알려지는 객관이 분리되어 있음을 망각하지 않은 채 그 둘의 내적인 통합이 실현되어 있는 것이다.

이것은 도교나 불교와 같이 자연이 모두 한 덩어리임을, 즉 자연의 제일(齊一)을 주장하는 철학의 핵심적인 부분이다. 이 점이 바로 도교나 불교가 일원론적 범신론과 다른 점이다. 외적 객관이든 내적 주관이든, 일체의 개별적 사건들이 「자연과 하나」라고 말한다. 그러나 그것은 그 자체가 특이한 상황이기 때문이지, 무형(無形)의 획일성에 흡수됨으로써 하나가 되는 게 아니다. 더 부연하자면, 사람과 대지, 주체와 객체가 서로 명료해지는 것이지 양자의 내적 동질성을 보인답시고 양자가 알아볼 수 없게 한 덩어리로 되는 것은 아니란 말이다. 누가 어느 선사에게 물었다.

---

25) 『莊子』 卷 2. 번역은 H. A. *Giles* (1), P. 20를 참조.

「저는 이름 붙일 수 없는 한 물건이 있다고 들었습니다. 그것은 태어난 적도 없고 죽지도 않는 것이며, 온 우주가 불에 타도 아무 영향을 받지 않는 것이라고 합니다. 이 한 물건이 무엇입니까?」 선사가 대답했다.「개떡이니라.」

「귀주의 소가 여물을 먹었는데 익주의 소가 배부르다」는 진리

동양화에 자주 등장하는 유현한 분위기, 그 신비롭고 감미로운 아련함 이외에 개별 사태를 상당히 힘있게 묘사하는 기법이 있다. 동양화에는 일체의 개별자, 한 마리의 새, 대나무 가지, 외롭게 서 있는 나무와 바위 등이 분명하게 묘사된다. 선불교에서 깨달음이라 불리는 것은 바로 일체 사물의 내적 동질성에 대한 갑작스런 깨달음을 말한다. 깨달음은 산 속에서 열매가 떨어지는 소리를 듣는다든가, 길거리에서 구겨진 종이를 본다든가 하는 등의 아주 사소한 일들에 의해 일어난다. 스즈끼가 번역한 시에 나타나는 의미의 이중성에서 그런 점을 읽어낼 수 있다.

아! 흔치 않은 일이다.
이를 위해 천금을 버려도 아깝지 않다.
머리에 삿갓, 허리엔 보퉁이를 두르고
불어오는 미풍 지팡이로 느끼며, 둥근 달과 더불어 노닌다.

이「흔치 않은 일」은 깨달음의 경험이면서 동시에 특이한 사건이며, 전체를 내포하는 하나요, 영원을 소장하고 있는 순간이다. 그러나 이 속 내용을 진술하려면 할 말이 너무 많아진다. 개별적 사건을 지각함이 우리로 하여금 보편에 대하여 생각하도록 하는 것이기에 말이다. 그러나 개별적 사건의 보편성과, 순간의 영원성은, 마음의 긴장을 풀고, 아무 일이건 현재 하는 사건으로부터 무엇인가 얻어내겠다는 시도만 않는다면 그 사건을 주시할 때 언제나 그대로 그 앞에 모습을 드러내기 마련이다. 그러나 무엇인가 얻겠다는 시도는 우리의 습관처럼 너무도 깊이 마음 속에 절어 있기 때문에 좀처럼 그만둘 수가 없다. 그래서 있는 그대로의 순간을 그대로 애쓰지 않고 받아들이려고 애쓸 때마다 다시금 애쓰고 있는 자신을 발견하곤 좌절감을 맛보게 될 뿐이다. 이것은 어찌할 도리가 없는 끔찍스런 악순환이다. 만약 그가 받아들이려고 애쓰는 순간이 이제는 다른 순간으로 이행되어 버린 것이며, 이미 지난 순간이 감각의 긴장으로만 그 모습을 드러낸다는 것을 깨닫지 못한다면, 만약 그가 순간의 특이한 사건이 자동적으로 발생한다는 것을 안다면, 그것을 받아들이는데 아무 문제가 없을 것이다. 왜냐하면 그것이 그 자신의 직접적인 행위이니까. 만약 그가 그 사건이 비자발적인 것이라고 느낀다면, 그는 그것을 받아들이기 위해 무리해야 할 것이다. 왜냐하면 그밖에 그가 할 수 있는 일이라곤 없으므로. 어느 쪽이건 긴장이 받아들여질 뿐 사건 자체는 와해될 것이다. 이래서 우리는 자발성과 비자발성, 주관과 객관의 내적 동질성을 알 수 있다. 왜냐하면 받아들여지는 순간인, 객관이 받아들이려고 애쓰는 긴장감으로 자신을 나타냈을 때, 이것은 에고(*ego*) 즉 주관이 되는 것이다. 보원(普願)선사는 이렇게 말한다. 「이 순간에 너 자신에게는 아무것도 남아 있지 않다. 다만 가가대소(呵呵大笑)할 뿐이다. 너는 삶의 일대사(一大事)를 성취하였다. 그러므로 「귀주의 소가 여물을 먹었는데 익주의 소가 배부르다」는 진리를 깨닫게 된 것이다.」[26]

요컨대, 자연은 주종관계의 정치적 기계적 질서가 아니라, 유기적인 질서의 체계이다. 물건들의 집합체가 아니라 관계의 마당이다. 이런 깨달음에 어울리는 인간의 인식능력은 그에 합당한 어떤 형식을 필요로 한다. 습관적인 에고(*ego*) 중심적 형태에 젖은 사람은 낯선 대상의 세계에 대

---

26) 스즈키 (3), p. 80.

립해 있는 주체로서만 자신을 인식한다. 에고(*ego*) 중심적 사고방식은 정작 물리적 세계 즉 자연계와 이가 잘 맞지 않는다. 그런 사고방식이 남아 있는 한, 우리의 내적 감정은 실제와 항상 모순관계에 있게 된다. 우리들 자신과 주위의 세상을 통제하려는 노력은 악순환 적으로 얽히어 문제는 점점 복잡해져만 갈 뿐이다. 개개인은 어찌해 볼 도리없이 종말을 향해 치닫고 있는 기계적 세계의 질서 가운데에서 점점 좌절감과 무력감만 느끼게 될 뿐이다. 독립적으로 존재하는 에고(*ego*)가 바로 그들이 봉사해야 할 실재라고 믿고 있는 한, 좌절된 개인을 치유하려는 것이 오히려 증세를 악화시킬 뿐이다. 왜냐하면, 트리겐트 버로우(*Trigent Burrow*)가 지적한 것과 같이, 화의 근원은 한 개인에 국한된 것이 아니라, 전 사회적 차원과 얽혀 있기 때문이다. 즉, 에고(*ego*) 조절기능으로서 인간의 의식에 심어진 사회적 관습이다. 그러므로 정신이상은 이 에고(*ego*), 또는 저 에고(*ego*)만 특별한 역기능이 아니다. 보다 근원적으로 그러한 에고(*ego*) 의식은 느낌의 잘못이다. 그것을 바로잡으려고 하면 오히려 마음을 혼란시킬 뿐이다. 에고(*ego*)는 자연의 질서와 마찰을 일으키기 때문에, 에고(*ego*)에 근거한 인식양식은 오히려 엄청난 좌절과 정신병을 유발시킨다. 유기적 자연의 질서는 총체적 감정과 경험이라는 의식양태에만 들어맞는다. 이때 감정은 감정을 느끼는 이와 감정 그 자체, 인식하는 자와 인식된 것에 완전히 녹아 들어간다. 그들 사이에 있는 것은 상호관계가 아니라 병렬관계이다. 자칫 잘못해서 그 중 하나만 제 것이라 생각하면, 의식은 마치 몸과 떨어져 따로 노는 팔다리처럼 대상 세계와 소외된다. 그 대상을 통제하려 하면 할수록 더욱 통제불능의 상태에 떨어진다. 마침내 대상을 착취하여 결국 엉뚱하게도 대상이란 주관의 마음대로 안 놀아주는, 배은망덕한 놈이라는 생각이 들게 된다.

황홀한 세계

우리는 정신적 존재라고 생각하기 때문에 육체에 혐오를 느낀다

인간이 자연으로부터 완전히 소외되어 있다는 생각은 아마도 우리가 신체를 갖고 있다는 곤혹감과 밀접한 관계가 있을 것이다. 따지고 보면 이 문제는 아마도 닭이 먼저냐, 달걀이 먼저냐 하는 문제와 비슷하다. 즉 우리는 정신적 존재라고 생각하기 때문에 육체에 혐오를 느끼거나, 혹은 육체에 혐오를 느끼니까 우리가 정신적 존재라는 생각을 갖게 된다. 그러나 우리는 우리의 몸을 그릇으로 삼아 살고 있다는 생각에 너무나 익숙하다. 그리고 이 그릇(혹은 수레라고나 할까)은 너무나도 우리 자신과 동일시되면서 또 동시에 완전히 이질적인 무엇이라고 생각한다. 우리의 의지에 가장 불완전하게 따르면서도, 지성으로 이해되기를 거부하는 몸은, 같이 살아가기가 거의 불가능할 만큼 다루기 힘들지만, 그렇다고 그것 없이 살 수 없는 아내처럼 우리에게 억지로 떠맡겨진 것이나 아닌가 생각할 정도로 거추장스럽게 느껴진다. 우리는 몸을 몹시 사랑하면서도, 일생 동안 무척 많은 시간 그 몸을 지탱하기 위해 힘든 노동을 한다. 다섯 가지 섬세한 감각은 세상의 모든 영광과 기쁨을 전달한다. 그 대가로 얼마나 많은 고뇌와 공포를 겪는가? 몸은 부드럽고, 유연하고, 감동받기 쉬운 것이라 무척 민감하다. 그런데 몸이 살고 있는 세계는 온통 불바다요 바위투성이다. 젊었을 때 우리는 신경의 모든 경로를 통해 우리의 의식을 즐거이 넓힌다. 그러나 세월이 흐름에 따라 우리의 몸은 줄어들고 마치 외과의사에게 부탁해서 제멋대로 움직이는 기계를 고치듯, 썩어가고 아픈 부분을 잘라낸다. 다른 모든 것이 타락해 가고 있는데도 소갈머리없이 정신을 바짝 차리고 있는, 귀찮기 이를 데 없는 감각을 마취시킴으로써, 우리는 외과의사한테 우리 자신을 이런 모양으로 고착시켜 달라고 애원한다. 점잖고 우아하게 포즈를 취한 남녀의 나체상은 미의 극치로 찬사를 받는다. 그러다가 그 자세와 동작이 조금만 바뀌어도 똑같은 모습이 금방 너무도 쉽게 음탕하거나 괴상하게, 또는 보기 흉하거나 조잡하다고 비웃는다. 그래서 대부분의 시간을 우리는 몸을 가리기 위해 옷을 입는다. 옷 밑에 깔린 몸뚱아리는 마치 바위 밑에 살고 있는 허연 벌레마냥 창백하고 하잘것없게 되어버린다.

몸은 마음에 너무 낯선 것이라서, 몸이 최상의 상태에 있을 때도, 마음의 사랑을 받기보다는 흔히 착취당하는 때가 많다. 그 나머지 시간에 우리는 몸을 가능한 한 안락한 상태로 둔다. 안락한 상태에 있는 한 몸은 잊혀지게 되고 또, 몸이라는 한계를 초탈하고자 해도 명료한 의식은 신경의 민감성에 동반하여 불가피하게 감정의 격변과 고통에 노출되어 버리고 만다. 그래서 육체의 어려움과 고통은 너무 심해서 그 육체의 실재를 측정하는 자가 된다. 우리들에게 저항하지 않는 것은 덧없고 감지할 수 없는 것이 되고 만다. 그러나 고통의 충격 속에서 우리는 우리가 살아 있고 깨어 있다는 것을 알게 되며, 결국 자연스런 감수성과 급작스럽게 충돌하는 것이 바로 현실이라고 생각하게 되는 것이다. 생전 부드러운 사실은 들어본 적도 없이 이 세상은 온통 딱딱한 사물들로 가득 차 있다고 여기게 된다. 그러나 눈알이나 손가락 끝처럼 부드러운 것이 있길래 딱딱한 것이 드러나는 이치를 알아야 한다.

현실의 척도가, 주위 환경이 우리 몸에 부과하는 저항감과 고통의 정도인 만큼, 몸은 바로 고통을 담는 그릇이 된다. 그것은 우리의 의지를 부정한다. 그것은 우리가 혐오할 능력을 잃어버리기 전에 붕괴된다. 그것이 소유하고 있는 것들은 우연에 의해, 혹은 병으로, 혹은 잔인한 고문에 의해 스물하나나 되는 고뇌의 모든 단계에 우리를 노출시킨다. 다행히 있을 수 있는 최악의 상황으로부터 벗어날 수 있게 된 사람들도 역시 일어날지 모르는, 혹은 일어날 수 있는 상상에 대한 상상으로 고통받는다. 그들의 피부는 따끔거리고, 속은 딴 사람들의 운명에 동정하거나 그 때문에 공포를 느낀다.

진정한 「나」는 언제라도 고통과 부패에 노출되어 있는, 이렇게 떨고 있는 섬유질 뭉치가 아니기를 스스로에게 다짐하고 싶어 하면서 몸으로부터 탈출하기를 바라는 것은 하등 놀라운 일이 아니다. 또 종교와 철학, 그리고 지혜로운 사상이 우리를 고통으로부터 해방시켜 주기를 바라는 것도, 거친 세계 속에서 이렇게 약한 몸이 겪어야 할 곤경으로부터 벗어나기를 기대하는 것도 전혀 무리가 아니다. 그러나 때때로 그 대답은 감정이 없고 원리만 있는 정신과 우리 자신을 동일시하거나, 신체를 경멸하고 굴욕감만을 주거나 관념적 사고와 환상만이 있는 실속 없는 안락한 세계로 물러앉게 함으로써 실상 어려움에 어려움을 덧붙이는 결과가 될 뿐이다. 사물의 견고성에 대적하기 위해 우리의 가장 내면에 있는 존재가 육체의 연약함이나 사물의 견고함 너머에 있는 정신 영역에 속해 있다고 믿으면서 우리의 마음을 에고(ego)나 의지, 불멸의 영혼과 같은 실체나 힘의 상징과 동일시하게 되는 것이다. 말하자면 이것은 의식이 고통스런 환경으로부터 움츠러드는 것이다. 자신을 움츠러뜨려 그 중심에 있는 고통의 진원으로 자꾸 파고드는 격이다.

살아 있는 사람은 부드럽고 연하다

이렇게 움츠러들고 경화됨으로써 의식은 그 본연의 힘을 잃게 될 뿐만 아니라, 그의 곤경을 한층 악화시킬 뿐이다. 고통으로부터 위축되는 것도 역시 고통이다. 구속되고 한정된 에고(ego) 의식이야말로 바로 공포의 발작적 증세이다. 위장에 상처가 있는 사람은 물을 마시면 치명적인 상태에 이르게 된다. 그래도 물을 찾는다. 마찬가지로 고통으로부터 벗어나려는 마음의 고질적 위축은 마음을 훨씬 더 상처받기 쉬운 상태로 만들게 되는 것이다. 끝까지 넓히면 의식은 온 우주와 하나가 된다. 그러나 위축되면 이 하찮은 유기체에 꼼짝없이 붙잡혀 헤어나올 수 없는 정도로 주눅이 들고 고착된다.

이것은 신경이나 근육이 날카로운 못 끝이나 어떤 고통으로부터 움츠러드는 것처럼 치명적이라는 뜻은 아니다. 신경이나 근육의 바로 그런 작용 때문에 유기체는 살아갈 수 있다. 내가 여기서 말하는 위축은 훨씬 깊은 의미이다. 그것은 위축으로부터의 위축이다. 고통을 아예 느끼고 싶어하지 않는 것이다. 고통이 일어나도 꿈틀거리거나 움츠러들지 않는 것이다. 그 둘의 차이는 애매할지 모르나, 그 차이는 매우 중요하다. 유기체가 고통을 느낄 수 없다면 그것은 위험으로부터 움츠러들지 못할 것이 명백하다. 그래서 상처받고 싶어하지 않는 것은 사실상 자살행위에 가깝다. 반면에 고통스런 경우에 단지 피하는 것은 그렇지 않다. 우리가 과자를 갖고 싶어하고 먹고 싶어하는 것, 그리고 민감하게 살고 싶어하는 것도 사실이다. 그러나 고통에 민감하고 싶지는 않다. 이처럼「이중의 굴레」라는 모순에 우리를 몰아넣는다.

「이중의 굴레」는 일체의 선택이 금지된 상황이다. 예컨대 법정의 증인에게 변호사가「당신은 마누라 때리기를 그만두었습니까?「예」또는 「아니오」라고만 대답하시오」라고 윽박지른다면 그 증인은「이중의 굴레」에 묶인 것이다. 어떻게 대답하든 그는 아내를 때린 혐의를 받게 될 것이다. 이제 우리는 고통이 시작될 때 그 객체적 고통이나 주체적 반응에서 모두 다 벗어나기를 바라지만, 전자로부터 벗어나기 불가능하다면,

후자로부터도 마찬가지로 ·벗어날 수 없는 우리는 꼼짝없이 고통을 받기 마련이다. 즉, 우리는 우리에게 열려 있는 ·오직 하나의 방식으로 반응해야 한다. 아마도 몸부림치거나 고함을 지르거나 우는 것이 되겠다. 실질적인 고통에 대해서건, 닥쳐올 고통에 대한 상상에 대해서건, 그러한 반응을 금할 때 이중의 굴레가 생긴다. 우리는 고통에 대해 광기어린 반응이 기대될 때 혐오감을 느낀다. 그런 반응은 사회적으로 조건지어진 우리들 자신의 이미지와 모순되기 때문이다. 그러한 반응은 유기체와 의식이 하나임을 두려움에 떨며 승인하는 것이며, 인격의 핵심 부분인 초연하고 강한 초월적 의지를 결여하고 있다는 것을 인정하는 것이다.

그리하여 가학음란증 환자나 고문을 일삼는 사람들은 희생자의 신체적 경련을 봄으로써 저속한 즐거움을 일삼는 것이 아니라, 그들에게 저항하는「정신을 파괴시킨다」는 데에 더 즐거움을 느낀다. 그러나 만약 저항하는 정신이 없다면 그의 야만성은 칼로 물을 치는 것과 같은 짓이 될 것이다. 그는 도전도 없고 흥미도 없는 총체적인 무력감에 직면한다. 그러나 이 연약함, 무력감이야말로 바로 마음 또는 정신의 진정한 힘이다. 노자의 『도덕경』에는 다음과 같은 구절이 있다.

살아 있는 사람은 부드럽고 연하다.
죽으면 딱딱하고 거칠게 된다.
모든 동물과 풀은 부드럽고 꺾이기 쉽다.
죽으면 이것들은 시들고 마른다.
그러므로 이런 말이 전해온다.
딱딱하고 강한 것은 죽음의 무리이다.
부드럽고 연한 것은 생명의 무리이다.
병사가 너무 강할 때
싸움에 이기지 못하는 것이 이 때문이다.

나무도 너무 강하면 부러지기 쉽다.
강하고 큰 것의 자리는 낮다.
약하고 부드러운 것의 자리는 높다.1)

人之生也柔弱
其死也堅强
草木之生也柔 月危
其死也枯稿
故
堅强者死之徒
柔弱者生之徒
是以兵强則滅
木强則折
强大處下
柔弱處上

— 『도덕경』 76장

　고통에 대해 유기체는 자연적인 반응 또는 몸을 뒤틀며 광기어린 끔찍한 반응을 보인다. 두 가지로 이러한 반응에 대응할 수 있겠다. 그 하나는 이성의 힘에 의해 고통과 고통의 예상을 견디는 것이다. 다른 하나는 유기체에 가해지는 고통의 충격을 줄이는 것이다. 그러나 고통에 대항하여 정신을 강화하거나, 광기어린 반응으로부터 의식을 움츠러뜨리는 것은 사회로부터 배운 잘못된 행위이다. 이것은 인간을 필요이상으로 악화시킨다. 더구나 고통에 대한 반응으로부터 의식을 위축시키는 것은, 기쁨에 대한 반응으로부터 최상의 것을 얻기 위해 의식을 긴장시키는 것과 같은 심리적 메커니즘이다. 두 경우 모두 그 속에 깔린 독립적 에고를

---

1) *Ch'u Ta-kao*의 번역 (1). p. 89

날조해내는 쪽이다.

고통만이 있다. 고통받는 존재는 없다

수없이 많은 정신적 전통들이 에고 중심적 틀로부터 자유를 얻는 길은 고통을 통해서라고 주장하는 이유가 바로 여기에 있다. 정신과 육체를 강하게 하기 위해 고행을 하기도 하는 까닭에, 가끔 고통은 연습해도 좋은 것으로 오해하기도 한다. 이런 식으로 해석한다면, 고통에 대한 정신적 훈련은 죽음과 무감각으로 가는 첩경이 되거나, 결국 우리의 생생한 삶이 완전히 자연과 멀어져 소위 「영적」 세계로 몰락하게 되고 말 것이다. 이런 잘못을 교정하기 위해서 대승불교는 「열반과 윤회는 다른 것이 아니다」라고 주장하고, 자유로운 상태가 자연의 상태로부터 떨어져 있지 않다고 보며, 윤회로부터 자유로워진 보살이 유정(有情)들에 대한 자비심 때문에 윤회의 세계에 끝없이 환생한다는 등의 사상을 편다. 똑같은 이유에서 불교 교리는 독립된 에고(ego) 실재를 부정한다(역자주: 초기 불교 경전을 체계적으로 도파한 부다고샤는 청정도론(淸淨道論)에서 이렇게 말한다).

> 고통만이 있다. 고통받는 존재는 없다.
> 행위는 있다. 그러나 행위자는 없다.
> 열반은 있으나 누구도 구하지 않는다.
> 길은 있으나 아무도 걷지 않는다.[2]

다시 말해서, 의식의 에고(ego) 중심적 위축(sankocha)을 풀어버린다고 인격을 무기력한 비실체로 전락시키는 것이 아니다. 오히려 유기체는 그 주위 환경과 가장 풍부한 관계 속에 있음을 깨닫는 순간 그 능력을

---

2) 『淸淨道論 Visuddhimagga』, 제16장.

가장 크게 확장할 수 있다. 그러나 개별화된 의식이 몸과 몸이 경험하는 모든 것으로부터 자기를 분리시켜 스스로를 보전하고자 할 때는 이런 관계를 깨달을 수 없다. 「누구라도 영혼을 구하고자 하는 자는 그것을 잃게 될 것이다.」 우리는 이 말에서 「求하는 것」을 「救하는 것」으로, 또 한 계지우고 소외시키는 것으로 이해해야 한다. 오히려 영혼 자체는, 자연과 모든 경험의 영역과 신체와 하나라는 이야기를 듣고도 결코 움츠러들지 않는다. 이런 말은 마치 사람이 자연이라는 흐름에 푹 빠져든 것처럼 보이지만, 인격의 존엄성은 「자신을 보존」하려고 근심하기보다 「자신을 내어준다」는 신념에 의해 더욱 제대로 보존되는 것이다.

우리는 고통으로부터 의식을 움츠리고, 희열을 얻기 위해 의식을 긴장시키는 것이 그 뿌리는 모두 같은 것임을 알고 있다. 어느 경우에나 위축과 긴장을 해소하는 방식이 같다. 긴장의 해소를 위해선 무엇보다도 의식이 그 자신을 에고(*ego*)라고 간주하는 한, 움츠러들지 않을 수 없을 것이고, 고통에 대한 광기어린 반응으로 감정의 격변 역시 피할 수 없을 것이다. 이 감정의 격변이 요컨대 광기어린 반응의 일부라는 것을 알아야 한다. 감정의 변화란 보통 생각하듯이 광기어린 반응으로부터 벗어나기 위한 수단이 될 수 없다. 다시 말하면, 고통에 대한 우리의 모든 정신적 방어기제는 소용이 닿지 않는다. 방어하면 할수록 고통 또한 커진다. 그리고 방어 자체가 고통이다. 아무리 심리적 방어를 하지 않을래야 어쩔 수 없이 하지 않고는 배길 수 없다 해도, 방어 자체가 우리가 방어하려고 하는 대상의 부분이라는 사실을 알게 되면 방어는 스스로 무너지게 된다. 모든 움직임은 고통에 대한 경련이다. 그러나 그렇다고 움직임 그것이 우리를 고통으로부터 구해 주지는 못한다. 고통을 없애려고 하면 할수록 고통은 격렬해지기만 할 뿐이다. 그러나 이 움직임은 단지 고통에 대한 자연스러운 반응이기 때문에, 우리 자신을 속이지만 않고 자신을 고통에서 내어준다면, 모든 고통에 대한 경험은 놀라운 변화를 갖게 될 것이다.

그런 경험을 인도철학에서는 아난다(*ananda*)라 부른다. 아난다(*ananda*)는 보통 「끝없는 기쁨」이라 번역한다. 아난다는 모든 이원성의 저편에 있는 궁극적 실체인 브라만에만 속한 것이며, *sat*[진실] 및 *chit*[인식]와 자리를 함께한다. 그러나 우리는 기쁨을 마음이 극단적으로 둘로 쪼개진 상태라고 생각한다. 불행과 고통이라는 한 쪽 극단의 반대쪽에 또 다른 극단인 행복과 기쁨의 극단적 상태가 끝없는 기쁨이라고 생각한다. 그러나 기쁨이 불행과 대조적인 의미로 이해된다면, 어떻게 그것을 비이원적이며 영원한 기쁨으로 생각할 수 있겠는가?

먼저 인도철학에서 사용하는 전문 술어의 사용법을 이해하는 것이 필요하다. 그것은 이차원의 평면 위에서 삼차원적 물체를 나타내 보이는 투시도법과 유사하다. 평면상에 그려진 어떤 선도 면적의 폭과 높이가 되는 수직선과 수평선(가로, 세로)이 될 수 있다. 그러나 투시도법에서는 소실점을 향해 그려진 빗금이 삼차원의 깊이를 나타내는 것으로 이해된다. 평면은 이차원이기 때문에 우리의 일상적인 사고나 언어도 경직된 이원적 논리를 가지게 된다. 그래서 두 개가 있는 중에서 이것이 아니면 저것이며, 그 둘 다가 아닌 것은 의미가 없는 말이 되어버린다. 기쁨이란 것도 마찬가지여서 기쁨과 고통 양자를 함께 초월한 기쁨이란 상태는 무의미한 얘기로 들리게 되는 것이다. 그러나 이차원에서 삼차원을 나타낼 수 있듯이, 이원적 언어로서 이원론을 초월한 경험을 제시할 수 있다. 불이(不二, *aduaita*)와 기쁨(*ananda*)이란 말이 다른 차원의 경험을 얘기하는 맥락 속에서 쓰여진다. 투시도법에서 빗금이 깊이를 나타낼 수 있듯이, 이 경험의 또다른 차원은 삶과 죽음, 쾌락과 고통이 현저히 구분되어 있는 이원적 차원보다 더 고차원적 실재의 상태로 이해해야 한다.

우리의 느낌은 우리가 상상할 수 없을 만큼 우리의 생각에 의존한다. 그래서 사고의 근본적 차이가 자연히 세계의 근본적 차이로 우리에게 나타나는 것이다. 그러므로 우리가 쾌락과 고통 사이에 현저한 차이가 있다고 느끼는 것은 당연하다. 그러나 이런 느낌이 다소라도 완화되면, 즐거움과 고통이 감정에 있는 것이 아니라, 맥락상의 문제라는 사실이 명백해진다. 즐거움의 전율과 공포의 전율 사이에는 이렇다 할 심리적 차이가 없으며, 매혹적인 음악을 듣고 느끼는 떨림과 무시무시한 공포 영화를 보고 느끼는 떨림과의 사이도 역시 마찬가지이다. 이와 같이 격렬한 기쁨과 슬픔의 감정은 똑같이 울음으로 표현되는「가슴이 터지는 것 같은」느낌을 만들어낸다. 그리고 사랑에 깊이 빠져들면, 때로는 쾌락과 고통이 구별할 수 없이 서로 얽혀 있는 상대가 되는 것이다. 그러나 감정은 맥락에 따라 그 해석이 바뀐다. 즉 그 감정을 일으키는 상황이 우리편인가 반대편인가에 따라 변하는 것이다. 음향상으로 똑같이 들리는 말도 적용하는 데 따라 의미가 바뀐다.

토마스 후드 *Thomas Hood* 의 다음과 같은 시가 좋은 예이다.

> 그들이 종지기에게 다가가 말했다. (*told*)
> 그러자 종지기는 종을 쳤다. (*tolled*)
> (역주: *told*와 *tolled*는 소리가 같아도 뜻이 다르다)

육체적인 쾌락과 고통 가운데 좀 약한 것들은 그것을 느끼거나 생리적으로 반응을 할 때나 거의 비슷하다는 것은 누구나 쉽게 알아차릴 수 있다. 그리고 심지어 강한 감정에 있어서도 예컨대 도덕적인 즐거움과 고통에 있어서도 마찬가지라고 말할 수 있다. 그러나 그런 감정이 첨예해질 때는 쾌락과 고통 양자의 동질성을 찾아보기 어렵다. 그럼에도 불구하고 훨씬 더 격정적인 쾌락과 고통의 경우에도 그 양자의 차이가 없어지게 되는 경우가 있다. 예컨대, 종교적 헌신이나 성적인 열애와 같은 고양된 감정의 경우가 그렇다. 통상적으로, 거친 옷을 입고 사슬 위에 무릎을 꿇고 자신을 매질하는 등 고행주의자들은 쾌락을 다스리기 위해서는 폭력을 사용한다. 그러나 고행주의는 헌신적 열정 속에서 결국은 쾌락과 고통이 하나의 황홀경이라는 깨달음에 도달한다. 그 때문에 고행자야말로 진정한 통찰력을 갖고 있다고 말할 수 있다. 하나님이 내리신 사랑의 창에 찔려 황홀해 하는, 베르니니가 그린 아빌라의 성테레사의 초상을 보자. 그 얼굴에는 고통과 환희가 똑같이 표현되어 있으며, 창을 꽂는 천사의 미소에도 연민과 잔인성이 함께 하고 있다.

고통과 쾌락엔 동질성이 있다

뒤틀리고 비정상적인 것으로 보일지 모르지만, 가학음란증 새디즘과 피학음란증 매저키즘에 대해서도 똑같은 고찰을 할 수 있다. 차라리 우리는 이 두 가지 증상을 「고통을 사랑함(嗜痛愛, *algolagnia*)」 혹은 「음탕한 고통」이라는 한 마디로 표현 할 수 있다. 이런 현상을 단지 왜곡되고 부자연스러운 것으로 제쳐놓는 것은 그것들이 질서에 대한 우리들의 선입견에 들어맞지 않는다고 말하는 것이나 다를 바 없다. 그 증상들 역시 인간에게 가능한 현상이라는 사실은, 우리의 본성 밑바닥에는 아직 탐구되지 못한 부분이 많이 남아 있을 것이므로, 그것들도 일상적 감정의 확대라는 것을 말해 준다. 달갑지 않더라도 그러한 현상이 고통의 문제에 어떤 빛을 던져줄 것인지 알아보려는 태도를 포기해서는 안 된다.

새디스트를 뒤집어놓으면 매저키스트가 된다. 왜냐하면, 고통을 가하면서 그는 심정적으로 자신을 그의 희생자와 동일시하기 때문이다. 그리고 희생자의 고통에 대한 반응을 성적으로 해석한다. 매저키즘, 혹은 음탕한 고통을 즐기는 짓은 고통에 대한 격렬한 반응을 성적 황홀감에 결합시킨 것이다. 이 두 가지 반응은 외부 관찰자에게 어느 정도 똑같아

보인다. 매저키스트는 어떤 유형의 고통을 받게 되면, 극도의 성적 절정을 맛본다. 그 강도가 더해지면 즉 고통이 극심해질수록 쾌감도 더욱 커진다. 프로이드학파의 모범적인 설명에 따르면 성적 쾌락과 죄악을 결합시킴으로써 매저키스트는 벌을 받지 않고서는 쾌락을 허용할 수가 없는 존재라는 것이다. 내겐 이 설명이 의심스럽다. 뿐만 아니라, 프로이드의 학설은 불필요하게 복잡한 추론을 통해 무슨 수를 쓰더라도 사실을 저들의 이론에 꿰어 맞추려고 애쓰는 것 같이만 보인다. 왜냐하면, 매저키스트는 서구 기독교와 같이 죄와 성이 긴밀히 연관되어 있지 않은 문화 전통에서도 발견되기 때문이다.[3] 매저키스트는 고통으로부터 비슷한 반응을 얻어냄으로써 성적 쾌감을 강화하려는 것이라고 보는 편이 간단하고 이치에도 맞을 것이다. 여기에 하나 덧붙여 두어야 할 것이 있다. 매저키스트가 수치심을 느끼고 싶어하는 것은 이렇게 설명할 수 있다. 모든 성적 황홀감에는, 암컷이든 수컷이든, 에고(*ego*)보다 더 위대한 힘에 자기를 내던지는 자기방기(*self-abandonment*)의 특성이 있기 때문이라고.

고통과 쾌락의 동질성을 보여주는 유명한 사례가 있다. 영국의 산부인과 의사인 그랜틀리 딕 레이드의 놀라운 업적인 자연분만이라는 획기적 기술을 보자. 출산의 진통은 유기체가 경험할 수 있는 가장 극한적인 고통의 단계에까지 이른다. 레이드가 개발한 기술의 요체는 산모가 자궁의 수축 자체에만 주의력을 기울이도록 유도하는 것이다. 차마 어떻게 그것을 느낄 수 있을까 하는 사회적 통념을 뒤집은 것이다. 산모가 자궁의 수축을 고통으로만 생각한다면 그녀는 그것에 저항하려 할 것이다. 그러나 만약 그것을 단지 (근육의) 긴장으로 생각한다면, 그녀는 어떻게 하면 편안하게 긴장상태에 몰입할 수 있을까를 알 수 있게 될 것이다. 출산

---

3) 매저키즘이 아라비아 문화(주지하다시피 이곳에서는 성에 대해 까다로운 점이 없다)로부터 처음으로 서구에 유입도었다는 몇 가지 증거가 있다. *Havelock Ellis* (1), p. 130는 *Fulenburg*의 책 『새디즘과 매저키즘』을 인용한다.

이전에 훈련을 통해서 이런 기술을 배울 수 있다. 바로 이렇게 그녀 자신을 자궁의 자동적인 수축에 주저 없이 내맡김으로써 그녀는 분만을 고통으로 여기지 않고 황홀감으로 경험하게 될 것이다.

이제 위에서 살펴본 대로 고통과 즐거움의 여러 모습은 종교적 헌신, 열정적 성행위, 또는 외과의사의 권위적인 암시 속에서 최면에 의해 유도된 것이란 사실이 드러났다. 최면이라고 해서 나쁠 것은 없지만, 아마도 역으로 최면에 거슬린다고 하는 편이 나을 것이다. 즉 우리의 감각과 감정을 어떻게 해석해야 하는지 어릴 때부터 배워온 사회적 암시에 반하는 것이기 때문이다. 분명히 아이들은 어떻게 고통이란 감정을 경험해야 하는지, 그의 부모가 했듯이 연민과 공포와 혐오의 태도를 봄으로써 고통의 경험을 배운다. 부모의 그러한 태도에서 아이들은 심정적인 거부감을 보고 그들 스스로 고통에 대해 감정적 거부감을 키우게 되는 것이다.

고통의 문제는 그 고통의 상황 밖에서 해결할 성질의 것이 아니다

한편 종교적 열정, 성적 충동, 의학적 주장은 유기체가 그의 자동적인 반응을 끝까지 허용할 수 있는 환경을 조성한다. 이러한 상태에서 유기체는 한편으로는 동물적 존재 그리고 다른 편에서는 통제하는 자아적 존재의 둘로 쪼개지지 않는다. 완전한 존재는 그 자신의 자발성과 감정을 자유로이 완전히 방임하는 존재이다. 비슷한 감정이 회교도 탁발승이 춤을 출 때나, 만트라(주문)를 암송할 때나, 강림제에서 성직자가 참회 의식을 행할 때 방언을 하는 등의 종교적 행사에서 의도적으로 연출된다. 그때의 광란, 폭발적으로 위험하게 자발성을 완전히 방기하는 행위는 평소에 그런 감정을 지나치게 억누른 결과이다. 섹스를 계산하고, 종교는 장식이 되며, 춤은 점잖고, 음악은 세련되고, 고통에 굴복하는 것을 부끄러이 여기는 그런 문화 속에서 사람들은 완전히 저절로 행동하는 것, 즉 자발성을 거의 경험할 수 없다. 자발성은 창조적으로 조절되기도 하지만 바로 삶의 참모습이다. 이런 것은 말할 것도 없고, 자발성이 인생을 어떻게 통합하며 깨끗하게 하는지 그 중요성을 아는 이는 드물다. 이런 문화적 분위기에서 자발성은 사회의 밑바닥에 밀려나 있을 뿐이다. 우리는 그 자발성을 흑인 부흥운동, 즉흥재즈 연주회, 록앤롤 파티와 같은 데서 훔쳐볼 수 있다. 쿠마라스와미(*Coomaraswamy*)는 성자(聖者)를 「영원히 계산되지 않는 현재의 삶을 사는 사람」[4] 이라고 묘사한다. 이 말이 결코 완전한 무질서를 의미하는 것이 아니라는 사실을 아무도 이해하지 못하고 있는 것이다.

요컨대, 유기체가 고통에 대해 자연스럽게 반응하도록 무제한 허용될 때, 고통은 쾌락과 고통을 넘어 황홀감이 되고, 이것이 바로 끝없는 즐거움(*anandn*)에 상당하는 의미이다. 여기서 우리는 인간 고통의 신비에 접근하는 길을 발견한다. 그러나 그것이 이 세상에서 겪는 고통을 줄이려는 노력을 포기해야 한다는 것을 뜻하지 않는다. 차라리 그러한 노력들이 가련할 만큼 불충분하다는 것을 말하고 싶다. 철학이나 종교의 합리적 설명 역시 고통을 줄이는 문제에 있어 보잘 것이 없다. 고통이란 섭리의 일환이며, 단지 일시적 방편에 불과하다든가, 죄에 대한 벌이라든가, 유한한 마음의 환영이라는 식으로 설명해 치운다. 혹자는 이러한 해석 중의 몇 가지를 고통의 존엄성으로 받아들이며, 또 혹자는 인생에 대해 놀라운 진실을 말하는 것인 양 생각한다. 아마도 우주의 역사를 아무리 훑어봐야 질서 있고 안락한 상태가 더러 있었다는 증거나 확신을 거의 가질 수 없기 때문일 것이다.[5] 생명은 서로 죽이고 잡아먹음으로써

---

4) *A. E. Coomaraswamy* (1), p. 134.
5) 사람이 다른 생명체에 잡아먹히는 것이나, 자신이 태어난 땅으로 되돌아가서 거름이 된다는 것에 그토록 거부감을 느낀다는 것은 기이한 일이다. 이것은 사람이 자연으로부터 소외되어 있다는 징조이다. 그리고 자연을 황폐하게 만드는 장본인이 바로 이런 생각일 것이다.

자신을 유지한다. 이제까지도 생명의 대부분이 격변과 재난 속에서 살아온 것은 그 때문이다. 생명은 아무래도 비록 단 하나의 생물일망정 그 고통에 의존해야 그 삶을 유지한다. 이런 점에서 고통의 문제는 계속 두렵고, 성스러운 것으로 여겨질 것이다.

인도인들의 이상은 비폭력(*ahimsa*, 해를 입히지 않음)이다. 불교 승려는 아무리 미물이라도 죽이거나 해를 입히지 않으려는 계율을 철저히 지킨다. 이런 정신을 존경해야 마땅하다. 그러나 이 정도의 절제란 자세히 살펴보면, 문제의 핵심으로부터 벗어나 있다. 고통의 문제를 해결하려면 그 문제 상황 속에서 모색되어야 하지, 그 밖에서 해결할 수 있는 성질의 것이 아니다. 어차피 겪는 고통이라면 감수성을 줄임으로써가 아니라, 그것을 증진시킴으로써 해결할 수 있다. 예컨대 임종의 자리에 임한 의사는, 해산의 자리에 임한 의사와 마찬가지로, 죽음과 죽음이 수반하는 고통에 대해 신체적 혐오나 도덕적 불신을 충분히 허용하고 오히려 고무하는 분위기를 조성할 것이 요청된다. 고통받는 사람의 감정은 어떤 방해도 없이 자연이 지시하는 대로 드러나도록 해야 하며, 다만 파괴적인 행동에 대해서만 외적 통제가 필요할 뿐이다.

이제 고통에 대한 해답은 그것에 대한 유기체의 응답이며, 피할 수 없는 고통을 황홀경으로 변화시키는 유기체의 생리적 경향성임을 알게 되었다. 이것이 힌두교의 우주론적 신화에 들어 있는 통찰이다. 이 신화에 의하면, 환희와 공포로 가득한 이 세계는 신의 황홀경에 다름 아니다. 신은 끊임없이 자기를 내주는 행위를 통해 무수한 창조물의 모습을 띠고 자신을 드러내보인다. 고통과 파괴의 전형적 신격인 쉬바가 곧 춤의 신(*Nataraja*)이기도 한 이유가 여기에 있다. 생이 고통스럽게 해체되고 또다시 거듭난다. 해체와 재생이 끊임없이 계속된다. 이것이 곧 쉬바의 춤이다. 내적인 갈등이 없기 때문에, 다른 말로 하면, 불이(不二)이기 때문에, 통제받는 것 밖에 있는 통제자의 방해도 없고, 그 자체의 자발성 (*sahaja*) 외에 또 다른 어떤 행위의 원칙도 없으므로 이 쉬바의 춤은 언제나 황홀하다.

고통과 죽음은 에고가 있기 때문에 문제가 된다

유기체의 자발성은 그대로 내버려두면 저절로 움직여 어떤 장애물도 없다. 마치 물의 흐름처럼 끝없이 흐르되 걸릴 것이 없는 것이다. 노자의 말을 들어보자.

최고의 선은 물과 같다.
물은 만물을 이롭게 할 뿐 결코 다투지 않는다.
그것은 모든 것이 싫어하는 낮은 곳에 처한다.
그래서 물은 道에 가깝다.[6]

上善若水
水善利萬物而不爭
處衆人之所惡
故幾於道

— 『도덕경』 8장

감정은 자신을 막지 않기 때문에 자유롭기를 바라며, 텅 비어 있기를 바란다. 「텅 빔」은 불교와 도교의 개념으로서 무심(無心) 즉 마음이 비어 있는 상태를, 자아의식이 없음을 말한다. 슬픔이나 기쁨, 쾌락과 고통에 대한 무심(無心)하고도 자연스러운 반응은 「마치 시냇물에 흘려보내는 공처럼」 아무 걸림 없이 흘러가는 것이다.

---

6) *Ch'u Ta-kao* (1). P. 18.

고통과 죽음은 (모두 자연의 어둡고 파괴적인 측면이며, 쉬바의 주재 아래 있는 것이다) 유기체에 대해서보다 에고(*ego*)에 있어서 문제가 되는 것이다. 유기체는 이것을 황홀경으로 받아들일 수 있으나, 에고는 완고하게 양보하지 않으므로 문젯거리가 된다. 고통과 죽음이 그의 자존심을 건드리기 때문이다. 트리겐트 버로우가 이야기하듯, 에고는 사회적 이미지 아니면 사회적 역할이다. 마음은 부끄러움을 느껴 에고와 자신을 동일시하게 되었다. 왜냐하면 사회가 우리에게 바라는 방식으로 바라는 부분만 행동하도록 우리는 늘 배워왔기 때문이다. 믿을 수 있고 예상할 수 있는 행위를 해야만 제멋대로 변화하는 것을 막을 수 있다. 그러나 극심한 고통이나 죽음 앞에서는 그렇게 되지 않는다. 결과적으로 에고와 마음은 부끄러움 및 공포와 손을 잡게 되는 것이다. 마치 어린 아이들처럼 우리는 포용력 있는 에고가 되도록 강요받는다. 죽음과 고통은 생명체로서의 위치를 상실하기 때문에 두려운 존재가 된다. 죽음과 고통이 떠맡은 행동과 감정을 유지하기 위해 우리는 필사적으로 노력해야 한다. 그런데, 어떤 전통 사회에서는 개인은 죽음에 대비하기 위해 죽기 전에 자신의 지위를 버린다. 즉, 그의 역할과 사회적 계급을 포기함으로써 사회구성원 모두의 찬성으로 「아무도 아닌 사람」이 되어버리는 것이다. 그러나 실제로 이 「아무도 아닌 사람」 역시 하나의 새로운 지위 즉 산야신/포기자라는 지위를 차지하는 폭이기 때문에 여전히 신통한 방안이 될 수 없다.

이러한 문제를 야기시킨 자발성에 대한 두려움은, 자연적이고 생물학적 질서와 정치적, 법적으로 강요된 질서를 혼동하기 때문에 생기는 것이다. 또 어린 아이의 자발성에 문제가 있는 것은 아직 미숙한 상태임을 깨닫지 못한 탓이다. 아이들을 사회화시킬 적에 잘못을 범하는 것은, 그들의 자발성을 발전시키지 않고, 유기체를 분열시키는 저항과 공포의 체계를 발달시키기 때문이다. 도대체 「자기를 통제하는 자발성」을 행사할 수 있는 완전한 인격이란 눈을 씻고 보아도 찾을 길이 없다. 그 말 자체가 모순덩이다. 그것은 마치 우리가 아이들에게 걸음마를 가르칠 때 저들 스스로 내적인 힘에 맡겨 걷게 하지 않고, 저들의 손으로 다리를 들어올리게 해서 걷도록 하는 것과 같다. 우리는 자발성이 그 자체를 통제하기 전에, 먼저 자발성이 스스로 기능할 수 있어야 한다는 사실을 깨닫지 못하고 있는 것이다. 다리는 걷거나 춤추는 훈련을 하기 전에 움직임 자체를 위한 충분한 자유를 가져야 한다. 훈련된 행동이란 미리 예비된 목적을 위해 이완된 동작을 조절하는 것이다. 피아니스트는 복잡한 음악을 연주하기 전에 그의 말과 손가락이 충분히 이완되어야 하며, 자유를 가져야 한다. 예비적 이완이 없이 억지로 손가락을 두드려 연주하면 졸렬한 기술만이 습득될 것이다.[7]

결국 자발성은 몸 전체의 성실성이다. 인격의 전 존재가 한치의 주저도 없이 행동에 몰입하는 것이다. 흔히 세련된 문화인이라는 어른은 깊은 절망감이나 참을 수 없는 고통, 혹은 죽음에 임박해서야 저 자발성에로 쫓겨들어 온다. 「인간의 곤경은 신의 행운이다」라는 격언은 이를 두고 말한 것이리라. 그래서 현대의 한 인도 성자는 자기에게 오는 서양인들에게 가르쳐 주어야 할 첫번째 것이 우는 방법이라고 말한 적이 있다. 이는 우리의 자발성이 제대로 기를 펴지 못하는 이유가 자의식 *ego-complex* 자체 때문일 뿐만 아니라, 앵글로색슨족이 지닌 남자다움에 대한 집단적 고정관념 때문이라는 사실을 보여준다. 남자는 모름지기 딱딱하고 거칠어야 한다는 생각은 정작 강인함과는 애초에 거리가 멀 뿐만 아니라, 따지고 보면 정서적 마비에 불과한 것이다. 그렇게 강한 척하

---

7) *L. Bonpensiere* (1)을 보라. 베토벤이 그의 소나타 가운데 어떤 부분을 긴장과 갈등의 감정으로 연주하도록 운지법(運指法)을 표시해 놓은 것은 사실이지만 그것은 단지 예외일 뿐이다. 이 경우에도 역시 위의 논리는 성립한다. 그 악장은 바로 갈등을 음악적으로 표현하는 것이다.

는 것은 우리가 감정을 통제하고 있기 때문이 아니라, 여성적이고 순종적인 일체의 존재를 두려워하는 감정 때문이다. 정서적으로 마비된 사람을 남성이라고도 할 수 없다. 그는 여성과의 관계에서도 남성이 될 수 없는 것이다. 왜냐하면 그가 여성에 대해 남성이라고 내세우려면 그의 본성 속에 여성적인 무엇이 있어야 하기 때문이다.

> 남성적인 것을 알지만, 여성적인 것도 보존한다.
> 그러므로 온 세상을 포용하는 골짜기가 된다.
> 온 세상을 포용하는 골짜기이기 때문에
> 영원한 덕과 하나가 되고
> 어린 아이와 같은 상태로 돌아갈 수 있다.[8]

> 知其雄 守其雌
> 爲天下谿
> 爲天下谿
> 常德不離
> 復歸於 嬰兒

-『도덕경』

깨달음, 혹은 「있는 그대로의 너 자신」

어린애처럼 천진난만함 혹은 꾸밈없는 단순성은 성인이 추구하는 이상이요 동시에 예술가에게도 하나의 이상이다. 천진한 마음을 지님으로써만이 조그만 가식도 없이 즉 두 마음에 휘둘리지 않고 훌륭한 예술작품을 만들 수 있고, 훌륭한 인생을 꾸려갈 수 있기 때문이다. 천진한 아이가 되는 길은 여성이 되는 길이다. 즉 자발성에 순종하는 길이요, 순간순

---

8) *Ch'a Ta-kao* (1). p.38.

간 끊임없이 변화하는 자연의 흐름 속에 「있는 그대로의 자신」을 내맡기는 길이다. 인도인의 깨달음을 나타내는 「그것이 바로 너니라(*Tat tuam asi!*)하는 말은 바로 「있는 그대로의 너 자신」을 가리키는 말이다. 「그것(*Tat*)」은 영원히 둘로 나뉘지 않은 최고의 실재인 브라만이다. 그 길은 걱정스런 자기 통제의 길도 아니요, 예술가인 체하는 난봉꾼의 노출증도 아니다. 이들이 「있는 그대로의 자신」을 내보이는 것은 남을 놀라게 하고 남의 주의를 끌기 위해서이다. 그는 바리새인같이 위선적이다. 나는 전위예술가를 자처하는 젊은이들이 옷을 홀랑 벗고 돌아다니는 것을 본 적이 있다. 그러나 그들은 방안에서는 어느 누구보다도 옷을 많이 껴입고 있었다. 아무래도 우리는 본시 홀랑 벗고 있다는 사실을 깨닫지 못하는가 보다. 우리의 옷, 우리의 피부, 우리의 개성, 우리의 덕과 악덕이 모두 허공처럼 투명한 줄 모르기 때문이다. 아무도 그들에게 뭐라고 할 말은 없다. 자아는 자아가 입고 있는 옷만큼 투명하기 때문이다.

공허하고 비관적으로 들리겠지만, 완전한 알몸과 투명함에 대한 인식은 순수한 즐거움이다. 텅 빈 것은 실재 자체가 아니다. 오히려 실재의 빛을 차단하는 듯이 보이는 것이 텅 빈 것이다.

> 늙은 방거사가 이 세상에서 바라는 것은 아무것도 없다.
> 그에게는 일체가 텅 빈 것, 심지어 방석조차 없다.
> 절대 공(空)이 그의 집안을 감싸고 있다.
> 보물도 하나 없이 이렇게 空하다!
> 해가 뜨면 空 속을 걷고,
> 해가 지면 空 속에 잠든다
> 空에 앉아 空한 노래를 부르니
> 空한 노래 空 속에 울려퍼진다.[9]

---

9) 방거사(龐居士) 9세기의 중국 거사. *Suzuki* (1), vol. 2, p.297.

이 空 속의 즐거운 만족감에 이름을 붙이는 것은 항상 너무 많이 말하는 것이 된다. 중국 고사에서 말하듯 뱀에 다리를 그리는 것과 같다. 불교철학에서 空은 가장 근원적인 실재를 가리킨다. 그것은 결코 인식의 대상이 될 수 없기 때문에 空이라고 불릴 뿐이다. 이것은 인물과 배경, 물체와 공간, 행위와 휴지와 같이 서로 상대적으로 연관된 개념과 달리, 다른 어떤 것과 대조되어 드러나는 것이 아니며, 따라서 결코 대상으로 보여지는 것이 아니다. 그것은 오직 유추에 의해 세계의 근본적인 실재 또는 실체라고 불리 수 있을지 모른다. 엄격히 말해서 실재는 비실재에 대비됨으로 실재인 것이기 때문이다. 그러나 그것은 불교에서 반야(般若)라고 불리는 직관적 지혜에 의해서 깨달아질지 모른다. 왜냐하면, 우리가 논의한 바와 같이 모든 연관된 개념은 「내적 동질성」을 갖고 있는 것이 명백하기 때문이다. 내적 동질성은 개념(terms)들 중의 하나가 아니라, 표현할 수 없고 생각할 수도 없는, 즉 개념으로 규정되지 않는다는 의미에서 「무한의 실재(interminable)」이다. 반야(Prajna) 역시 직접적인 인식이다. 언어나 상징, 심상 등 어차피 안과 밖이라는 이원적 개념을 통해서 알 수 있는 논리적 차원의 인식이 아니다.

우주가 空이라 함은 또한 우리가 모든 개념들을 갖다 붙이는 윤곽, 형태, 한계가 끊임없는 변화 속에 있다는 사실을 가리키고 있다. 그리고 이런 의미에서 空의 실체는 고정되거나 한정될 수 없다. 그것을 파악할 수 없기 때문에 空이라고 불리는 것이다. 왜냐하면,

산도 그림자이다.
그것은 이런 모습에서 저런 모습으로 흘러갈 뿐……
실제로 거기 머물러 있는 것은 아무것도 없기 때문이다.

그러나 우리는 모두 쉬바에 저항한다. 즉, 변화와 고통, 해체와 죽음에 저항한다. 그것은 투명함에 저항하는 것이다. 물론 저항 자체도 구름잡는

일이다. 그러나 고통은 탈아(脫我)의 황홀경이다. 고통은 우리 자신을 질식시키려는 손아귀를 비집어 느슨하게 한다. 고통은 너무나 딱딱한 몸뚱아리를 녹여준다. 그래서 고통은 황홀감이다. 세계의 파괴와 재건은 끊임없이 계속된다. 「色이 곧 空이며, 空이 곧 色」이라는 사실을 확실하게 보여주는 것이다. 우리는 무상無常으로부터 자유로워지고자 한다. 그러나 무상 자체가 바로 우리를 해방시킨다.

이것을 이해할 특별한 방도는 없다. 어떤 방책도 모두 인위적인 것이기 때문이다. 결국 어떤 수를 써도 이 순간순간 스러져가는 살덩이를 지탱하려는 의지의 노력은 허사이다. 불변의 신, 불멸의 영혼, 혹은 심지어 죽음이 없는 열반을 얻을 수 있다고 믿는 것은 모두 인위적인 조작의 일부이다. 그렇다고 무신론이나 과학적 유물론 같은 허술한 확실성에 빠지기도 그렇고, 도전적인 독단성 역시 한 푼 더 나을 것이 없다. 우리가 설 자리가 어디인가? 출구를 모색하지만 나갈 길도 없고, 발 디딜 데도 없는 차가운 절벽뿐이다. 요가, 기도, 치료 요법, 영적 훈련은 모두 우리에게 잡을 것도 잡을 방도도 없다는 깨달음을 늦추기 위한 수단에 불과한 듯이 보인다.

그렇다고 신이 없다거나 죽음 너머 개체가 영속성을 갖게 될 가능성을 부정하는 것은 아니다. 여기서 말하고자 하는 것은, 파악될 수 있고 신앙의 대상이 되는 신은 신이 아니라는 것이며, 우리가 바라는 영속성은 단지 굴레나 속박의 영속성에 불과하다는 것이다. 죽음은 흔히 영원히 깨어나지 않고 잠잘 수 있는 가능성으로 표현한다. 그리고 기껏해야 전혀 다른 존재로 깨어나게 될 가능성으로 표현한다. 우리가 태어날 때 그랬던 것처럼. 언뜻 보기 우울하고 두려운 것 같지만 깨어나지 않고 잠드는 것은 신기하게도 꽤 괜찮은 것 같은 느낌이 든다. 왜냐하면, 그러한 잠은

우리를 일체의 생각으로부터 벗어나게 하는 것이므로

영원히 그러하듯이.

죽음에 대한 이러한 명상은 「나」의 핵심적인 부분은 이미 실체가 아니라는 생각을 굳혀준다. 좀더 깊이 들어가 보면, 깨지 않고 자는 것이 영원히 어둠에 갇혀 있는 환상과 혼동되어서는 안 된다는 것을 알게 된다. 거기에는 어둠 같은 것은 없다. 다만 상상력을 무력감으로, 사고를 침묵으로 끌어내릴 뿐이다. 죽음의 순간에 우리의 두뇌는 다른 일들로 바빠진다. 우리는 죽음의 확실성에 황홀감을 느낀다. 이 순간 우리는 마치 하나님의 계시처럼 죽는 것은 의식이 아니라 기억이라는 사실을 알게 된다. 의식은 모든 새로 태어나는 존재에게 반복되어 나타나는 것이다. 그리고 반복될 때마다 그것은 「나」가 된다. 그리고 그 의식이 「나」인 한 그것은 수백 수천 만의 존재에 되풀이되어서, 그것을 자유롭게 만드는 해체(죽음)에 저항하게 되는 것이다. 이렇게 깨달으면 「나」와 다른 존재와의 특별한 결속 관계(거의 동일성에 가까운)를 느낄 수 있게 된다. 아울러 공감(*compassion*) 말의 본의도 이해하게 된다.

어원학적으로 볼 때 절대의 절망감이 바로 열반이다

인생은 무상하다. 세상은 온통 텅 비어 있다. 일체가 투명하다. 아무것도 거머잡을 것이 없다. 이렇게 깨달으면 강렬한 기쁨이 따라온다. 그와 같은 기쁨 속에서는 일체의 세상사로부터 의심할 여지없이 깨끗하게 손을 끊을 수 있을 법하다. 그런데 웬걸 이와 같은 진실을 깊이 경험한 어떤 사람이 내게 편지를 보냈다. 「나는 이제 할 수 있는 한 많은 사람들과 사물에 깊은 애착을 느끼게 되었습니다.」 왜 그럴까? 일체의 세계가 해체(*pralaya*)된 다음, 브라만은 다시 수없이 많은 생명과 의식의 형태로 자신을 드러내는 것이다. 열반을 증득한 보살은 끝없는 윤회의 바퀴 속으로 되돌아오는 것이다.

막다른 골목인 줄 알았더니 그 너머에 길은 또 다시 있어
그 길로 그는 다시 윤회의 여섯 갈래 길을 걷는다…….
진주는 진흙에 묻혀도 돋보이고,
용광로 속이라도 순금은 찬연히 빛나는 법.10)

애착 속에 고통이 있고, 고통 속에 해방이 있기 때문에, 해방은 장애물
이 아니다. 그리고 자유로워진 사람은 자유로이 전심전력 사랑하고 가슴
가득히 고통을 받는다. 이것은 그가 고등한 자아와 열등한 자아를 나누
는 재주를 배워서 자신을 내적 무관심으로 바라볼 수 있게 되어서가 아
니라, 지혜의 끝과 어리석음의 끝이 만나는 점을 찾아내었기 때문이다.
보살은 그의 어리석음을 고집함으로써 현명하게 된 사람이다.

수많은 신도들이 좋은 뜻에서 부처나 성자 그리고 보살들을 정신적 성
공을 거둔 존재로 떠받들어 놓음으로써 그들 자신의 깨달음을 경건하게
연기시키고 말았다. 해탈은 고저(高低)와 호오(好惡) 또는 득실(得失)의
상대적 가치로 잴 수 없는 것이다. 왜냐하면 이러한 상대적 가치는 에고
가 만든 이해(利害) 관계로 본시 투명하고 텅 빈 것이기 때문이다. 엄격
하게 들어맞는 얘기는 아닐지라도, 해탈은 정신적 노력이 결국 실패하고
그 밑바닥에서 건진 일종의 전리품으로 생각하는 것이 무난할 것 같다.
이 상태에서 그는 덕에 대해서는 고사하고 악에 대해서도 그것이 자기의
악이라고 주장할 수 없을 것이다. 인생의 텅비어 있는 순간순간을 찬찬
히 관조하는 보살은 자살보다 훨씬 더 깊은 절망감에 젖어든다. 어원학
적으로 볼 때, 이 절대의 절망감이 바로 열반(nirvana) 희망의 불씨가 완
전히 꺼졌다는 뜻)이다. 열반은 모든 안도와 휴식, 이득에 대한 일체의
희망을, 아니 그 헛된 미망을 철저히 깨부수는 것이다. 태어나는 존재들
은 모두 다시 한번 「나」로서 눈을 뜨게 되기 때문에 자살도 탈출구가 되
지 못한다. 에고가 벌이는 일체의 작위는 미망이 깨어짐으로써 최후의

10) *Suzuki* (2). pp. 150~151.

패배를 당하고 숨을 거두게 된다. 에고는 결국 空에 대한 광적인 저항 끝에 남는 허탈감일 뿐이다. 그러나 그 순간 에고는 그 자신의 해체 속에서, 空 속에서, 해와 달과 별들로 휘황찬란하게 무리를 지어 빛나고 있는 것이다.

무의미한 세상

아무것도 바라지 않을 때 갑자기 그렇게 깨달음은 찾아온다

우리들의 삶은 무엇인가 거머잡을 것도 없고 거머잡을 사람도 없이 그저 스러져가는 한 찰나에 불과하다. 이렇게 말하면 좀더 긍정적으로 말할 수도 있는 것을 부정적으로 말한 셈이다. 그러나 긍정적인 표현은 별로 효과도 없고, 강렬한 인상을 주지도 못하며, 심지어 오해를 살 염려까지 있다. 잡을 수 있는 무엇이 있다는 생각을 할 수 있는 까닭은 자아와 그 자아의 경험이 둘로 나뉘어 있는 듯이 보이기 때문이다. 그러나 실상 거머잡을 것은 없다. 자아가 둘로 나뉘어져 있으니까 그렇게 보일 뿐이다. 그러니까 잡는다고 하지만 마치 이빨로 이빨을 깨물고, 손으로 손을 잡는 것과 같은 짓이다. 이 점을 깨달으면 곧 주체와 객체, 사람과 대상 세계는 본시 통합되어 있다는 생각이 들게 된다. 통합이란 말보다는 둘이 아니다, 즉 불이론적(不二論的)이다라고 말하는 것이 더 정확하다. 통합이라고 하면 다양성을 배제하게 될 위험이 있다.

자아와 세계의 사이에 거대한 심연이 있다는 생각은 사라진다. 이제 우리의 주관적, 내적 생명은 이 세상의 다른 것들로부터 따로 떨어져 있지 않다. 내적 생명은 자연의 흐름을 통채로 그대로 고스란히 받아들인다. 「나」와 총체적인 경험은 전혀 분리되어 있지 않다. 「모든 것이 道」라는 생각이 더욱 분명해진다. 道란 그것으로부터 벗어나는 것이 절대 불가능한, 하나의 덩어리이며, 모든 것이 골고루 갖추어진 이 세상 어디에

나 널려 있는 흐름이다. 이 기막힌 느낌을 어찌 표현하나? 그것이 왜 그 래야 하는지 논리적 이유는 없다. 실제를 내 눈으로 보아야 하겠다는 강박관념만 벗어나면 이런 느낌이 가능하다. 도의 이러한 특징은 불가사의한 것이다. 이제 우리는 생명을 만나고 있다. 아니 우리는 생명 그 자체이다.

세상만사는 엄청난 결과를 수반하거나, 실제 생활에서 결정적인 변화를 야기하지 않는 한, 아무도 경이라고 느끼지 않는다. 그런데 경이란 아무도 기대하지 않았을 때 일어나기 마련이다. 이러한 경이감에 처음 직면한 사람들은, 이제 무슨 일이 정말 멋지게 일어날 것을 기대한다. 바로 이 때문에 경이감은 찾아오자마자 곧 사라져버린다. 사람들은 그것이 자신의 성격을 바꿔주거나, 좀더 낫게, 좀더 강하게, 좀더 현명하게, 그리고 좀더 행복하게 해주기를 바란다. 왜냐하면, 그들은 자기들이 무언가 대단히 가치 있는 것을 붙잡았다고 믿기 때문이다. 그래서 그들은 마치 큰 재산을 상속받기나 한 듯이 날뛴다.

누가 어떤 선사에게 물었다.
「세상에서 제일 가치 있는 것이 무엇입니까?」
그는 대답했다. 「죽은 고양이 대가리다!」
「어째서 그렇습니까?」
「아무도 거들떠보지 않기 때문이다.」

이 세상만사가 한 덩어리라는 깨달음은 죽은 고양이의 대가리와 같다. 그것은 아무 가치도 없는 것이며, 조금도 중요하지 않은 것이다. 그것은 결과도 없고, 함축된 의미도 없으며, 논리적 의미도 없다. 사람들은 그것으로부터 아무것도 얻을 수 없다. 손을 대거나 잡기 위해 그 주위에 자리를 잡을 데가 없기 때문이다. 무엇을 얻겠다는 것은, 재산을 얻든, 지식을 얻든, 덕을 얻든지 간에, 발가락을 빨아 배고픔을 멈추게 하려는 것과 같다. 그러나 우리는 어쨌든 얻겠다고 덤빈다. 자기의 발가락을 빨든, 구운 오리발을 내밀든 그건 상관없다. 만족은 항상 순간적이다. 우파니샤드에 씌어 있듯이 「음식이 브라만이다(*Annam Brahman*).음식인 나 브라만은 음식을 먹는 자를 먹어치운다!」[1] 오로보로스 뱀처럼 우리는 우리들 자신을 먹어삼킨다. 그러나 음식으로부터 무엇인가 얻고자 하는 기대감은 곧 실망으로 바뀐다. 부처님께서 그의 제자 수보리에게 다음과 같이 말한 이유가 여기에 있다. 「나는 완전한 깨달음으로부터 아무것도 얻은 것이 없다.」 그러나 기대 심리가 없고, 결과를 구함도 없고, 죽은 고양이 대가리밖에 얻은 것이 없을 때, 갑자기, 공짜처럼 불가사의하게, 아무런 이유도 없이 그렇게 깨달음은 찾아온다.

이것은 포기를 권유하거나 욕망을 억제하는 정도가 아니다. 그런 것은 하나님을 잡으려고 설치해 놓은 간교한 덫이다. 사람은 인생으로부터 무엇을 얻지 못한다는 이유로 생을 포기하지는 않는다. 이제 깨침의 노래, 「증도가證道歌」를 들어보자.

> 그것은 가질 수도 없고,
> 잃을 수도 없다.
> 그것은 가질 수 없기 때문에 갖게 되는 것이다.
> 네가 침묵할 때, 그것은 말하고,
> 네가 말할 때 그것은 침묵한다. (34절)

구하면 구하는 자와 구해지는 것 사이에 틈이 생긴다. 이 때문에, 道를 찾는 것은 곧 그것을 잃는 것이라고들 하지만, 딱 집어 정확한 표현은 아니다. 우리가 구하지 않으려고, 바라지 않으려고, 집착하지 않으려고,

---

1) 『타이트리야 우파니샤드』 3권, 10장 6절.

억지로 애쓰게 될 때를 생각해 보라. 분명 우리가 그것을 구하고 있을 때조차 우리는 道로부터 벗어나 있는 게 아니다. 道는 그것에 대해 어떤 태도를 취한다는 것이 불가능하기 때문에, 도대체 道에 대해 잘못된 태도라는 것은 없다. 도와 멀리 떨어져 있어 보이는 듯한 소위 주관의 자아도, 나뭇잎의 뚜렷한 윤곽과 마찬가지로, 道의 한 가지 모습이다.

道란 장엄한 무의미이다

세상 물정에 밝고 실제적인 사람들은 이런 이야기를 쓸데없고 귀찮은 짓거리로 여길 것이다. 기발하지만 별볼일없는 것이 아닌가? 아무것도 그로부터 벗어날 수 없는 천지자연의 조화가 도라면 굳이 애써서 찾을 것도 없지 않은가?「죽은 고양이 대가리 같은」이 철학의 요체는 바로 이것이다. 道란 자연 그 자체처럼 대수롭지 않은 것이다. 장엄한 무의미이다. 황홀경이 그대로 드러난 것이다. 인간이 굳이 애써서 찾을 필요도 없지만 무목적 그 자체이다.

들떠서 무언가를 찾으며, 무언가를 잡으려는 사람은 이렇게 초점이 없는 얘기에 완전히 절망한다. 그들에게는 언어와 같이 그것 자체를 넘어서 있는 무엇을 가리키는 의미가 필요하다. 세상이 그들에게 의미있게 보이려면, 그런 세상은 기호의 집합체인 사전과 같은 것으로 환원되어야 한다. 그들의 세계에서는 꽃은 벌을 유혹하기 위해서 향기와 빛깔을 가지고 있으며, 카멜레온은 몸을 감추기 위해서 피부 빛깔을 바꾸는 것이다. 그리고 만약 저들이 자연에 덮어씌우는 인식의 틀이 관념론적 마음이 아니고 기계라면 이렇게 말하리라. 벌은 꽃이 향기와 빛깔을 갖고 있기 때문에 끌리는 것이며, 카멜레온은 색깔이 변하는 피부를 갖고 있기 때문에 생존할 수 있다고. 그들은 색깔 자체, 향기 자체, 그리고 벌들이 찾아오는 꽃이 있는 세계 그 자체,「위해서」도 없고「때문에」도 없는 세계를 보는 게 불가능하다. 모든 부분이 동시에 함께 생장하는 상관적 관계의 세계를 보지 못하고, 그 대신에 그들은 원인과 결과의 허망한 줄로 꿰어져 있는,「당구알 같은 물건」들의 집합이 세상인 줄 안다. 그런 세계에서 사물은 오로지 과거에 어땠고 앞으로 어떨 것인지에 따라 현재의 상태가 의미를 가진다. 그러나 목적 없는 道의 세계에서는 하나하나의 사물은 저들이 서로 관계 맺어진 모습 그대로 그 현재에서 그것이 무엇인지 나타난다.

우리는 이제야 왜 사람들이 나무와 풀숲에서 그리고 산과 바다에서도, 그들과 같은 인간 종족과 같이 있지 않으면 위안을 얻지 못하는 보편적 경향성이 있는지 알 듯싶다. 자연에 대한 사랑을 조롱하는 값싼 속물 근성을 보라. 그러나 진부하긴 해도 자연을 노래하는 시의 보편적 주제에는 항상 심원하고 본질적인 무엇이 있다. 수백년 동안 동서양의 위대한 시에는「자연과의 교유」에 대한 인간의 사랑을 표현한 것이 많다. 그런 구절들을 현대의 지성인들은 약간 조롱하는 투로 받아들인다. 짐작컨대 그런 시는「현실로부터의 도피」로 여겨졌음직하다. 그들은 현실을 신문에서 읽는 기사쯤으로 한정짓는다. 그리고 자연을 노래한 시는「현실로부터의 도피」라고 비난하는 것이다.

비인격적 자연에 대해 애정을 느끼는 이유는 자연과 교유함으로써 우리가 인간의 본성에 눈을 돌리게 되는 데 있다. 자연과 교유를 통해 우리는 인간의 본성이 아직 건재하며, 허위가 없으며, 인생의 목적이나 의미에 대해 걱정해서 행여 마음을 상하지 않는다는 것을 확인한다. 우리가 말하는 소위 자연은 어떤 종류의 계획이나 자기를 드높이는 짓이 없이「그대로 있음」그 자체이기 때문이다. 새와 짐승은 먹고 새끼를 기르기 위해 온갖 정성을 기울인다. 그러나 저들은 그것을 정당화하지 않는다. 짐승들은 자기네가 하는 짓이 고상한 목적에 기여하는 것이라고 뻐기지 않으며, 세계의 진보에 중요한 기여가 된다고 으스대지도 않는다.

이것은 인간에게 듣기 거북하라고 하는 얘기가 아니다. 왜냐하면 새는 옳고 사람은 그르다는 식으로 도식적으로 말해버리는 것이 내 이야기의 요점이 아니기 때문이다. 요점은 우리들에게 새로운 시각을 제공해 주는 놀랄 만치 무목적적인 자연계와 친교를 맺자는 것이다. 새로운 시각을 지니면 우리의 자존을 비난하지 않게 되고, 오히려 우리의 자존이 전혀 다른 차원의 어떤 것으로 보이게 된다. 이러한 지혜의 빛에 들어가면 인간의 기묘하게 추상적이고 젠체하는 탐구는 갑자기 모두 자연에 대한 경이로 바뀌는 것이다. 큰부리새와 코뿔새의 엄청나게 큰 부리, 극락조의 대담한 꼬리, 기린의 기다란 목, 그리고 여러가지 색깔이 선명하게 무늬진 비비원숭이의 엉덩이를 보라! 이렇게 본다고 누가 비난하랴? 엄청난 가치를 지닌 듯이 보이던 인간의 자존도 저들과 비교해서 웃음 속에 유야무야되고 말 것이다. 그의 고집스런 목적성과 관념에 대한 비상한 선입견은 인간에게는 자연스런 것이지만, 지나치면 마치 거대한 공룡의 몸뚱이같이 된다. 생존과 적응의 수단으로 보기에 인간-공룡은 지나치게 큰 몸뚱이와 번식력을 가졌기 때문에, 자신을 위해 지나치게 영리하고 지나치게 현실적인 종(種)으로 번성하게 되었다. 바로 이런 이유에서 이 인간 종족은 「죽은 고양이 대가리」 같은 철학이 필요한 시점에 와 있다. 이런 철학은 자연과 마찬가지로 그 자체 외에는 어떤 목적도 어떤 결과도 중요하게 여기지 않기 때문이다.

그러나 빙 돌아서 놀랍게도 간접적으로 이 철학은 이 세상의 중요성을 너무나 예리하게 꿰뚫어보고 있다. 「중요성」이란 말에 약간의 어폐가 있다. 그렇게 말하면 세상 너머에 있는 어떤 의미를 가리키는 양 오해를 받게 된다. 이 철학은 마치 순수음악과도 같다. 그것은 말을 보충하기 위한 것이 아니며, 자연의 음향을 흉내내는 것이 아니다. 감정을 표현하는 것도 아닌데 감정 자체가 되는 순수음악과 같다. 그것은 단어 자체가 그대로 의미가 되는 황홀한 시와 같다.

은색은 하얗게 황금색 누렇게
곱게 접어 그 옷 살짝 펴놓게.
종각 성벽에 줄줄이 늘어서 있고
나는 백합과 장미 또 장미를 놓고.

The silver is white. red is gold;
The robes they lay in fold.
The bailey bearth the bell away;
The lily. the rose, the rose I lay.

(역주: 영어 시의 압운을 흉내내서 시구 끝의 소리를 맞추기는 했으나 억지춘향이다. 원래의 영시를 그대로 읽어보면 그 형태나 소리에서 그대로 의미가 전달된다는 원저자의 속뜻을 헤아려 볼 수 있다)

물체를 그대로 그리지 않는 비구상화(非具象畵)가 도대체 무엇을 그린 것인지 몰라서 등을 돌리는 사람도 구름과 바위, 물론 이런 것도 스스로 무엇이라고 드러내지 않는데, 저 구름과 바위를 그린 풍경을 보고는 좋아한다. 신비한 자연의 무의미에 무의식적인 찬사를 보낸다. 그림에 담긴 자연의 모습이 기하학자가 그린 명료한 도형에 가깝다거나, 또 다른 어떤 사물을 닮았기 때문에 우리를 감동시키는 것은 아니다. 구름은 하늘 가운데 떠 있는 산이나 도시같이 특정한 형체와 닮아 보이지 않을 때라도 그 자체로 충분히 아름답다. 폭포의 세찬 물소리나 개울물 졸졸 흐르는 소리가 사람의 말소리와 닮았다 해서 정답게 느껴지는 것도 아니다. 불규칙하게 산재해 있는 별들도 그것으로부터 일정한 형상을 추출해낼 수 있기 때문에 우리에게 특별한 느낌을 불러일으키는 것은 아니다. 별자리나 성운이 대칭형을 띠고 있다거나, 거품 같다거나, 바위의 암맥 같다거나, 겨울의 앙상한 나뭇가지 같이 보이기 때문도 아니다.

道의 관점에서 본다면, 자연의 복잡성이란 지금 이 순간의 행동 이외에 어떤 목적도 없는 춤과 같은 것이라고 할 수 있다. 춤에서의 순간 동작은 위압적인 법칙에서 나오는 것이 아니라 동작과 동작 사이에 존재하는 상호관계 속에서 즉흥적으로 연출되는 것이다. 道의 관점에서 보면 심지어 직선으로 구획 지어진 도시조차 온 세상에 구불구불 뻗쳐 있는 동맥 사이로 엄격히 계산된 실용성을 잃은 채 새벽엔 혈구를 받아들이고 저녁엔 그것을 뱉어 내느라고 펌프질하는 신경구 같은 것으로 보인다. 그러나 역사적 시간과 목적론이라는 환상에 사로잡히면, 춤 또는 과정이 연출하는 황홀한 리듬은 보이지 않고, 세상만사가 온통 장애물을 헤치고 내닫는 광적인 질주로만 보일 것이다. 그러다 결국 그러한 추구가 아무런 소용도 없는 것임을 깨닫는다. 드디어 마음은 안정을 되찾고, 생명의 리듬을 느끼게 된다. 시작도 끝도 없는 과정 그 자체가 매순간 온전히 그대로 성취되어 있음을 알게 된다.

세계에 대한 이러한 비전이 갑자기 우리를 엄습하여 마음이 무의식적으로 모든 것을 그대로 받아들일 수 있는 태도를 갖게 되는 순간이 온다. 그것은 늘 보던 벽에서 예기치 않는 문을 발견하게 된다는 등의 흔히 입에 오르내리는 얘기와 같다. 그 문은 매혹적인 마법의 정원으로 통해 있다거나, 바위틈으로 이어져 보석이 가득 쌓인 동굴로 통해 있다거나 하기 마련이다. 그러나 다른 날 다시 그 통로를 찾아서 벽을 더듬어도 그 문은 이제 발견되지 않는다. 어느 늦은 오후 황혼 빛이 스며드는 반시간가량 우리 집 정원이 갑자기 달라져 보이던 것도 그와 같은 이치이다. ─하늘은 이상스레 투명한 청색을 띠며 고요히 가라앉아 있었다. 은은한 광휘가 정오의 하늘보다 더 밝아 보였다. 정원수와 낮은 관목의 잎사귀는 백열광과도 같은 초록빛 색조를 띠고 있는 것 같았다. 그리고 잎새들은 이미 아무렇게나 엉겨 나무에 붙어 있는 것이 아니라, 놀라우리만치 복잡하고도 정교한 아라베스크 무늬를 이루고 있는 듯이 보이는 것이었다. 하늘을 배경으로 뻗어 있는 나뭇가지는 흡사 줄 세공이나 그물무늬 세공을 가한 듯이 보였는데 물론 인공적인 냄새가 나는 것이 아니라 특이한 리듬감을 일으키게 하였던 것이다. 꽃들이—특히 퓨셔꽃이 그러했다—갑자기 가볍디 가벼운 상아나 산호 조각같이 보였던 것을 기억한다.

그것은 마치 들떠 있고 무언가를 찾아 헤매는 마음이, 그것을 앞지르는 어떤 속도감 때문에 희미해지는 것 같아서, 형상들의 율동적인 명료함이 포착되지 않고, 빛깔들은 내적인 빛을 잃고 단조롭게 보이는 것이다. 그리고 이 세상 모든 세세한 부분들이 어떤 질서 아래 놓이게 되는 것은 이러한 시각의 개방성이 갖는 특징이다. 질서라고는 하지만 연병장에서 볼 수 있는 군대식의 질서가 아니라 모든 것이 완벽하게 상관적으로 긴밀하게 연계되어 거기에 부적절하고 비본질적인 것은 아무것도 없는 그러한 질서이다. 여지껏 내가 그린 것은 일견 논리적으로 불합리하지만, 모든 것이 「옳으며」 모든 것이 「道」와 조화되어 있다는 느낌을 무엇보다도 잘 표현하고 있다. 동시에, 이 말은 하수구의 쓰레기나 카펫 위에 엎질러진 재떨이의 재, 그리고 「죽은 고양이 대가리」같이 일상적으로 지저분하게 여겨지는 것에 대해서도 그대로 들어맞는 얘기이다.

아담의 타락이란 사실 인간이 자연과의 일체감을 잃어버린 것이다

서구 사회에서 모든 창조적 행위란, 세상만사가 어딘가 불충분하고 불만족스럽다는 생각에서 출발한다고 보는 태도가 거의 제2의 천성이 되는가 싶다. 이제 만약 모든 일에서 성취감을 느끼고 시간을 더 이상 욕망 충족의 통로로 생각지 않게 될 때, 우리는 넓은 멕시코 모자를 눈 아래까지 덮어쓰고 테킬라 술병을 팔꿈치에 올려놓고 햇빛 아래 기대어 있으면 그만이다. 평소 어느 정도의 게으름은 우리의 문화가 유일하게 결여하고 있는 유쾌하고 감미로운 기분을 가져다주는 게 사실이다. 그러나 불만족에서 나온 행위는 아무리 점수를 후하게 쳐주어도 창조적일 것이라는 생각은 별로 들지 않는다. 우리가 남을 사랑하는 것도 서로간의 필요에 바탕을 둔 것이라면, 그 사랑은 곧 질식하고 말 것이다. 그것은「나는 당신을 먹고 싶을 만큼 사랑한다」는 흡혈귀의 논조를 방불케 한다. 또, 그것은 부모의 자식에 대한 집착이 사랑을 질식시키고, 결혼이 신성한 무덤이 되는 것과 같이, 사람이 아닌 욕망이 일으키는 문제인 것이다.

현대 신학자는 굶주린 사랑과 관용적인 사랑을 구별하기 위해 그리스말의 에로스(*eros*)와 아가페(*agape*)를 사용해 왔다. 그 중에 후자만이 신의 사랑이라고 못박았다. 죄는 존재의 충만함으로부터 무(無)로 전락한 것이기 때문에 타락한 인간의 본성은 늘 굶주릴 수밖에 없다. 신의 영광을 저버리고서야 인간은 자연적인 필요에 따라 행위할 수 있을 뿐이다. 이러한 가정은 신의 무한한 충만함으로부터 세계가 창조되었다는 믿음을 아무도 지니지 않고 있는 때에도 하나의 상식으로 통하고 있다. 더군다나 기독교는 자연이 그 우두머리인 아담과 함께 타락했기 때문에 자연의 모든 영역 역시 굶주림에 의해 움직인다고 보는 것이다. 자연이 필요에 의해 움직인다는 생각은 유신론(有神論)을 떠엎으려는 기계론과 완전히 일치하는 사상이다.

그러나 아담과 자연의 타락이란 사실 인간이 자연과의 일체감을 잃어버린 것이다. 그렇다면 자연이 굶주림에 의해 움직인다는 가설은, 자연에 우리들 자신의 모습을 투영한 것에 지나지 않는다. 우리가 물리적 세계에서 뉴톤 물리학을 포기해야 한다면, 심리학이나 윤리학에서도 그러해야 할 것이다. 원자가 외부의 충격에 의해 움직이는 당구공 같은 것이 아니듯, 우리의 행동 또한 외부적 동기나 유도에 의해 작동하게 되는 물건이 아니다. 행동이란 행위자가 행위가 일어나는 상황의 일부분 – 신체가 아닌 마음, 열정이 아닌 의지 – 과 자신을 동일시하는 그만큼만, 외부의 타자(他者)에 의해 유발될 수 있다. 그러나 그가 만약 자신을 열정 내지 신체와 동일시한다면, 그는 그들에 의해 움직여진다고 믿지 않을 것 같다. 그가 더 깊이 이 문제를 파고 들어가 그 자신이 단순히 육체가 아니라 신체-환경적 관계의 모든 것이라는 사실을 깨달으면, 그는 주위 환경에 의해서 행동을 강요받는다고 생각지는 않을 것이다. 결과는 원인과 다른 것으로 생각될 때에 한해서, 그 원인에 의해 수동적으로 통제되는 것 같다. 그러나 원인과 결과가 한 덩어리의 동작을 표현하는 용어라면, 통제자도 피통제자도 없어질 것이다. 따라서 행동이 필요에 의해 유발된다고 느끼는 까닭은 자아가 주변과 구별되는 어떤 중심의식이라고 생각하기 때문이다.

「왜 사람은 행위하는가?」라는 물음은 행동에는 동기가 필요하다는 전제하에 의미를 갖는다. 그러나 자력으로 움직이지 못하는 실체가 아닌, 행위나 사물의 움직임이 세계를 구성하는 것이라면, 행위의 외적 원인을 찾는 것은 어리석은 일이다. 행위에는 다른 대안이 있을 수 없다. 이 말은 외부로부터 통제를 받을 뿐, 자력으로는 움직이지 못하는 실체로서의 「우리」를 전제해 두고 있기 때문에 우리가 「행동하지 않으면 안 된다는 것」을 의미하는 것은 아니다. 요점은 동기가 유발되든 안 되든 우리는 곧 행동자체라는 것이다. 그러나 행위가 외적 원인에 의해 유발되는 것으로 느껴질 때, 행위는 에고(*ego*)의 굶주림과 공허함을 표현하는 것이며, 행위의 생명력보다는 실체의 무기력을 나타내는 것이다. 그러나 인간이 자기의 외부에 있는 어떤 것을 추구하지 않을 때에도 그는 그 자신의 충만함을 표현하고 있는 행위 속에 있다. 그가 슬픔으로 엉엉 울든지, 기쁨으로 펄펄 뛰든지 간에.

우리는 성자의 내면적 즐거움을 알지 못한다

인도철학에서 카르마(*karma*)는 동기에 유발된 행위와 목적을 가진 행위, 원인과 결과를 함께 가리키는 말이다. 그리고 카르마(業, *karma*)는 사람을 (윤회의) 굴레에 묶는 행동양식이다. 목적을 추구하는 것이 목적에 도달하지는 못하고 목적에 대한 욕망만 증대시킬 뿐이며, 문제를 해결하는 것은 다시 해결해야 할 문제만을 양산하는 결과를 가져온다. 그러므로 카르마(業)는 기호와 같이 그 자체를 넘어서 있는 의미를 가리키며, 그것의 동기와 목적을 가리킨다. 그것은 그 이상의 행동의 필요성만을 만들어내는 행위이다. 반면에, 사하자(*sahaja*)는 자발적이고 비논리적인 행위로써 자유로운 자(*jivan-mukta*)의 행위의 특징이다. 자유로운 자는 자연과 같은 방식으로 살고 움직인다. 시냇물 소리와 같이 재잘거리고, 바람 속 나무와 같이 움직이며, 구름과 같이 유랑하며, 모래 위의 바위와 같이 존재한다. 그의 인생에는 일본인들이 「후라후라」라고 부르는 성질이 있다. ―미풍에 나부끼는 소매, 용솟음치며 흐르는 강 위에 떠 있는 빈 조롱박의 움직임 같은 삶이다

성자와, 미치광이는 비슷하다. 그들의 사는 방식의 미묘한 차이는 별의미가 없으며, 세속의 가치척도로써 잴 수 있는 것도 아니기 때문이다.

그의 문은 잠겨 있고, 지혜로운 사람들도 그가 누군지 모른다. 그의 내면적 삶은 감춰져 있으며, 남들이 덕(德)이라고 하는 관습의 틀 밖에서 노닌다. 조롱박을 들고 시장으로 가서, 그의 이웃과 더불어 즐기다가 집으로 돌아간다. 술집에서나 어물전에서나 모든 사람이 부처가 된다.

가슴을 풀어제치고 맨발로 풍진 세상으로 들어가네.
흙을 묻히고 재를 뒤집어 쓴 채 싱긋이 웃는구나.

그에겐 신통력도 필요가 없네.
한바탕 호령에 죽은 나무에서 꽃이 피는 걸![2]

　미치광이의 넌센스가 그 나름의 매혹 속에서 주절대는 것이라면, 자연
과 성자의 넌센스는 세계의 궁극적 무의미가 그 허망과 공허와 같은 숨
겨진 즐거움을 간직하고 있음을 인식하는 것이다. 만약 우리가 과거 속
에서의 의미를 찾는다면, 원인과 결과의 고리는 배 지나간 자리처럼 사
라질 것이다. 만약 미래에서 그것을 찾는다면 그것은 밤하늘의 서치라이
트와 같이 사라질 것이다. 만약 현재에서 그것을 찾는다면 그것은 물안
개와 같이 잡을 수 없는 것이 될 것이다. 그러나 추구하는 마음만 남아
우리가 「이것」이 무엇인지 알려고 할 때, 그것은 갑자기 산이 되고 강이
되며, 하늘이 되고 별이 될 것이다. 그것으로부터 무엇인가를 찾아내려는
이가 아무도 없더라도 그것은 그것 자체로 충족되어 있는 것이다.

평상심이 道다

　지금까지 얘기된 것으로 볼 때, 우리들의 자연철학이 거의 완전한 자
체 모순점에 도달한 것 같다. 만약, 그 결론이 자연과 인간은 진정한 의
미에서 분리되어 있지 않다는 것이라면 자연적인 것은 어떤 인위적인 것
과도 구분될 수 없을 것이다. 괴테가『자연에 대한 단상』에서 말하고 있
는 것을 다시 인용해 본다.

　　가장 비자연적인 것 역시 자연이다. 자연을 모든 측면에서　보지 않
　는 자는 어디에서도 자연을 보지 못하리라. 자연의 법칙에 저항할 때
　조차도 인간은 그 자연의 법칙에 따르고 있다. 그리고 인간은 자연에
　거역하면서 무엇을 하고자 하는 중에도 그는　자연과 더불어 일하고

---

2) 牛頭 선사가 禪불교에서 깨침의 단계를 전하는 十牛圖에 주석을 단 것이다.

있다는 것을 알게 될 것이다.

만약 이것이 사실이라면, 기독교와 최근까지의 과학철학이 공유하고 있는 세계질서에 대한 일직선적이고 정치적인 특징과 일신론적 신의 특징−이 양자를 기계적이고 비자연적인 것으로 규정하였는데−에 대하여 지금까지 떠든 것은 쓸데없는 얘기가 되어버렸다. 그리고 어떤 하나의 인식양식을 다른 것보다 나은 것으로 생각하거나, 觀의 개방된 주의력을 소아(ego) 중심적 태도보다 더 자연스러운 태도로 여기는 것 모두가 초점이 없는 얘기가 되어버린 것 같다. 만약, 도회와 산업문명의 자기인식의 인위성과 자만이 공작의 과장된 꼬리털만큼이나 부자연스러운 것이라면, 자연적 삶에서는 모든 것이 좋은 것이며, 또한 허용된다고 말할 수 있다. 우리가 얘기한 바와 같이 道로부터 벗어날 길은 없는 것이다.

그러나 이러한 기독교적인 태도와 법체계로서의 과학 사이에는 적어도 다음과 같은 정도의 차이는 있을 것이다. 즉, 기독교가 인간과 자연을 차이를 두고 보았던 데 비해 과학은 그렇지 않다는 것이다. 이러한 차이를 만든 것이 자연의 영역을 어디까지로 보느냐는 문제에 달린 것은 당연한 일이다. 그러므로 위의 두 태도가 어떤 의미에서는 모두「옳다」. 만약 자유주의자가 전체주의자에게「나는 너의 말에 전적으로 반대한다. 그러나 나는 네가 그렇게 말할 수 있는「권리」를 목숨을 걸고 지키겠다」고 말했다면 그와 똑같은 의미에서 두 가지 태도가 공히 같은「권리」를 가지고 있다. 즉, 둘 다 옳다고 할 수 있다. 이상적인 민주주의하에서의 자유의 연습에는 자유의 제한에 찬성하는 투표권을 행사할 권리가 있듯이, 인간이 자연에 참여할 때에도 그가 자연의 위에 서 있다고 느낄 수 있는 자유와 권리가 있다. 민주적인 절차에 의해서 사람들은 자유를 포기할 수 있듯이, 사람들은 마찬가지로「자연스럽게」비자연적으로 될 수 있다. 전체주의자가 자유를 박탈해야 한다고 주장할 수 있는 반면에 자유주의자는 전체주의자가 자유롭게 그것을 주장할 수 있다는 점에 한해서만 그 주장에 의미를 부여할 것이다. 독재정치 아래에서조차도 「한 민족은 그 민족에 맞는 정부를 갖는다.」 왜냐하면 그 민족은 항상 권력―즉, 자치권, 주권이 보류된 상태일 것이기 때문이다. 마찬가지로 이 철학은 의미 심장하게 다음과 같이 주장할 수도 있다. 즉, 인간은 자연과 따로 떨어져 있으면서도 그것을 인정하려고 들지 않는다는 것도 자연스럽다고.

그러나 만약 사람들이 자연스럽게 그들의 자유에 대한 어느 정도의 제한 조처에 찬성 투표를 던질 때, 그들은 자유가 법의 권위나 그 배후에 남아 있으리라는 것도 결코 잊지 않을 것이다. 그와 같이 이 철학이 말하고자 하는 핵심은 사람들이 그들의 자유와 권리를 절대로 포기하지 않는다는 것과 같이, 인류는 그의 자연다움을 절대로 포기할 수 없으리라는 것이며, 잊지도 않을 것이라는 것이다. 달리 말하자면, 자연다움은 자기 결정적 자발성(自然)이며, 되지 않게 완고하거나, 짐짓 너스레를 떨 때조차 우리는 그러한 자연스러움을 유지하고 있는 것이다. 그러나 자발성을 유지하고 있는 「우리」는 에고(ego)라 불리는 자기구속이 아니다. 그것은 자연스런 인간이며, 유기체와 환경 간의 「관계」로서의 인간이다.

그리하여, 법적 구속이 사람들 스스로 부과한 것이라는 사실을 깨닫는 데 정치적 건강이 있다면, 철학적 건강은 우리의 진정한 자아가 자연스런 인간―우리가 결코 벗어나는 일이 없는 道―임을 깨닫는 데 있다. 심리학적 용어로 이 깨달음은 아무리 제한된 것일지라도 모든 사고와 감정과 행위의 영원한 배경으로서의 정치적 자유와 같이, 총체적인 자기승인(self-acceptance)적 태도이다. 이러한 자기승인은 성자로 하여금 모든 곤경을 견디게 할 수 있는 마음의 평화와 성실성과 순수함의 상태이다. 한마디로 그것은 현재 있는 그대로의 우리 자신이 되고자 하는 깊은 내적 동의이며, 모든 순간에 우리가 느끼고 있는 것을 느끼고자 하는 내적 동의이다. 그것은「모두가 다 흡족한 것은 아니지만 내게 있어 모든 것은 정당하다」는 인식이다. 그러나 아마도 성 바울이 의도했던 것보다 더욱 넓은 의미에서 그러하다. 대담하게 말해서─조야할진 모르지만─우리의 현재가 어떤 존재이든, 이제 우리가 어떤 이상적인 존재로 되어야 할 것인가에 대한 통찰이라고 할 수 있겠다. 이것은 선불교에서「평상심(平常心)이 道」라고 할 때의 의미와 같다. 平常心은 그 본성이 어떠하든 현재 주어진 상태의 의식이다. 왜냐하면, 깨달음─혹은 道에의 合─은 깨달음이 얻어질 수 있는 특별한 상태로 생각되는 한, 그리고 성공의 여부에 대한 시험이나 표준이 있다고 생각하는 한, 결코 성취될 수 없기 때문이다. 오히려 실패자가 되는 것이 자유를 얻는 길이 되는 것이다.

안 그럴 것같이 보이겠지만, 만약 이 자유가 결과를 구하지 않는 것이라면, 이러한 터무니없고 비도덕적 자유가 모든 정신적 영적 전체성의 바탕이 된다. 그러나 충분한 자기 승인에는 자기가 일하고 느끼는 대상과 함께 이러한 갈구도 포함되어 있다. 이 승인은 명백하게 수동적인 것으로 보이지만, 사람으로 하여금 여러 부분이 결합된 전체가 될 수 있게 하며, 온 마음으로 선하게, 혹은 악하게, 무관심하게, 또한 당황하게 할 수 있으므로 창조적이라고 말할 수 있다. 창조적으로 행동하고 성장하기 위해 우리는 지금 우리가 서 있는 자리에서부터 시작하지 않으면 안 된다. 그러나 회한과 주저없이 온전히「여기에」있지 못한다면, 우리는 전혀 시작할 수조차 없이 자기승인 없이는 출발지점에 대해서 항상 다투게 되며, 우리가 서 있는 근거에 대해서 의심하게 되며, 우리 자신이 분열됨으로써 진지하게 행위할 수 없게 된다. 사유와 행동의 토대로서의 자기승인이 없으면, 영적이고 도덕적인 훈련을 하고자 해도 마음이 흐트러지고 불성실해져서 아무 성과 없이 끝나고 말 것이다. 자기절제의 근본적 원리는 자유이다.

우리는 스스로에게 「지금 있는 그대로의 모든 것」이기를 허락하지 않았다

서양에서 우리는 진정으로 도덕적인 행위는 자유의 표현이어야 한다는 논조를 받아들여왔다. 그러나 우리는 결코 이 자유를 허용하지 않았고, 스스로에게 「지금 있는 그대로의 모든 것」이기를 허락하지 않았다. 그것은 근본적으로 우리들의 인생의 모든 득실(得失)과 선악(善惡)이 산맥의 등성이와 골짜기같이 자연스럽고 완벽함을 확인하기 위해서이다. 왜냐하면, 절대자 신과, 악이 배제된 선을 동일시하는 마당에 우리가 스스로를 너무 관대하게 받아들여서는 안 되기 때문이다. 신의 의지에 합치되지 않는 것은 존재 자체에도 어울리지 않으며, 어떤 상황에서도 용납되어서는 안 된다. 그러므로 우리의 자유는 그만큼 무서운 보상과 징벌을 예비하는 것이기 때문에 전혀 자유가 아니며, 오히려 정권에 대해 반대표를 던질 수 있지만, 그 때문에 언제든지 강제수용소로 보내질 위험을 감수해야 하는 전체주의 국가에서의 상황과 비슷하다. 자기승인 대신 형이상학적 불안과 결국은 핵심적인 데서부터 잘못을 범할 수밖에 없다는 공포가 우리의 행동과 사고의 배경이 되어왔다.

카톨릭과 정통 개신교가 절대자와 선악의 상대성을 동일시하면서 언제나 개방적인 교리를 표방해온 것은 이 때문이다. 신학자들은 만약 선과 악의 차별이 영원한 타당성을 갖지 못한다면, 그 차별은 진정으로 타당한 것이 못 되며, 중요한 차이가 될 수 없을 것이라고 말하지는 않을 것이다. 그러나 유한하고 상대적인 것이 중요한 것이 아니라는 것쯤은 인정할 수 있을 것이다—이 견해는 신과 다르면서 신의 사랑의 대상이 되는 유한한 창조물이 있다는 것을 주장하는 사람에게는 이상하게 보일 것이다. 절대적으로 중요한 것을 상대적으로 중요한 것으로부터 식별해낼 때는 나중의 덜 중요한 것은 반드시 원시적인 가치의 척도로써 재어보아야 한다고 생각할 것이 분명하다.

반대로, 근본적인 자기승인은 윤리적 가치의 중요성에 둔감해질 위험이 있다. 그러나 이렇게 말하는 것은 위험이 없이 자유를 얻을 수 없다고 말하는 것과 같다. 자기승인이 윤리적 판단력을 마비시키리라는 우려는 근거 없는 것이다. 왜냐하면, 전 우주적 차원에서 볼 때 위와 아래라는 것이 있을 수 없다는 것을 알면서도 지구 표면 어느 곳에서도 위와 아래를 확실히 구별할 수 있기 때문이다. 자기승인은 그러므로 공간과 자유─차별을 무화(無化)시키는 자유가 아니라 차별을 가능케 하는 자유이다─의 정신적, 심리적 측면에서의 동의어이다.

> 　　마음의 크기는 허공과 같이 넓다. 보통사람의 위대한 본성은 근본적으로 비어 있으며, 自性(고정된 실체)이 없다. 그러한 것이 하늘과 같은 사람의 자연스러운 본성이다. ─우주 공간의 허공은 갖가지 모양의 만물을 다 갖추고 있다. ─해와 달과 별, 산과 강, 대지에 있는 호수와 개울과 폭포, 풀과 나무, 울창한 숲, 죄인과 성자, 그리고 선악의 길, 이 모든 것이 텅 빈 공간에 다 들어 있다. 그리고 보통사람의 본성도 이와 같이 본래 비어 있는 것이다.[3]

　　그러나 자기승인의 치유력과 해방시키는 힘은 저속한 상식의 기대에 반하는 것이기 때문에 그 힘을 여러 번 관찰한 심리요법 의사에게조차 신비롭게 보일 것이다. 왜냐하면, 그 상태로부터 벗어나려는 병든 마음의 과격한 충동을 해방시킴으로써 그에게 성실성과 책임의식을 회복시켜 주기 때문이다. 그럼에도 불구하고 자유로부터 규범의식이 나타나게 된 것과 허공으로부터 우주 삼라만상이 나타난 것, 수동성으로부터 에너지가 생긴 것이 전혀 기대하지 못한 것이고 믿기지 않는 일이라서, 왼손이 하는 일을 오른손이 모르게 하듯, 이 자유를 우리에게 허용하게 하는 모종의 술책에 의하지 않는 한 일상적으로 일어나지는 않을 것이다. 그리하

---

3) 『六祖檀經』 제2장에 나오는 혜능 스님의 설법. 8세기 중국선사.

여 우리는 무한히 사랑하고 용서하는 해방된 신이라는 행위자를 통해 우리 자신을 자기승인의 상태로 가게 할 수 있는 것이다. 그래서 이때 우리를 받아들이는 것은 신이며—적어도 직관적으로는—우리 자신이 아니다. 혹은 엄격한 훈련과정이나 정신적 난관을 거침으로써 대가를 지불한 후에라야 우리는 우리 자신을 자기승인에 합치시킬 수 있을지도 모른다. 그리고 나서 우리의 자기승인은 신성한 전통을 표방하는 동료 전수자들의 집단적 권위에 의해 강화되는 것이다.[4] 이렇게 함으로써 사회가 어릴 적부터 우리에게 억지로 심어준 자유에 대한 공포를 약화시킬 수 있다. 가치와 진리의 차이에 대한 분별력이 없기 때문에 아이들은 2+2가 항상 4인 것은 아니며, 필연적인 것도 아니라는 고등수학적 진리에 대해 들은 적이 있다면, 그 답이 5라고 대답할는지도 모르기 때문이다.

철학적 이해력이나 평범한 지혜가 늘었다는 것은 항상 진리의 수준과 좌표계—특수한 뜻을 나타내는 일단의 사실 또는 법칙—의 차이를 구별할 수 있는 능력에 대한 문제이며, 동시에 그 자신의 인생을 이러한 차이나 보편적 수준과의 긴밀한 관련 속에서 볼 수 있는 능력의 문제이다. 무엇보다도, 수준 위에 또 수준이 있는 법이다. 그것은 표현하기가 불가능하긴 하지만, 보편적 자연의 무제한적 좌표계라 할 수 있는 우리의 존재 자체가 자유의 자기 결정적이고 자연스러운 근거인 것이다. 우리의 자유와 자기결정권의 정도는 우리의 행위의 원천인 자아를 깨닫는 수준에 따라 달라진다. 우리의 자아 의식이 좁기 때문에 우리의 존재가 그만

---

4) 그런 예비적 단계를 거친 초보자들은 나중에야 자신이 해탈했다는 징표들, 예컨대 여러가지 기술, 성격상의 특징 또는 힘 따위를 획득한다. 그러나 이 것은 자유와 성공적 기술습득을 혼동하는 것이다. 예비적 훈련단계에서 찡 그리지 않고 고통을 참는 기술을 습득했다면 아마도 그런 초보자는 보통 정신병환자만도 못하게 나중에는 농장을 경영한다든가 집을 짓는다든가 일상적인 일조차 할 수 없는 지경에 이를 것이다. 고통을 참는 기술은 결국 자기최면에 걸리는 사기술에 능통하다든가 아니면 감수성을 잃어버렸다는 뜻이다.

큼 더 제한되어 있다고 느끼는 것이다. 루이스 부록은 말한다. 「그러므로 우리는 바닥을 알 수 없는 심연 위에서 우리의 삶을 발견해내지 않으면 안 된다」고. 덧붙인다면, 현재의 우리가 반드시 어떻게 되어야만 하는 존재가 아니라 자유로이 어떻게든 되어도 좋은 존재임을 알아야 할 것이다. 왜냐하면, 우리가 어디에서도 자연을 거스를 수 없음을 알고 자연과 더불어 서 있을 때, 마침내 움직이지 않는 움직임이 가능하게 될 것이다.

남성과 여성

영(靈)과 성(性)

사람과 자연을 떼어놓는 버릇은 성을 부정적으로 바라보는 시각과 관련되어 있다

영혼과 자연을 각각 높고 낮은 범주로 분류하는 까닭은 일반적으로 영혼은 남성을 자연은 여성을 상징하기 때문이다. 이들의 유사성은 아마도 땅을 비옥하게 하기 위해 비가 내린다는 것, 땅에 씨를 심는 것, 그리고 태양열에 의해 과일이 익는다는 사실로부터 착안되었다고 본다. 고대인들은 이러한 대응관계를 통해 세상을 바라보는 사유를 진행시켰다. 어느 한 사건과 다른 사건 사이의 유비(類比) 관계를 파악함으로써 세계를 이해했다. 이때의 유비관계들을 실제적인 관계로 여겼다. 예를 들어 점성술은 이러한 사유방식의 대표적인 결과이다. 거시계(巨視界)와 미시계(微視界) 간의 대응, 즉 천체의 질서와 지상의 질서간의 대응관계를 파악하여 점성술은 그 기초를 삼는다. 저 비장의 에머럴드 명판(銘版, *Emerald Tablet*)에는 이렇게 적혀 있다.

천상의 하늘, 지상의 하늘,
천상의 별들, 지상의 별들.
천상의 모두는 그 아래에서 보일지니 아,
이 수수께끼를 읽은 자의 기쁨이여!

그러나 불행하게도 고대 점성술에서 합리적인 체계를 찾는 사람들은

하늘과 대지(大地)의 정렬방식은 물론이거니와 그들간의 대응 역시 너무나 여러가지라는 사실에 놀라고 만다. 하늘이 남성이고 대지가 여성일 수 있지만, 이집트에서는 하늘의 여신인 누트(*Nut*)를 우주가 태어나게 된 자궁이라고 생각한다. 한편으로는 이러한 믿음들이 우리 인간의 마음에서 일어나는 여러 환상과 객관적인 자연을 혼동하여, 우리 마음을 자연에 투사(投射)한 것에 불과하다고 가치없는 것으로 여기기가 쉽다. 그러나 우리의 과학 역시, 비록 느슨하게 얽혀진 시적 이미지들의 결합은 아니고, 고도의 정확성과 정합성을 지닌 수학적인 체계일지언정, 분명 투사의 한 형태이다. 두 가지 모두가 인간마음의 산물이다. 특히 수학은 외계에 대한 경험 없이 추상적으로 체계화해낸 순수사유의 산물에 불과할지 모른다. 그러나 수학이 우리 인간에게 유용하게 사용되고 그 자체로써「작동」하는 까닭은, 우리가 관심을 표명하고 있는 자연과 그 자연의 이용에 있어서 고도의 정확성과 내적 정합성을 지닌 훌륭한 도구로 기능하기 때문이다. 그러나 모든 문화가 자연을 대하는 데 에 있어서 똑같은 방식과 목적을 갖고 있는 것은 아니다. 자연을「읽어내는」다른 방식들 역시 우리의 방식과 똑같이 유효할 뿐만 아니라 똑같이 정당할 수 있다. 왜냐하면 자연을 추구하는 목적의 정당성에 대해 판단을 내리는 일은 자연을 파악하는 방식과 분리시켜 생각할 수 없기 때문이다.

세계는 로오샤하의 얼룩점(역자주: *Rorschach Test*라고 하여, 잉크의 얼룩 같은 무늬를 해석시켜서 상대방의 성격 따위를 알아내는 검사)처럼 모양이 일정치 않다. 세계를 파악한다면서 대상을 우리의 내적 경향에 입각해서 읽게 될 때, 그 해석은 얼룩점 자체에 대해서보다 우리 자신에 대해서 더 많은 것을 알려주는 경우가 많다. 심리학자들은 로오샤하 실험에서의 다양한 해석들을 판별하고 비교하기 위한 하나의 과학을 발전시키려고 한다. 반면, 우주적인 로오샤하 점에 대한 다양한 해석들을 평가할 수 있는 초超문화적인 과학,「메타과학*metascience*」은 없다. 메타

과학에 가장 가까운 문화인류학도, 역시 얼룩점을 해석하는 한 가지 방식인 서양 과학의 관습에 깊이 뿌리박고 있다는 근본적 결점을 지니고 있다.

영혼을 남성에, 자연을 여성에 대응시키는 관행은, 서양을 포함한 다양한 문명의 구성원들이 그 관행을 통하여 저들이 지닌 독특한 성향과 기질을 여전히 저들이 보는 세계에 투사하고 있는 데에 그 중요성이 있다. 또 사람과 자연을 떼어놓는 버릇은 성을 문제시하고 부정적으로 바라보는 시각과 관련되어 있다. 물론 그 두 가지 관점은 달걀과 닭의 비유에서처럼 어느 것이 먼저인지 의심스럽다. 아마도 이 둘을 올바르게 다루기 위해서는 양자가 서로 다른 쪽에 영향을 미치는 것으로 보아야 할 것이다.

성을 부정적으로 바라보는 태도의 역사적 이유는 분명치 않다. 그 이유를 설명하려는 서로 모순된 이론들이 너무 많아서, 현재 우리의 지식만 가지고 이들 중에 옳은 것을 선택하려고 하는 것은 쓸데없는 짓이다. 성에 대한 우리의 태도를 그냥 주어진 것으로 받아들이고, 그것이 함축하고 있는 의미와 가능한 대안들을 고려하는 것이 오히려 문제 접근에 있어 유익할 것이다. 모르는 새에 묘하게도 여성의 성을 인간 본성에 있어서 현실주의적 경향이나 성(性) 자체로 인식하는 수가 많다. 이때 여성의 자리를 남성으로 대체하지 못할 아무런 이유도 없으며, 유달리 여성이 이 자리를 꼭 차지해야 할 이유도 없다. 또 여성만이 유독 성에 대한 욕망이 강하고 도발적이라는 결정적 증거도 없다. 물론 그 반대로 남성이 그러하다는 증거 역시 불충분하다. 아마도 이런 태도는, 문화 자체가 어떻게 생성되었는지에 대해서는 설명을 하지 못하지만, 어느 특정 문화의 영향이 대대로 사람들의 생각을 구속하기 때문이 아닌가 한다. 여성을 바로 인간의 성과 결부시키는 버릇은(역자주: 色을 곧 女色으로 여기는 중국 및 극동의 문화도 마찬가지다) 아마도 남성이 우세한 문화권에서 남성적 시각에 기인한 것이라는 설명이 가능할 것이다. 그러나 이 태도가 과연 남성 우월적 시각의 결과인지, 아니면 이러한 시각과 더불어 동시에 나타나는 병적인 징후인지는 분명하지가 않다. 그러나, 성 자체에 대한 태도보다는 여성에 대한 태도가 더 우연적일 가능성은 매우 높다. 왜냐하면 남성 여성을 불문하고 양성 모두가 성이라면 곧 유혹, 위험 또는 문제와 동일시한다는 사실을 우리 모두 알고 있기 때문이다. 그러나 그들이 단지 습관적으로 그렇게 느낄 따름이라는 점을 본래의 이유로 여길 수 없다면, 역사적인 원인에 대한 지식을 얻더라도 문제 해결에 아무런 도움을 주지 못한다.

따라서 자연에 대한 인간의 관계가 여성에 대한 남성의 관계와 어떤 의미에서 유사하다고 말하는 것은 그저 상징에 불과하다. 실질적인 유사점은 남성이든 여성이든 사람들이 그 종(種)을 남성과 여성으로 구분하는 것 그리고 그 구분과 관련된 모든 문제와 관련을 맺는 방식에서 찾아야 한다. 그러므로 우리가 특정한 성적 태도의 원인을 말할 때에 무슨 역사적 원인을 말하는 것으로 생각해서는 안 된다. 엄격히 말해서 역사적 원인들은 역사 이전의 문제이다. 시간상으로 역사 이전이라기보다 우리 지식의 범위를 넘어서고 있다는 의미에서 그러하다. 우리가 원인이라는 말을 쓸 때는, 우리가 지닌 지식이든, 무의식적인 조건이든, 지금 현재 존재하고 작용하고 있는 것을 원인이라고 생각해야 할 것이다. 먼 과거의 사건에 의해 우리가 무의식적으로 조건지어져 왔음을 뒷받침할 만한 확실한 증거는 없다. 때문에 우리는 문화의 역사를 재건하는 데에 있어서 정신분석학적 기법을 사용할 때 각별한 주의를 기울여야 할 것이다. 물론 기독교나 불교, 혹은 힌두교의 강령들이 성에 대한 우리의 태도에 미친 역사적 영향을 추적할 수는 있다.

그러나 이 신념체계들의 배후에 깔려 있는 생각들과 이러한 신념들을 발생하게 한 태도는 지극히 불분명하다. 아니 우리가 과거에 의해서 조건지어지는 것이 아니라, 현재에 우리를 조건 지우기 위해서 과거를 이용하고 있다는 것을, 그것도 역사적인 측면이 아니라, 인간 내면의 알 수 없는 부분으로서 과거를 이용하고 있다는 것을 분명 지적해 둔다. 예를 들자면, 생리학자가 인간이 배가 고픈 이유를 설명하기 위해서 살아 있는 유기체의 전 역사과정을 검토할 필요는 없다. 그는 단지 그 유기체의 현재 상태로부터 그 현상을 설명하면 그만이다.1)

그렇다면 기독교 전통이 풍미하는 서구 문화란 어떠한 문화인가? 자연을 어머니 대지(*Mother Nature*)라 부르고, 신(神)을 하필 하나님 아버지로, 즉 남성이라 부른다. 여성(Woman) 혹은 대문자로 시작되는 *Women*이라는 단어의 일반적인 의미 중에 하나는 바로 성(性) 또는 색(色)인 반면에, 대문자로 시작되는 *Man*이라는 단어는 인간 일반의 통칭이다. 우리들은 이런 문화권 속에 살고 있다. 이러한 사정을 나타내는 또 하나의 요소가 있다. 유럽-인도 언어 체계에서 *matter*(물질), *materia*(역시, 물질), *mether*(미터), *mother*(어머니) 그리고 이들의 라틴, 희랍형태들인 *mater*, 이 말들 모두는 산스크리트 어근 *ma-(matr-)*로부터 나온 것이다. 이러한 어근으로부터 산스크리트 단어*mata*(어머니) 그리고 *maya*(현상적인 세계) 자체가 나온 것임이 틀림없다. 이들에 공통된 어근 *ma-*의 의미는 「잰다/측량한다」는 것이다. 그리하여 *maya*라는 단어는 측량된 세계 곧 사물, 사건, 범주로 나누어져 있는 세계라는 의미를 지니게 된다. 이에 대해서 재지 않은 세계, 무한하고 나누어지지 않은 *advaita* 최고의 영적인 존재로 브라만이 설정된다. 악마 역시 남성이라고 지적할 수 있지

---

1) 우습게도 학계에서는 일반적으로 주로 희미한 과거를 주무르는 일을 역사적 방법에 떠맡기고 있다. 종교, 철학, 또는 문화 과목의 기초과정에서는 주로 역사를 다룬다. 그러나 수학, 화학, 의학 분야의 역사는 주로 몇 안 되는 전문가들이나 주무르는 것이다. 그 분야의 보통 학생들은 단번에 저 수학 등의 문제를 그 현재에서 배운다.

만(왜냐하면 천사 루시퍼(*Lucifer*)로서 악마는 순수한 영혼이니까), 그는 보통 판(*pan*)—비옥한 대지의 원기에 찬 영혼, 자연적 아름다움의 권화—의 모습을 하고 나타난다는 점을 주목해야 할 것이다. 악마의 왕국인 지옥은 땅 속 깊숙이 어둡고 내적이며 무의식적인 영역을 차지하고 있고, 그 위의 밝은 하늘과 대비되어 있다. 영혼은 신성함, 선, 그리고 남성과 연결시키고, 자연을 물질적인 것, 악, 성적인 것, 여성과 연결시키는 관습은 이 밖에도 얼마든지 나열할 수 있다.

자연을 중국적인 의미의 자발성(*Spontaneity*), 自然으로 파악할 때, 문제의 핵심은 드러나기 시작한다. 영혼을 자연이나 性과 대립시키는 것은 실은 영혼이 제어할 수 없는 것에 대한 거부반응이다. 의식적인 의지력 곧 자아에 대한 거부이다. 여러 전통에서처럼 만약 금욕이 고상한 의식의 조건이라면, 이는 의식을 절제로 이해하고 있기 때문이다. 이 점은 성(聖) 아우구스티누스의 성기(性器)의 자발성에 대한 논의에서 분명하게 드러난다.

우리의 의지에 의해서 제어받지 않고, 일종의 독립적 자발성에 의해 활동하는 이러한 기관들은 마땅히 「부끄러운」 것이라 할 만하다. 원죄 이전에 이 기관은 달랐다. 왜냐하면 욕망은 의지의 동의 없이 그 기관을 움직이지 않았기 때문이다. (최초의 부모가) 신의 은총을 박탈당했을 때, 그들의 불복종이 적절한 형벌로 벌을 받게 되었을 때, 저들에겐 나신(裸身)을 볼상사납게 만드는, 이른바 부끄러움을 모르는 새로운 움직임이 저 기관 속에서 발동하기 시작하였다.[2]

이것은 영혼이나 의지(즉 인간의 靈的인 부분)를, 우리가 앞에서 확인한 「주의력의 집중」이라는 부분적이고 배타적인 형태의 의식과 동일시

---

2)『神國 *De civitate dei*』, xiv, 17, Dods 번역본 (1), vol. 2, p.33.

하는-사람으로서 지극히 당연한-반응이라 할 수 있을 것이다. 이것은 세계를 한 순간에 한 가지만을 파악하고 나머지는 도외시함으로써 세계를 파악하고 질서지우는 의식 집중의 한 형태이다. 왜냐하면 이것이 바로 스스로가 독자적이고 배타적인 자아임을 밝혀주기 때문이다.

그러므로 부끄러움이란 집중된 의지를 유지할 수 없었기 때문에 초래되는 것이다. 그런 반응은 성적인 흥분뿐만 아니라 울음, 얼굴의 붉어짐에서도 나타난다.[3] 이러한 반응들은 일반적으로 부끄러운 상황을 피한 채 다른 곳으로 시선을 돌림으로써 제어된다. 그렇게 함으로써 금욕적인 규율주의자는 욕망을 극복하게 된다. 그러나 그것은 정면으로 의지와 대결하는 것이 아니라, 의지를 다른 대상에 돌리는 것에 불과하다.

종교적 독신주의자들이 범하는 공통된 잘못은 최고의 영적 생활을 일체의 성적 활동을 배제하는 데 있다고 가정하는 것이다

성적 충동은 생물학적인 자발성의 가장 분명하고 강한 표현 가운데 하나로서, 의지로 그것을 제어하기란 무척 어려운 일이라는 사실에 이의를 제기하는 사람은 없을 것이다. 그것을 제어해야만 하는 이유를 들자면 한이 없겠지만, 우선 성적 활동이 정력을 지나치게 축낸다는 이유를 들 수 있다. 여성에 대한 소유권 주장에 문제가 생긴다. 한 여성과 특별한 관계를 유지하는 데 어려움이 따른다 등등 다양한 이유가 있을 것이다. 그러나 이 모든 이유는 성적인 자제력이, 통증의 인내 그리고 사유를 이리저리 헤매지 않게 하는 등 자아의 통제력에 대한 가장 원초적인 시험

---

3) 얼굴을 붉히는 반응은 우리가 앞서 논의한 「이중의 굴레」이다. 처음엔 수치스러워 얼굴을 붉히지만 나중에는 얼굴을 붉혔다는 사실 때문에 또 얼굴을 붉힌다. 결국 한없는 「혼란에 빠져든다.」 그레고리 베이츤 *Gregory Bateson* (1) 이 지적한 대로 이처럼 이중의 굴레는 자칫 더욱 중대한 정신이상 특히 정신분열증 같은 「혼란」을 야기할 수도 있다.

이라는 점에 비하면 모두 이차적이다. 이러한 자제력을 통하여 우리는 개인적인 의식 내지 욕망과 행동이 한 생명체의 일정한 중심에서 방향지어진다는 것을, 또, 의식은 활동을 지켜보는 증인에 그치는 것이 아니라, 실제로 책임을 지고 있는 관리자라는 것을, 구체적으로 느낄 수 있다. 그러나 이것은 혈액의 순환과 같은 무의식적이고 자발적인 자기 절제와는 사뭇 다르다. 혈액의 순환과 같은 것은 생명이라는 유기체에 의하여 하나의 전체 속에서 무의식적으로 진행되는 반면, 의지력에 의한 통제는 욕구와 대립하는 것이다.

그러나 이러한 식의 통제는 「성공만큼 실패작이 없다」는 속담의 특이한 예라는 점을 기억해야만 한다. 왜냐하면 자기조절의지가 성공해서 의식이 독립적 개체성을 획득하면 할수록, 모든 외적인 것은 점차 하나의 위협으로 느껴지게 된다. 이때 실질적인 외부 세계뿐만 아니라, 자기 자신의 신체 속에서 노화, 죽음, 의지에 반하는 부패 등 자기의지에 대해 「외적」인, 통제 불가능한 자연스러움들도 역시 위협에 포함된다. 그리하여 모든 성공은 또 하나의 성공을 요구하게 된다. 전지전능(全知全能)에 이르지 않고서는 이 과정이 멈추지 않는다. 그러나 전지전능이란 말할 나위도 없이 불가능한 것임에 틀림없다. 그리하여, 자연적인 세계로부터 순수한 영혼, 혹은 의식의 영역으로 움츠러들어 자아를 외래의 자연스러움으로부터 보호하려는 욕망이 일어나게 된다.

이제 이러한 움츠림, 퇴행은 의식을 안에서 떼어내는 작업을 요구한다. 자연을 자신의 욕구의 대상으로 파악하는 한에 있어서, 아니, 차라리 신체 기관의 자연스런 욕구를 자기 자신과 동일시하는 한, 이렇게 움츠러든 의식과 자신은 결국 분리된다. 그리하여 욕구를 절제해야 할 뿐만 아니라 그 욕구를 향유하는 것마저 포기해야 한다. 이때 영혼의 영역이 무형의 순수한 것이 되든(대부분의 신비주의에서처럼), 기독교에서와 같이 그 모습을 바꾸어 영혼화된 물질의 세계가 되든 이 논의의 흐름에는 별 차이가 없다. 문제의 핵심은 자기 자신이 스스로 전지전능한 능력을 획득함을 통해서이든 혹은 자기통제적 의지라는 본성을 가진 전지전능한 신의 은총을 받아서이든 아무튼 영혼과 의지는 승리한다는 것이다.4)

이러한 관점에서 우리는 동서양 어디서나 볼 수 있는 선입견 즉 영혼과 성을 불구대천지 원수로 생각하는 만행을 설명해야겠다. 금욕 또는 욕망으로부터의 자유야말로 인격 완성에 필수불가결한 조건이라는 믿음을 설명해 보자. 물론 아무나 멋대로 인격완성의 목표를 정의할 수 있다. 자극을 끝없이 견디어내는 것이든가 아니면 아예 신체적인 무감각을 인격 완성의 목표로 정할 수 있다. 우리는 이제 영혼에 대해서 사색을 진행하는 것이다. 이때 영혼이 배척하는 것보다는 영혼이 긍정하는 쪽으로 시선을 돌려보자. 그리고 영혼은 그 속에 주관과 대상, 인간과 우주에 대한 고도의 내적인 통찰력을 지닌 것으로 생각하자. 그렇다면, 영혼이 성

---

4) 그러나 이상하게도 자연적 신비주의나 초자연적 신비주의나 모두 구분할 수 없이 비슷한 체험에 도달한다. 후자의 경우 외부 자연과 투쟁하거나 또는 제 자신 속에서 멋대로 노는 의지 및 욕망과 투쟁하거나 간에 의지의 일탈행위 즉 이기적 성향은 바로 그 투쟁행위가 계속되는 순간에 일종의 막다른 골목에 빠지고 만다, 그때 신의 초자연적 의지에 자신을 떠맡기는 것이다. 그러나 그가 항복을 바친 초월적 힘은 자연의 자발성이 지닌 전지전능일 수가 있다. 그래서 초자연적 신비주의의 훈련을 받은 사람도 결국 자연을 혐오하지 않는 그런 신비 체험을 하게 된다. 오히려 아무런 기교 없는 어린아이처럼 일체의 피조물을 사랑하게 된다. 그의 눈에는 이전과 똑같은 세계가 이제 하나님의 영광이 가득 찬 세계로 비친다. 같은 전통의 다른 종파적 종교인들 눈에는 그 세계가 바로 죄악과 부정부패로 가득 찬 세계로 비친다. 줄리앙 부인이(*Dame Julian*)『하나님의 사랑이 나타나도다(*Revelations of the Divine Love*)』를 보시라.「보라! 내가 곧 하나님이라. 보라! 내가 만물 속에 거하도다. 보라! 내가 모든 일을 하도다. 보라! 나는 한번도 나의 작품에서 끝까지 손을 거두지 않는다. 보라! 시작도 없는 그때부터 내가 지정한 그 목표까지 만물을 인도하리라. 나를 만드신 힘과 지혜와 사랑을 갖고. 어찌 하나인들 빠뜨릴 수 있으랴!(9장)」「죄악도 용인되거늘, 만사가 여의하리라. 만사가 잘 되리라, 어떤 방법도 용인되리라.(27장)」

을 배척해야만 할 아무런 이유가 없지 않을까? 오히려 다른 자아와 가장 친밀한 관계를 맺을 수 있는 성적 관계야말로 영적(靈的)인 통찰력과 성숙을 약속하는 중요한 토대의 하나로 전변(轉變)되는 것이다.

그렇다고 금욕적 독신생활을 한다는 것이 일종의 탈선이나 비정상적 현상이라고 말하려는 것이 아니다. 왜냐하면 인간은 반드시 성적인 관계를 맺어야 하는 게 아니기 때문이다. 심지어 반드시 먹고 살 의무가 주어져 있는 것도 아니다. 경우에 따라 자살이나 금식은 아주 정당할 수 있다. 마찬가지로 성적인 금욕도 정당할 수 있다. 예컨대, 성적인 충동 곧 리비도(*libido*)를 다른 곳에 집중하기 위해서 금욕을 행하는 경우도 있을 수 있다. 종교적 독신주의자들이 일반적으로 범하는 공통된 잘못은 최고의 영적(靈的)인 생활은 완전히 일체의 성적 활동을 배제하는 데 있다고 가정하는 것이다. 이는 마치 신에 대한 지식을 여성에 대한 지식의 대체물로 여기는 셈이다.

신에게 성을 바치는 것은 여성의 신체가 오직 남편의 재산이라는 관념의 소산물이다

정말 완전한 금욕생활은, 육체를 가진 여성에 대한 사랑이 용서받을 수 없는 외도(外道)가 되는, 이른바 신과의 영적(靈的)인 혼인만 인정하는 것으로 볼 수도 있다. 이러한 맥락에서 성(性)이 부정되는 이유는 성이 어떤 악(惡)이기 때문이라기보다는, 차라리 성은 신에게 희생물로 바쳐질 소중하고 아름다운 선물이기 때문이라 할 수 있다. 과연 성의 부정은 바쳐지는 물건을 「신성스럽게 하는 *sacer-facere*」이른바 희생(*sacrifice*)의 진정한 의미를 지니고 있는가? 만약 성 관계도 하나의 관계이고 하나의 활동이라면, 관계 혹은 활동 없이도 그것이 제물로 바쳐질 수 있는 가라는 물음이 가능하다. 자, 생각해 보라. 춤꾼이 춤추는 행위를 멈춤으로써

신에게 자신의 춤을 바친다고 볼 수 있는가? 희생에 쓰이는 제물이 만약 타인이 사용할 수 있도록 양도할 수 있는 것이라면, 애초에 그것을 소유했던 자에게 희생이란 애당초 있을 수 없다. 도대체 희생을 중단, 죽음 혹은 단절과 연관지어 생각할 수 있었던 것은 우연에 불과하다. 왜냐하면, 예컨대 소를 죽여서 태우는 것이 소를 하늘에 보내는 유일한 방법이라고 생각했던 것이 전혀 우연일 터이기 때문이다.

신에게 성을 바치는 것은, 여성의 신체가 또 그것을 통한 쾌락이, 비록 남편이 그녀와 같은 자리에 누워 있지 않아도, 오직 남편의 재산이라는 관념의 소산물이다. 이로부터 유추하여 독신자의 신체 역시 신에게 바쳐져 신의 소유물이 되는 것이다. 이는 신을 신의 상징적 형상 즉 어느 종족의 아버지와 동일시하는 혼란된 사고의 결과일 뿐만 아니라, 지극히 원시적 야만적 결혼 관계에 창조자와 피조물의 관계를 끼워 맞추는 격이다. 신체의 소유를 그 사람에 대한 관계로 보아서는 안 된다. 사람은 오직 또 하나의 완전한 사람과의 총체적인 교류를 통해서 관계맺는다. 인간이라는 것은 「어떤 물건」이라기보다 총체적 과정이다. 사물이 아니라 생명체이다.

희생을 변명하려면 신이 인간 배우자의 성적 에너지를 다른 것으로 전환시켜, 예를 들자면 기도나 자선 행동으로 변화시켜 사용한다고 주장할 수 있을지도 모른다. 이런 주장과 말싸움을 할 생각은 없다. 단, 신이 기도나 가난한 자를 배불리 먹이는 행위를 생명의 한 모습이라고 파악하는 것과 마찬가지로 성에너지와 성행위도 생의 한 단면으로 파악하여 성행위 그 자체로 사용할 수도 있다는 가능성을 배제하지 않는다면 말이다. 그런데 역사적으로 보면, 성이라는 까다로운 문제를 슬그머니 피해 버린 유태-이슬람적인 전통을 제외하고는, 대부분의 초자연주의자들은 좀처럼 이러한 가능성을 받아들이지 않았다. 그 정반대로, 영적인 생활에 관한 대부분의 문헌들은 성의 나쁜 점에 치중하고 있다. 성에 대해서 긍정적으로 얘기하는 경우는 거의 전무하다. 성관계는 평생 한 명에게만 충실해야 할 뿐만 아니라, 다음 세대 즉 아이를 만드는 데에만 사용해야 한다고 강조하고 있을 뿐이다.

혼인생활도 동정을 지키는 것만큼 성스러울 수 있다. 이 점을 기독교적 전통은 히브리 배경에 의거해서 이론적으로는 인정하고 있다.5) 그러한 유태교 전통의 물질 긍정적 자세가 기독교교회의 실질적인 관행에는 별다른 영향을 미치지 못하였다. 처음부터 교부(敎父)들은 성적인 충동과 욕구를 탐욕이나 삿된 쾌락과 연결시킴으로써 성과 죄를 동일시해왔다. 동시에 그들은 그노시스파(Gnostics)와 마니교(Manichaeism)와는 달리, 성기와 그것의 단순한 기계적인 활동은 신의 창조물로서 본질적으로 순수하다고 주장할 수 있었다. 에덴으로부터 추방되기 전 즉 타락 이전의 소위 「이상적인」 성에 대해서 성 어거스틴(Augustine)은 다음과 같이 쓰고 있다.

이 부분들은 신체의 다른 부분들과 마찬가지로 그의 의지로 작동했으며, 남편은 그의 부인의 신체와 정욕의 유혹없이 평온한 마음으로, 신체의 순수성이 손상됨이 없이 함께 살을 섞을 수 있었다. 왜냐하면 정열의 난폭한 열정이 몸의 이 부분들을 작동시킬 수 없었으며, 원래 당연히 그래야 하듯, 자발적 뜻에 따라 이들을 사용할 수 있게끔 했기 때문이다. 그리하여 여성의 성기를 통해서 자궁으로 정액을 투여하는 것은 월경 혈액이 배출되는 것과 똑같이 순수할 수 있었다.6)

---

5) 개신교는 성서에 나타난 그대로의 기독교에 보다 많은 관심을 보이기 때문에 성에 대한 태도가 카톨릭보다는 히브리 전통에 가깝다. 루터나 밀턴의 경우를 보라. 개신교에서 성 관계를 좀 자유롭게 보는 것은 사실이지만, 카톨릭에서처럼 성이 신성하다는 관념은 전혀 보이지 않는다.
6) 『神國 De Civitate Dei』, xiv, 26.

이 글에는 성에 대한 초자연주의적 태도가 분명히 나타나 있다. 그 지독히도 부정적인 태도는 성적 욕구를 성적인 활동과 분리한다고 하여 달라지는 것은 아무것도 없다. 왜냐하면 이러한 분리는 그 자체로 이미 영혼과 육체 나름의 전체성을 파괴시키기 때문이다. 이론적으로는 그렇지 않다고 하더라도, 실질적으로 이러한 태도는 신(神)과 자연은 양립할 수 없다는 느낌에 근거하고 있다. 애당초 원천적으로 그런 생각이 있었던 것은 아니지만, 이때의 자연은 우리가 지금 경험하고 있는 자연과 전적으로 다른 것이었다. 만약 우리가 성 어거스틴의 말을 그대로 믿는다면 그가 그린 자연은 인공수정만큼이나 자연스러움을 결여하고 있다.

이제 신(神)과 자연이 서로 양립불가능한 철학이 야기하는 실제의 결과는 사뭇 우리의 예상을 벗어난다. 왜냐하면 신에 대한 사랑과 지식을 다른 목적이나 다른 창조물을 위해 쓸 수 없다고 생각될 때, 신은 사실상 그의 피조물과 동일한 지위에 놓이게 된다. 신에 대한 지식과 피조물들에 대한 지식이 서로 배타적이려면 그것들은 같은 차원에 있어야 한다. 우리는 같은 색깔로서 노랑과 파랑 중 하나를 선택해야 하지만, 노랑과 동그라미 중 하나를 고를 수는 없다. 왜냐하면 둥글면서 노란색일 수 있기 때문이다. 자, 이제 만약 신이 보편적 존재라면, 신에 대한 지식은, 마치 시각이 모든 다양한 시각적인 대상을 포함하듯이, 모든 대상에 대한 지식까지 포함해야 한다. 그런데 만약 눈이 시각 자체를 보려 한다면, 그것은 자기 자신에게로 향하게 되어 결국 아무것도 보지 못하게 된다.

인도철학의 대부분이 세계를 부정하는 온갖 이원론의 원형이 되었다

사실 독신생활은 영적인 직업보다는 「세속적인」 직업에 더욱 적합하다. 왜냐하면 현자(賢者)이면서 의사 혹은 예술가가 되는 것이 가능하긴 하지만, 전문적이고 창조적인 직업의 꽉 짜인 생활은 라틴 속담, '*Aut libri aut liberi*'처럼 책이든 아이든, 하나만을 택하게 한다. 그러나 신성한 직업은 문학이나 의학, 혹은 수학 등과 같은 수준에서 전문화되어서는 안 될 것이다. 왜냐하면 바로 신성의 대상인 신 자신이 전문가가 아니기 때문이다. 만약 그가 어떤 종류의 전문가라면, 우주는 공식적인 종교적 창조물―성직자, 성경, 교회, 사원, 로사리오, 기도책, 천사 등―들로만 이루어졌을 것이기 때문이다.

배타적인 직업으로서의 신성의 추구는, 다시 말하지만, 의식 일반 가운데에서 특히 영적인 의식의 배타적인 양상을 드러내는 병적인 징후이다. 이 경우 기본적인 가설은 다음과 같다. 신과 자연은 서로 경쟁하고 있고 인간은 둘 중에 하나를 선택해야 한다는 것이다. 이 관점은 근본적으로 이원론적이다. 다른 이원론은 모두 배척하는 전통 속에서 이러한 이원론이 발견된다는 것은 이상한 일이 아닐 수 없다. 이것은 근본적인 모순이다. 그런 모순이 나타나는 전통 가운데 가장 특기할 만한 경우는 결코 이원론적이지 않은 인도 베단타(*Vedanta*)와 불교이다. 그러나 이들 체계가 지닌 이원론에 대한 오해와 혼란은 우리에게 많은 것을 시사해 준다.

우리가 본 바와 같이, 성과 자연이 악의 힘으로 격하된 것은, 집중된 의식이 더욱 배타적으로 됨으로써 그 의식은 더욱 명료해진다는 믿음 때문이다. 다른 말로 한다면, 이 의식은 형태를 포착함에 있어서 배경은 무시하고 한 순간에 하나씩 사물을 인식하는 집중방식을 말한다. 이것이 바로 무지(無知)를 나타내는 힌두―불교적인 용어 즉 아비디야(無名, *avidya*)의 본 뜻이다. 아비디야는 우주를 개별적이고 동떨어진 사물의 집합으로 파악하는 근원적 무지, 미망으로서의 「무지」를 뜻한다. 부처 혹은 「깨친 자」는 바로 이러한 미망을 극복한 사람, 다시는 사카야―드리슈티(*sakaya―drishti*) 즉 「분리해 보는 시각」에 홀리지 않는 자를 뜻한다. 즉, 그는 자연의 각 「부분」이 「전체」와 맺고 있는 관계를 무시하지 않고 바라볼 수 있다. 그는 셀 수 있는 사물과 사건으로 나누고 쪼개는「측정」(*ma-*, *matr-*)의 관념에 기반한 마야(*maya*)의 환상으로부터 벗어나 있는 것이다. 분리되고 나누어진 채로 본다면, 세계는 이원적인 것 (*dvaita*)으로 나타나지만, 현자가 마야에 방해받지 않은 시각으로 본다면 세계는 그 참모습에 있어서 나뉘어지지 않은, 즉 비이원적인 것(*advaita*) 이며, 이러한 상태에서 세계는 측정불가능하고 무한한 실재인 브라만 (*Brahman*)과 동일한 것이다.

구별되는 사물에 대한 집착으로 보이는 세계란 따지고 보면 사유가 만들어낸 것이다. 마야(*maya*) 즉 측정하고 분류하는 것으로서의 세상은 마음의 작용일 뿐이다. 그런 뜻에서, 즉 자연을 한갓 추상적으로 파악한다는 뜻에서 자연은「어머니(*maya*)」이다. 또 자연은 단지 마음 속에서만 나뉘어질 수 있다는 점에서 환상이다. 마야(*maya*)가 환상이라 할 때 우리는 그 환상을 나쁜 뜻으로만 새긴다. 그러나 나쁜 뜻은 오직 분리된 세계를 보는 시각이, 분리되지 않은 시각에 굴복하지 않을 때뿐이다. 즉 마음의 작용이「나무는 보되 숲을 보지 못하는」상태를 뜻할 때 뿐이다.

그러나 인도 사유의 전반적인 흐름은 바로 그것이 피해야 했던 덫에 빠져들었다. 즉 인도인들은 대부분 마야(*maya*)가 추상적인 세계라는 점을 깜빡 잊고, 이를 직접 경험의 대상인 구체적인 자연세계인 줄 잘못 알았다. 이런 혼동 때문에 일체의 감각 경험을 배제한 의식을 통해서 자연으로부터의 해방을 추구한 것이다. 마야(*maya*)를 감각을 통해서 투영되는 사유의 환상이라 여기지 않고, 감각 자체의 환상으로 여겼던 것이다. 더군다나 감각 경험이 영적(靈的) 통찰력을 획득하는 데 가장 큰 장애물이라 여겨서, 감각 경험을 의식으로부터 배제하기 위해 다양한 형태의 요가(*yoga*)를 개발했다. 이 요가로 단일한 대상에 대한 지속적이고 배타적인 집중력─바로 무명(*avidya*)!─을 키워나갔던 것이다. 무엇보다도 감각 경험은 「여성」적인 것을 함축한다고 생각했다. 매우 매력있는 경험으로서 뿐만 아니라, 자연계에 태어나게 된 출생의 「원인」으로서, 바로 마야(maya)의 화신, 즉 우주적 유혹녀(誘惑女)로 이해했다.

마야(maya)를 자연이나 여성과 동일시한 것이야말로 마음에 의해 투사된 세계를 실제 세계와 혼동하는, 즉 마야(maya)에 의한 현혹의 고전적인 예이다. 비록 마야가 형태상으로는 투사된 세계의 「어머니」이지만, 투사 자체는 여성이라기보다는 남성적인 활동이다. 그러나, 언제나 그러듯이 남자는 자신의 씨를 여자 안으로 투사시킨 후 그녀를 자신의 유혹자라 비난한다. 아담의 말을 들어보라.「신이 나에게 주신 이 여자, 이 여자가 나를 유혹하여, 나는 선악과를 따먹었나이다.」

바로 이런 과정을 거쳐서 인도철학의 대부분이, 사실상 세계를 부정하는 온갖 이원론의 원형이 되었다. 또 감각경험으로부터 해방을 추구함에 따라 마야의 폐해를 이중으로 입게 되었다. 왜냐하면 구체적인 자연 세계로서의 마야로부터 벗어나는 투쟁의 과정에서, 우리의 마음이 세계에 투사하는 것은 우리가 실제로 보고 있는 세계가 아니라는 환상 속으로 스스로 더욱 깊숙이 빠져들었기 때문이다. 감각이야말로 순수한 것이며, 자기기만은 차라리 사유와 상상력의 소산이라는 사실을 잊고 있었던 것이다.7)

7) 마야에 대한 이 같은 오해가 대승불교에서 특히 중국의 대승불교에서 대부분 교정된다,『능가경』제2품 18절의 이런 구절을 보라. 열반 곧 마야로부터의 해탈이 장차 감각과 감각영역을 파괴하는 것이 아님을 알라. 중국선사 승찬은 분명히 언급한다.

감각세계를 배척하지 말라.
바로 감각에 거역하지 않는 그 순간에
곧 완전한 깨침의 소식이 들려온다.

성적인 욕구가 마야가 되는 경우는 그것이 머리 속 상상 속에 있을 때이다

이런 혼동은 성과 육감이 그 본래적 의미로 마야가 되는 길을 막는다. 즉 마음이 자연에게 그것이 제공할 수 있는 것 이상을 요구할 때, 또는 자연 전체를 보지 않고 오직 그 일부를 추구하여 슬픔이 없는 기쁨, 고통이 없는 쾌락만을 얻겠다고 억지로 덤벼들 때 자연은 정말 마야가 된다. 성적인 욕구가 마야가 되는 경우는 그것이 「머리 속 상상 속에 있을」 때이다. 즉 상대방의 생명 자체가 소극적으로 반응하거나 전혀 반응하지 않는데도, 의도적으로 또는 상상으로 그 욕망을 갈구하는 경우이다. 여성미를 이상화하거나 유행에 묻혀 보는 것도 모두 마야이다. 여성미의 이상형이나 유행이 여성의 진짜 아름다운 모습과는 별 관계가 없을 때 마야가 된다. 드 루즈망(de Rougement)의 지적처럼, 사랑도 구체적인 여인과의 관계가 아닌 사랑이면 곧 마야이다. 마야는 요컨대 추상화된 여성을 가리킨다.

이처럼 성은 착취되고 강요될 때 추상적인 것으로 전락한다. 다른 데서 발견할 수 없는 탈아적 황홀경을 억지로, 의식적으로, 발작적으로, 성관계에서만 찾으려고 할 적에 정작 성의 황홀경은 아무데서도 찾을 길이 없다. 황홀경, 혹은 무아경(즉 자기 자신을 초월함)이란 세계와 우리 사이의 내적인 「동일성」을 경험하는 완전한 관계에서 자연히 따라나오는 것이다. 그러나 이 관계를 은폐하고, 누군가 스스로 자의식이라는 고립된 섬에 묶여 있다고 느낄 때, 그의 감정은 결국 제한적이고 부정적이 될 수밖에 없다. 그가 그 스스로를 그렇게 파악하는 만큼 그는 결국 추상적인 인격(persona)으로 전락하여 그만큼 메마르게 된다. 그러나 이런 인

郭庵은 또 『十牛圖』에 부친 노래에서 다음과 같이 말하고 있다.
「객관적 대상세계가 우리의 걸림돌이 아니라, 바로 우리가 자기를 속이는 마음이 걸림돌이다.」

격도 성적인 행위를 통하여 자신을 신체의 자연스러움에 의식적으로 내맡김으로써 자신을 초월하는 순간적 계기를 확보할 수 있다. 그러나 이 행위가 다른 면에서 결여된 자연스러움을 보상해 줄 것으로 여겨지게 되면, 마침내는 이 행위만 다른 모든 경험으로부터 분리됨으로써 추상화되고 드디어 최고의 기쁨이 된다.

이처럼 추상적 성은 분명 강제되고 학습된 인격이 낳은 결과이며, 또한 영적인 것을 의지력과 혼동한 결과이다. 이 혼동은 신에게 자신의 의지를 넘겨주려고 의지할 때도 앙금처럼 남는다. 예컨대 어떤 금욕주의자가 개인적으로 성적인 황홀경에의 욕구를 다른 형태로 승화시키는 데 성공할 수 있을지 모른다. 그러나 그는 여전히 성에 대한 그의 이러한 태도가 강한 영향을 미치는 어느 사회적, 문화적 틀 속에서 삶을 영위한다. 성을 악과 연결지음으로 해서, 그는 그가 사는 사회의 다른 구성원들로 하여금 최고의 기쁨을 더욱더 멋진 것으로 여기게 한다. 이로써 소위 세련된 욕망의 강화 장치가 발전하도록 자기도 모르는 가운데 지원하는 셈이다. 사회 전체의 시각에서 본다면 청교도주의(순결주의, *puritanism*)는, 검은색의 속옷만큼이나 성에 대한 만족감을 죄악시함으로써 성을 착취하는 것이다. 검은 내의와 알몸 사이에 발생하는 충격적이고 흥미로운 대조는, 검정 내의를 성직자의 예복으로 대체시킨다는 점을 제외하고는, 똑같이 성적인 자극을 강화하는 것이다. 따라서 청교도주의를, 메조키즘(피학대음란증, *masochism*)과 같이 성적 퇴폐(*decadence*)의 극단으로 여기는 것도 망발이라 할 수 없을 것이다.

성의 직접적 표출이 억압받을 때 성은 다급하게 삶의 다른 영역에 스며드는 법이다

빅토리아 시대의 영국문화는 이러한 종교적 호색(好色)의 극단적 예를

제공한다. 흔히 생각하듯 빅토리아 시대의 문화는 성이 완전히 배제된 문화이기는커녕, 정반대로 우아하게 치장되었지만 극도로 음란한 문화였다. 집안에서의 지나친 정숙(貞淑)은, 당대 상류사회에서조차 현대의 개방적인 시대보다 더 매춘이 성행할 만큼, 상대적으로 성에 대한 호기심을 오히려 자극하는 것이었다. 당시 누구나 높이 평가하고 또 성행했던 기숙학교에서는 성에 대한 무조건적인 탄압과, 매질을 통해 쾌감을 느끼는 관행이 묘하게 균형잡혀 섞여 있었다. 한편 옷의 유행은 목에서부터 발끝까지 트위드, 플란넬 등의 부드러운 옷감과 꽉 조이는 코르셋을 이용하여 여성스러움을 한껏 드러내고 강조하는 데 초점이 모아졌다. 심지어 책상, 탁자 그리고 집안 장식물들까지 도발적으로 볼록하거나 곡선으로 만들어졌다. 의자의 모양은 어깨가 넓고 허리에서는 좁혀지고 좌석은 편편하고 넓게 만들었다. 의자 다리는 명백히 허벅지와 종아리를 닮아, 신경질적인 주부들은 아예 의자 다리에 치마를 입힘으로써 그 유사성을 더욱 분명하게 하였다. 이러한 현상이 왜 나타났을까? 성의 직접적 표출이 억압받을 때, 성은 다급하게 삶의 다른 영역에 스며드는 법이다. 억압된 성은 모든 종류의 상징과 암시를 통해서 어차피 나타나도록 되어 있기 때문이다.

문화인류학의 관점에서 본다면, 성의 미화나 윤색 등으로 성이 전도된 방식은 성을 예술로 승화시키는 정당한 변형 중의 하나일 수도 있다. 인간과 같이 감수성이 예민한 생명체에게 예술은 자연스러운 것이다. 그는 날고기를 단순히 손과 이빨로 씹기를 원하지 않으며, 재채기하는 것과 같은「자연스러운」무의식적 상태에서 사랑을 나누기를 원하지 않으며, 단순히 습기와 추위를 피하기 위해 아무렇게나 지어진 집에서 살기를 원하지 않는다. 그러므로 사랑에도 예술이 있다. 직접적으로 성행위를 문제삼는 인도의 카마수드라(*Kamasutra*)의 형태를 띠건, 순간적인 절정에 불과한 성행위 그 자체에 이르기까지 계속되는 긴 애무의 형태로 나타나

건, 반드시 사랑에는 그의 특이한 기법 예술이 있다. 우리가 청교도주의
마저 그저 자연적 현상으로 이해하고 청교도주의 자체 내에서 내리는 평
가에 의해 그것을 평가하지 않는다면, 청교도주의도 역시 이러한 예술적
변형에 불과하다. 이것 역시 자연에 대항함으로써 자연을 섬기려는 또
하나의 예증이다. 소위「야만적인」동물들만큼이나 자연스러운 인간의
고안들로서 그저 그 극단적인 예에 불과하다. 이것은 흐름의 힘을 증대
시키기 위해 시냇물을 막는 식이다. 단지 비의도적으로, 무의식적으로 진
행된다는 것이 다르다. 따라서 성이 허용되는 기간과 청교도적 금욕 기
간이 번갈아 나타난다는 것은 널리 지적된 사실이다. 후자는 더 이상 통
제할 수 없는 흥미와 흥분을 불러일으키고, 전자는 활성화를 필요로 하
는 권태를 야기시킨다. 시냇물의 세기를 고르게 유지하는 보다 정상적인
방법은 청교도식으로 성적인 호기심을 부채질하는 점잖음이나 지나친 정
숙보다는, 차라리 미적 은폐를 통해 성적 호기심을 자극하는 길이다. 물
론 이 방법은 도덕적 비난의 대상이 될 수 없다.[8]

  만약 청교도주의와 세련된 음란증이 자연과 근본적으로 일탈한 것이
아니라면, 그것들은 결국 동일한 하나의 태도, 옳고 그름을 떠나, 성적
쾌락이 최고의 기쁨이라는 태도의 양 극 단에 불과하다.[9] 물론 이 태도

---

8) 중국인이나 일본인들은 성적인 죄의식 때문에 고통을 받지 않는 반면, 성적
인 수치감이 발달되어 있다. 그래서 서양화에 나타나는 직설적 나체를 제대
로 감상하지 못한다. 1890년대에 유럽을 여행하던 중국 양반은 이렇게 쓰고
있다.「서양 궁중에 세워놓은 조각이나 그림은 우리 형제의 미적 감각에 어
울리지 않을 것이다. 여성의 모습은 전신 또는 반신이 노출된 체이다. 우리
의 예절로 보면 무례하기 짝이 없다…… 석고나 대리석 나신상이 공공의 정
원이나 궁정에 놓여 있다. 겨울철이면 그것들을 덮어주고픈 생각이 든다. 아
마 저것을 만든 예술가들은 두텁게 휘장을 드리우는 법을 몰랐던 것 같
다.」1927년에 런던에서 출간된 후이 웅*Hwuy-ung*의 책『중국인이 우리 서
양사람을 보는 눈과 저희 나라를 보는 눈』에서 인용.
9) 카톨릭의 도덕 신학을 요약해 놓은 조운즈(jones)의『도덕 신학』(*Newman*
출판사, 1952년 간행)은 물경 44페이지를 여러가지 죄악을 분류하는 데 바
치고 있는데 그 중 32페이지에 아주 작은 글씨로 성적인 죄악을 적고 있다.
이것은 살인, 탐욕, 잔인, 이기심 같은 죄에 비해 성적인 죄가 상대적으로

는, 에고를 부추기는 것과 마찬가지로, 우리 인간본성이 지닌 자유의 무한한 가능성 가운데 하나이지만, 이 태도는 성을 삶으로부터 떼어서 추상화하기 때문에(아니면, 적어도 그렇게 하려고 노력하기 때문에) 결코 본래의 목표에 이르지 못한다. 추상화된 성은 성의 전체가 아니라 부분이다. 총체적인 유기체의 기능이 아니라 분열된 뇌의 기능이다. 이 때문에 자연을 지적으로 측량한 분별과 분류로서의 마야인 양 혼동하게 된다. 왜냐하면, 성이 따로 분리되어 특별히 좋은 것으로, 아니면 특별히 나쁜 것으로 여겨질 때 그런 성은 이제 다른 것과도 완전하고 충만된 관계로 기능할 수 없기 때문이다. 그것은 단지 전체를 위해 봉사하는 부분이 될 뿐이다. 즉 신 대신 숭상되는 창조물처럼 우스갯거리가 되거나, 방탕한 자와 금욕주의자가 똑같이 저지르는 우스갯거리가 된다.

삶의 신비란 해결되어야 할 문제가 아니라 경험되어야 할 삶 자체일 뿐이다

성이 이러한 추상적인 마야로 남아 있는 한, 그것은 「악마」이다. 영적으로 승화되지 못한, 힘으로만 남게 되는 것이다. 이때, 영적으로 승화되지 못했다는 말의 의미는 그것이 보편적 구체적 실재 자연으로부터 분리되어 있다는 뜻이다. 왜냐하면 성을 마야로 본다 함은 성을 환경-총체적 체계-이를 중국 철학에서는 道(Tao) 또는 理라 하는데-로 돌려주는 것을 막으려는 짓이기 때문이다. 그러나 여기서 말하는 성의 보편화는 프로이드의 지적처럼 예술, 종교 그리고 정치가 모두의 억압된 리비도의 표출이라는 것 이상의 의미를 내포하고 있다. 성적인 관계는 종교적, 사회적, 형이상학적이면서 또 예술적인 단계임을 알아야 한다. 따라서 「성적인 문제」는 단지 성의 차원에서만 다루어져서는 안 된다. 이런 점에서

얼마나 중시되는지를 잘 보여준다.

성에 관한 모든 논의는 인간이 자연에 대해 지녀야 할 마땅한 관계의 문제보다 하위 차원에 속하게 된다. 성의 문제는 그것이 한 개인이 자신을 초월하여 자발성을 경험하는 영역에 고립되어 머물러 있는 한 계속 문제로 남게 된다. 한 개인은 먼저 자신이 속으로 느끼는 영역과 또 일상적 감각적인 반응의 전 영역에서 모두 자발적일 수 있어야만 한다. 우리의 감각이 모든 영역에서 밖에 나가 잡아오지 않고, 그저 수용하고 깨어 있을 수 있을 때, 그때야 비로소 성만의 독특한 감각도 추상적 탐욕에 대한 집착을 벗어날 수 있고, 또 이 집착과 따로 떼어내어 생각할 수 없는, 성에 대한 추상적이면서 「영적인」 염증으로부터 자유로울 수 있다.

오직 이런 길을 통하여서만 우리가 지금 빠져 있는 무익한 이원론의 늪으로부터 헤어나올 수 있다. 이 이원론에서는 성은 한 순간 좋은 것이었다가 한 순간 나쁜 것이 되고, 욕정의 대상이 되었다가 또 점잖은 체해야 하는 것이 되고, 완전히 통제되는 것이었다가 죄의식으로 가득 찬 채 금해야 하는 것이 된다. 왜냐하면, 성적인 활동이 추상적으로 추구되는 한 그 실망은 과장된 기대치에 비례해서 커진다. 극도의 흥분에서 지루한 권태 사이를 왔다갔다 하느라고 그 실망은 곧 희망이 되고 그 기대는 곧 실망의 물거품이 된다. 충만된 평온함이 되어야 할 성교 직후의 상태가, 점잖아야 한다고 생각하는 사람에게는, 죄책감에 가득 찬 절망으로 다가오고, 방탕한 자에게는 권태에 가득 찬 절망으로 느껴진다. 그 이유는 양자 모두 오르가즘 직전에 등장하는 고도의 쾌락을 추구함으로써, 그것을 선물이라기보다 목적으로 취급했기 때문이다. 절정을 오히려 침체―그 반대편 마야―로 넘어가는 산등성이로 경험하기 때문인 것이다. 상승하는 흥분에 안타깝게 집착하기보다 그것을 있는 그대로 받아들이라. 그때, 그것은 자연스러움(즉 자발성)의 완전한 실현이 된다. 그리하여 오르가즘을 갑작스러운 끝으로 여기지 말라. 차라리 우리에게 언제나 가능했던 평화가 이제 막 터져나오는 폭발로 여기라.

이제 진정으로 자연적인 성은 결코 억압으로부터 풀려난 야합(野合)이란 의미에서의 자발성이 아니라는 점은 분명해졌을 것이다. 그렇다고 생체적인 긴장을 벗어던지려는, 단순히 동물적으로「건강한」성도 아니다. 인간이 무엇인지를 모르는 한, 우리는 아직 인간의 성이 무엇인지를 모른다. 단편적 분별력으로, 배타적인 의식으로 파악한 벽돌로, 즉 충동, 본능, 감각 등을 쌓아올려 만든 집합체가 인간이라고 여기는 한, 우리는 인간을 모른다. 인간이 어떤 존재이고 인간적인 성이 무엇인가에 대한 해답은, 우리가 점유하거나 움켜잡지 않고, 온전히 감각에 우리 자신을 맡기지 않는 한 우리에게 알려지지 않을 것이다.

그러므로 성적인 사랑의 경험을, 이제 우리의 선입견으로 미리 판단한, 이른바 저 친숙한 황홀감의 반복인 줄로 알면 큰일난다. 그것은 무한히 변화하는, 그래서 결코 알려지지 않는 상대방과의 관계를 모색하는 것이다. 알려지지 않는 이유란 상대방이 추상적인 인격이 아닌 까닭이며, 또한 사회가 지정한 반응들의 집합체가 아니기 때문이며, 동시에 우리가 교육을 통해서 기대하게 된 규격화된 여성, 또는 남성이 아니기 때문이다. 앞서 말한 대로 규격화된 인간은 모두 마야이다. 이들에 대한 사랑은 환상에 대한 지극히 불만스러운 사랑이다. 마야가 아닌 것, 마야가 될 수 없는 것은 바로, 설명되거나 측정될 수 없는 신비 그 자체이다. 바로 이러한 의미에서 상징화된 여성은 남성에게 항상 신비롭고, 남성은 항상 여성에게 신비롭다. 이런 맥락에서, 우리는「삶의 신비란 해결되어야 할 문제가 아니라, 경험되어야 할 삶 자체일 뿐이다」라는 반 데 리우브(*van de Leeuw*)의 탁월할 지적을 이해할 수 있을 것이다.

신성과 사랑과 세속적인 사랑

타고난 대로의 자기 자신을 받아들이는 사람은 자유롭다

말의 어원을 캐서 그 말에 새롭게 덧붙여진 의미와 잃어버린 옛 뜻을 살펴보면 우리는 새삼스레 많은 것을 알 수 있다. 예를 들면, 「저속하다 (*Profane*)」말이 처음부터 신성모독 또는 비종교적이란 의미를 가졌던 것은 아니다. 그것은 성전(聖殿) 앞의 마당 또는 공터를 가리켰다. 따라서 그 성전을 지키는 종교 입문자들이 아닌 보통(*common*)사람들—물론 이때 보통이라는 말의 의미도 상스럽다기보다는 성전 밖 공동체의 일원으로 일반 사회 속에서 산다는 의미로 보통이라는 뜻이다—에게는 숭배를 위한 적절한 자리였다. 이와는 대조적으로 신성하다(*sacred*)는 말은 종교적인 것뿐만 아니라 공동체를 넘어서 있는 것 혹은 공동체 밖에 있는 것, 다시 고전적 의미를 끌어온다면, 비상한 것(*extraordinary*), 즉 사회 질서 밖에 있는 것을 가리켰다.

요즘엔 공동체의 관습적 질서 밖에 있으면서도 이에 도전하지 않는, 통치로부터 자유롭지만 그것에 대립하지 않는 입장이 가능할 수 있다는 사실을 대부분 망각하고 있는 것 같다. 아니 오히려 이런 입장을 전혀 그 반대되는 입장, 즉 질서보다 못한 것, 또는 자유가 아닌 무질서와 혼동하고 있다. 또 권위(*authority*)라는 말을 정부, 교회 혹은 전통을 기술하는 말로 오해하는 것도, 물론 그에 합당한 문헌적 뒷받침이 있지만, 그와 비슷한 혼동에 기인한다고 볼 수 있다. 예컨대 예수는 「신학자로서가 아니라, 권위를 가진 자로서 말한다」라고 씌어 있다. 이 말은 본래 우리가 아는 소위「권위적」의미로 씌어진 것이 아니다. 오히려 예수는 내적 불확실성에 근거하는 독단과는 전혀 다른 내적 신념에 근거하여 말하였다는 것이다. 또「독창적인(*original*)」이라는 말도 요즘엔 새로운 것, 심지어는 기이한 것을 의미하게 되었는데, 권위와 독창성보다 깊은 의미는 자유로운 자가 자기행위의 주인이며 그 기원이 된다는 것을 뜻한다. 인간이 사회적으로 조건지어진 인격이나 지정된 역할을 하는 자아인 한 결코 자유로운 존재가 될 수 없다. 인간은 타고난 대로 진정한 자기 자신이, 자연의 주인이자 기원이다. 이 사실을 받아들이는 사람은 자유롭다.

그럼에도 불구하고 일반인들의 오해는 뿌리가 너무 깊다. 인간의 참다운 주체성을「내가 곧 신이다」라고 떠드는 미치광이의 오만과 혼동할 지경에 이르렀다. 이 혼동 때문에 서양 교회는 에크하르트(*Eckhart*)의 다음과 같은 통찰을 받아들이지 않았다:

> 신이 곧 나요, 내가 곧 신이라. 이 완전한 일치는 이러한 그와 이러한 내가 곧 하나의「있음」이란 말이요, 더할 나위 없이 하나로 충만되어 있음이요, 이러한「있음」속에서만 모든 일이 영원할지어다. 그러나 이러한 그와 이러한 나를 예컨대 하나님이라 또는 영혼이라 불러 떼놓으면, 지금 여기서 당장 하나된 나는 그와 함께 일할 수도 없고 그와 함께 하나될 수도 없느니라.[1]

이 혼동의 뿌리는 서구 기독교 전통에 소위「안으로 향하여 있음」즉 내면성(*inwardness*)이 결여되었다는 데 있다. 자신들도 모르게 그들의 공식적 입장은 항상 세속적, 관습적, 통속적인 것이었다. 그런 이유로 이 전통은 세속적인 것과 신성한 것, 상대적인 것과 절대적인 것, 그리고 사

---

1) 에반스 번역본 (1), 권 1, p. 247.

회적인 영역에서의 법 질서와 신성한 자연을 혼동했다. 그리하여 서구의 사회 질서는 지나친 징벌을 통하여 시행되었고, 그 법들은 절대적인 명령이 되고 말았다. 우리는 먼저 신에 대한 사랑과 자연에 대한 사랑을 마치 상호 배타적인 물건처럼 맞바꾸어질 수 있는 것으로 여기는 경향으로부터 이러한 현상이 나오는 줄 알 수 있었다. 그러나 신, 즉 절대자가 이렇게 피조물들의 영역으로 끌어내려져 그들과 경쟁하게 된다면 이 피조물의 사회나 관습적 질서는 이미 글러먹은 것이다. 귀가 스스로 노래하고 있을 때 다른 소리는 들을 수 없는 법이다.

바로 이것이 기독교의 공식화된 조직, 예컨대 교황청 같은 기구가 스스로 그 자신들조차 그토록 비난하는 세속주의와 저속한 상대주의의 근본적 근거를 제공하는 원흉이 되는 이유이다. 르네상스와 계몽주의 등 세속적 혁명과 그 뒤에 계속된 모든 운동들은 교회가 그동안 등한시했던 「비밀」을 만천하에 공개한 꼴이었다. 이 비밀이란, 신 앞에서 그리고 실제로 모든 인간은 자유롭고 평등하다는 사실이다. 다른 말로 하자면, 신에게는 어떤 계급도 구별도 없으며 심지어 인간의 존엄성 따위도 찾아볼 수 없는 것이다. 이 비밀은 가장 내면적이고 신성한 원칙이다. 왜냐하면 이 비밀을 새로 전수받은 자는,

> 새 사람을 입었으니 이는 자기를 창조하신 자의 형상을 좇아 지식에까지 새롭게 하심을 받는 자니라. 거기는 헬라인과 유대인이나, 할례당이나 무할례당이나, 야만인이나 스구디아인이나, 종이나 자유인이 분명히 있을 수 없으니, 오직 그리스도는 만유시요, 만유 안에 계시니라.[2]

국가가 관장하는 교회, 다시 말해서 세속적인 교회는 결코 이러한 원

---

2) 골로새서 3장 10절에서 11절까지 (관주 성경전서에서 인용).

칙을 인정하거나 받들 수 없었다. 결국 이 원칙이 비밀 창고에서 풀려나 만천하가 다 알게 되자, 이것은 곧 혁명의 구실이 되었다. 그렇다고 당장 교회가 「자 이리 오시오. 하나도 새로운 것이 아닙니다. 우리도 그것을 이미 알고 있었지요. 이제 당신들한테 올바로 설명해 드리지요」 하면서 다시 그 비밀에 대한 권리를 주장할 수 없었던 것이다.

그 대신 교회는 사실상 비밀 교의를 부인하고, 신을 법과 동일시하는 시각을 더 강화하는 쪽으로 후퇴하였다. 아예 선과 악을 넘어섬으로써 일체의 구별을 초월하는 세속주의자로 전락하였다. 그러나 교회의 입장은 사실상 선과 악의 밑으로 숨어버린 폭이 되었다. 기준을 초월했던 것이 아니라 거부했던 것이다. 신 앞에서의 만민평등은 모든 인간이 똑같이 열등하다는 식으로 이해되었다. 자유는 한낱 개인주의가 되었으며, 계급 없는 사회는 건조한 획일주의 사회로 전락하였다. 예술은 모두 단조로운 독창성으로 타락하였고, 장인의 오밀조밀한 솜씨는 단조롭고 지루한 대량생산으로 대체되고 말았다. 물론 이런 표현이 성급한 일반화의 오류일 수 있고, 또 몇 가지 행복한 예외가 없는 것도 아니다. 그러나 아무튼 소위 현대적 혹은 진보적 정신이라 불리어지는 일관된 경향은 사회적 구분의 말살을 목표로 하는 것이다. 결과적으로 그만 사회가 무너져 버렸다. 사회도 유기체이다. 유기체는 비록 각기 그 값에서 차이가 나는 것은 아닐지라도, 각각의 기능에 있어서는 구분이 있어야 한다.

프로이드의 심리학은 인간 모두를 음란한 범죄인으로 가정하는 「경찰관의 심리학」이다

이러한 소위 현대적 경향을 졸렬하게 모방한 가장 극단적인 것 가운데 하나가 바로 수많은 프로이드 아류들의 태도이다. 저들은 창조적인 활동이 모두 예술이나, 철학, 종교 그리고 문학까지도 억압된 성이나 유아기

적 근친상간의 욕구로 환원시켰다. 이 생각에는 어처구니없게도 인간 모두가 죄의식에 사로잡혀 있다는 냉소적인 뜻이 들어 있다. 이 태도의 두드러진 발상은 성욕 리비도가 자연스럽고 순수한 것이라는 생각보다, 시인과 성현(聖賢)들까지도 별수없이 이들의 눈에는 음란하다는 식으로 그들의 정체를 폭로할 수 있다는 생각이었다. 이것은 경찰관의 심리다. 즉 인간 모두가 범인이다. 범인은 물론 그 범인을 잡는 경찰관까지 포함해서 모두 범죄인으로서, 인간은 모두 죄를 머리 위에 지고 다닐 수밖에 없다고 가정하는 「경찰관의 심리학」이다. 이런 평등 원칙의 졸렬한 모방은, 결국 혜택을 받지 못한 자나 사랑을 받지 못한 자들이 일체의 창조성을 파괴하려는 비극적 원한의 표현임에 틀림없다.

　도박꾼, 고급매춘부, 알콜중독자, 거렁뱅이, 성도착환자, 이들은 결코 낮은 신분이 아니다. 이들은 도덕적 규율과 신성한 자연을 혼동한 사회가 길러낸 계급도 지위도 없는 사람들이다. 이들은 아예 낮은 지위나마 가질 수가 없다. 도대체 서구 사회는 저 사람들에게 어떤 지위도 주지 않기 때문이다. 절대주의적 윤리가 통하는 사회에서 이런 사람들은 어떤 자리도 차지할 수 없다. 그들은 천국의 제일 밑바닥에 존재할 수 있는 가능성도 박탈당했기에, 신에 의해서 용납되어질 수 없을 뿐만 아니라 회개하기를 다짐하지 않는 이상 신의 빛을 쬘 수도 없게 된다. 저 부정(不正)한 사람들은 특수집단일 뿐만 아니라, 저 마야 곧 그 사회 관습적 질서에 일치하지 못함으로 다른 사회구성원들로부터 외면당한 사람들이다. 어느 사회에나 그 사회의 정회원이 안 되는 사람들은 있기 마련이다. 말 그대로 그들은 무대 밖에 있기(*off-scene*)3) 때문에 그들은 음란

---

3) 한번 더 생각해 보니까 이런 애매한 어원을 설명한 논문이 잘 기억나지 않는다. 옥스프드 영어사전을 보면 *obscene*의 어원은 모른다고 되어 있다. 웹스터사전엔 *obs-caenum*을 기재했는데 *caenum*은 더러운 깃을 뜻한다. 그렇다면 그 둘을 합한 영어는 *occene*이 되어야 한다. 그런데 *off-scene*은 희랍말의 *ob-scaenum* 즉 왼손잡이, 불길한 것, 부정한 것이란 뜻이 그럴 듯하다. 무대 밖의 것이나 왼손잡이나 한 사물의 필수불가결한 밑짝 또는 어두

(*obscene*)하다. 즉 그들은 사회라는 하나의 큰 그림 속으로 들어오지 못하기 때문이다. 그들은 사회라는 연극 속에서 아무런 역할을 맡지 못한다. 그럼에도 불구하고 그들은 마치 무대 뒤 잡일꾼처럼, 가면 뒤의 진짜 얼굴처럼, 혹은 복장 밑의 육체처럼 사회라는 연극에 필수적이다.

관습적 질서와 신성한 질서가 혼동될 때, 그 사회에 적응하지 못한 불의(不義) 또는 부정(不正)한 사람, 그래서 음란한 사람은 형이상학적으로 죄 많은 사람 곧 사악한 사람이 된다. 즉 신에게 절대적으로 용납될 수 없는 사람이 된다는 말이다. 신에게 용납될 수 없는 자는 인간에게도 용납될 수 없는 자이다. 그 사회에선 인간의 신체 가운데 보통 눈을 돌리고 음란하다고 여겨지는 기관들이 무대 위에 올려져 비난받는 상황을 견디지 못한다. 그래서 사악한 자의 유일한 방어는 비난하는 자들을 비난하는 것이다. 모든 사람들의 가면을 벗기고「보아라, 너희들도 실제로는 나하고 똑같잖아!」라고 말하는 것이다. 물론 이러한 반응은 잘못이다. 그러나 그런 잘못을 야기한 것은 저 근본적 혼동이다. 본시 무대 밖에 있는 것o(ff-scene)은 정작 겉으로 드러난 연극 뒤에 있는 실재일 수 없다. 그것은 역시 환상의 일부이다. 왜냐하면 무대 밖에 있는 것은 무대 위에 올려지는 것(on-scene)에 의해 선택되기 때문이다. 눈에 안 띄는 것은 눈에 띄는 것이 있기 때문에 서로 상대적이다. 바로 이로부터 문화적 업적의 배후에 있는 실질적인 원동력을 억압된 성적 욕망이라 가정하는 것이 잘못임을 알 수 있다. 이 양자의 관계는 하나가 다른 것에 복종하는 관계이기보다, 서로 영향을 주고받는 관계이기 때문이다. 비록 악이란 우리가 어느 것을 선으로 택함으로써 결정되지만, 그렇다고 그 악이 그 선택을 결정하는 실재가 아닌 것과 마찬가지이다. 선악이 상대적인 것처럼 정숙과 음란도 상대적이다.

운 측면을 가리키기 때문이다. 상서롭지 않아도 왼손은 결국 오른손과 함께 하는 것이니까.

따라서 만민평등이란 신성한 이념이 세속화되었을 때, 그것은 우습게도 실제 신 안에서는 모든 인간이 그들의 음란함에 있어서 동일하다는 말이 되고 만다. 이 이념이 원래 지녀야 했던 의미는 모든 인간은 본질적으로 무죄임을 뜻하였다. 그들은 모두 똑같이 결백(潔白)하다는 뜻이었다. 이제 인간본성을 선악으로 분류하고, 음란한 자 즉 무대 밖에 있는 자와, 음란하지 않은 자 즉 무대 위에 있는 자로 구분하는 것은 원래 제멋대로 만들어진 즉 임의적인 것이다. 다시 말해서 독립된 관중이 제멋대로 만든 것이다. 이전부터 우리를 괴롭혀온 저 동떨어져 관찰하는 자아가 제멋대로 결정한 것에 불과하다. 신의 눈에는 무대 위에 있거나 무대 뒤에 있거나 아무런 차이가 없다. 모든 사람들은 있는 그대로, 불교도들이 말하는 바에 따르면「하나의 진여(眞如)로 모두 다 올바른 존재이다. 막이 내리고 모든 연기자가 극작가, 감독과 함께 그들 본모습으로 나올 때, 영웅이든 악당이든, 무대 위의 연기자든, 무대 뒤의 일손이든 모두 함께 박수를 받는다.

　　그러므로 때가 이르기 전 곧 주께서 오시기까지 아무것도 판단치 말라. 그가 어두움에 감춰진 것들을 드러내고 마음의 뜻을 나타내시리니 그때에 각 사람에게 하나님께로부터 칭찬이 있으리라.[4]

　그러나 때로는 관객이 야유를 보낼 수도 있다. 관객이 만약 어느 악당을 야유했다치자, 그가 진짜 악당이기 때문이 아니라 그 악당 역할에 맞

---

4) 고린도전서 4장 5절. 성 바오로는 斷章取意해서 인용하기 좋은 경우가 많아 그 자신 놀랠 것이다. 그러나 나는 누군가 사도들이야말로 참으로 교회의 비밀교의를 전수한 사람들임을 증명해 주기를 바라는 사람이다. 교회는 수 세기 동안 그 비밀을 사람들로부터 숨기느라고 참 애를 썼다. 하도 비밀리에 전수되어 그 존재조차 의문시될 정도이다. 서구철학의 영원한 숙제는 언제나 개인의 존재론적 위치였다. 개인을 드러내면 대부분의 경우 저주받고 간혹 공식위계질서가 겨우 용인되는 정도였다. 그러나 동방 정교회의 경우에는 로마 교황청에서보다 쉽게 개인을 인정한다고 볼 수 있다. 한편 진짜 비밀교의는 여러 사람의 공지사항이 되지 못한다는 뜻보다는 말할 수 없는 것, 전혀 아무데고 분류해 넣을 수 없다는 뜻에서의 비밀교의다.

지 않는 연기를 했기에 막이 내릴 때 그에게 야유를 보내는 것이다. 또 무대 위에 올려지지 않아야 했던 것을 무대 위에 올리거나, 혹은 그 반대의 상황이 벌어진다면, 그들은 분명 야유를 보낼 것이다. 다시 말해서 음란이 무대 밖에 머무르고 자신의 자리를 지키는 한에서 아무런 문제가 없다. 그러나 윤리적 절대주의에서는 음란은 어떠한 자리도 가지지 못한다. 어쩌면, 관객들이 그것이 연극인 줄 모르기 때문일지도 모른다. 사회의 연극 그리고 그 관습들을 흔히 실제적인 것으로 오해하는 수가 많기 때문이다.

성스러운 것과 세속적인 것을 올바로 구별하고, 또 세속적인 것과 음란한 것을 올바로 구별하는 것은, 남성과 여성의 사랑을 철학하려 할 때 실로 중대한 문제이다. 신성과 세속을 구별하지 못한 것이 곧 기독교 전통이 신성한 사랑에 대한 올바른 관념을 가지지 못하는 주된 이유 중의 하나이다. 왜냐하면 신성한 사랑이란 다른 피조물을 사랑하지 않고 그 대신 신을 사랑하는 것이 아니기 때문이다. 신성한 사랑은 그렇다고 곧 정식 결혼을 말하는 것도 아니다(물론 신성한 사랑이 결혼한 사람들 사이에 존재할 수는 있지만). 뿐만 아니라, 신성한 사랑이란 흔히 낭만적인 의미로「정열적 사랑」을 가리키는 것도 아니다. 현대 세속주의자들이 신 앞에서의 평등을 졸렬하게 모방하였듯이, 그와 거의 비슷하게 신성한 사랑을 졸렬하게 모방하는 방식을 잠깐 살펴보자.

서구 사회에서 결혼이란 풍습은 아직도 몇몇 라틴문화권 국가에서처럼 지극히 형식적인 친족간의 중매로 실시되고 있다. 결혼으로 한 가족을 형성한다는 것은 결코 개인의 사적 결정사항이 아니라 여러 사람이 관여하는 획기적인 사건이다. 그러므로 젊은 연인끼리 저희들 멋대로 결혼의 인연을 맺는다기보다 주로 조부모들간에 중매로 시작해서 법적인 계약서로 공식화되었다. 요즘도 이 제도는 아직 남아 있다. 결혼 당사자들 한

쌍이 서로「사랑」하느냐 혹은 서로 사랑할 수 있느냐는 사소한 문제에 지나지 않았다. 결혼은 가족간의 연대를 의미했다. 그래서 사회적, 정치적 그리고 아주「원시적인」우생학의 고려대상이었다. 이러한 형태의 결혼이 아직도 지속되고 있는 문화에서는 축첩제도(蓄妾制度)와 다른 형태의 혼의 정사 같은 성관계가, 비록 법에 의해 보장받는 것은 아닐지라도 적어도 암묵적으로 허용되는 형태로, 적어도 남자에게는 지극히 당연한 것으로 성행하고 있다. 일반적으로 이러한 혼외 관계는 무대 밖에서 일어난다. 명시적이지 않고 암묵적으로 승인되는 사회적 합의의 형태로 존재한다. 그러므로 혼인은 세속적인 제도이다. 특정한 사회적인 역할을 하고 있는 사람들 사이의 공동적인 관습이란 뜻에서 세속적이다. 따라서 특정한 역할을 가진 사람들은, 예컨대 인도에서 카스트(caste)제도 밖에 있는 사람들은 결혼을 하지 않거나 적어도 그들이 사회적 관습인 마야로부터 해방될 때가 되면 결혼을 폐기해 버렸다.

예수가 이혼을 반대하는 이유는 무엇일까

자 기독교란 무엇인가? 다양한 근원을 가진 사회 종교적 이념들의 극도로 이상한 혼합물로서 서구 사회에 등장한 전통이다. 기독교 전통은 대체로 유태인들의 결혼에 대한 법적 사회적인 인식과, 희랍 혹은 엣세네(Essene)에 기원을 둔 윤리적, 영적인 순결의 관념, 그리고 아마도 인도로부터 미세하나마 간접적인 영향들이 혼합된 것이다. 이 잡탕은 너무 복잡한 것이어서 그 중요한 요소를 열거해 보는 것이 이 혼란을 파헤치는 데에 많은 도움을 줄 것이다.

1. 물리적인 우주는 본래 선하다는 유태적인 관념.
2. 물리적인 우주는 악한 것이라는 오르피우스적(Orphic), 또는 왜곡된 인도적 관념.

3. 결혼을 재산처럼, 가족끼리의 협정이라고 보는 유태적인 관습.

4. 번식은 신성하고 인구 증가가 의무적이며, 비생산적인 성관계는 사악하다는 유태적인 생각.

5. 번식하지 않고 육체로부터 벗어날 수 있으며, 또 그래서 순결이라는 보다 높은 신성을 성취한다는 오르픽(*Orphic),* 엣세네(*Essene),* 인도(*Indian)*적 복합 관념.

6. 간음죄를 재산권의 침해로 생각하는 유태적 관념.

7. 신성한 사람은 사회적 활동에 관여하지 않는다는 대체적으로 희랍적이고 인도적인 전통.

8. 사회적 관심은 신의 계율이라는 유태적 관념.

9. 적어도 영혼을 가진다는 점에서는 남성과 동등하기 때문에 여성도 약간의 권리를 가진다는 예수 자신의 생각.

이러한 생각들을 한 데 섞으려고 했으니 남녀 관계가 엄청난 혼란에 빠져든 것은 하나도 놀랄 일이 아니다. 마지막 조항 즉 「여자도 인간이다」라는 의식만 빼도 이 입장은 좀 일관성 있는 이야기가 될 수도 있었을 것이다.

이 혼란을 제대로 이해하려면, 인도적 관념들도 인도에서 이미 상당히 대중화, 문자화된 상태로 서구로 전해졌다는 사실을 고려해 넣어야 한다. 이때 인도인들이 전달한 왜곡된 사상의 주요 특징은 무엇인가? 마야를 한편으로는 악으로, 다른 한편으로는 자연으로 이해했다는 점이다. 이래서 처녀 혹은 성인을 완전히 금욕적인 사람과 동일시하는 관념이 나왔다. 즉 저들은 사회로부터 동떨어졌을 뿐만 아니라 자연으로부터도 동떨어진 사람이라고 혼동하기에 이르렀다. 처녀는 희랍말로 파렌토스(*parenthos)*다. 이 말이 지닌 본래 의미는 가족간에 합의된 상대와 결혼하지 않고, 자신이 선택한 상대를 취하는 여성을 뜻한다. 그녀가 미혼모

즉 「혼인 치르지 않은」 어머니가 되는 이유는, 그녀가 못돼먹었거나 또
는 아무하고나 성관계를 맺어서가 아니다. 그녀 자신 너무나 줏대 있게
행동하는 사람이었기 때문이다.

초기 기독교는 이처럼 다양한 요소를 어떻게 한 데 얼버무렸을까? 법
적인 족친간의 결혼 형태를 유지한다. 그러나 일부일처를 고수한다. 또
한 여성의 권리를 고려하여 이혼을 금한다. 이런 식으로 이들을 한 데
묶었다. 일관성을 유지하기 위해서 마땅히 무대 밖의 성적 활동을 여성
에게 암묵적으로 허용하는 것이 다음 단계가 되어야 했다. 그런데 어찌
된 일인지 그 대신 남성에게만 그것을 금지하였다. 예수가 이혼을 반대
한 이유는 무엇일까? 이혼 당한 여성이란 마치 싫다고 주인에게 되돌려
진 상품 같아 일체의 사회적 지위를 잃어버리기 때문이리라. 그러나 중
요한 점은 교회가 일부일처(一夫一妻)를 제도화함으로써, 결혼을 이혼으
로부터 보호하고, 축첩제를 배제한 결혼형태가 가족간의 협의결혼이었다
는 것이다.[5] 신약성경을 보면, 부정하고 사악한 욕정이라는 의미 이외에
성적 사랑이라는 말에는 다른 의미가 없다.[6]

---

[5] 「결혼 전에 여자에게 그 상대방 남편 될 사람에 대해서 상의해서는 안 된
다. 단지 여자 부모의 판단을 따를 뿐이다. 게다가 얌전한 처녀가 감히 어
디라고 남편을 고른단 말인가」성 암브로우즈(*St. Ambrose*)의 『아브라함에
대하여』 그리고 성 베이즐 *St. Basil*의 『암필로키우스에 대한 서한』을 보면
부모의 승인 없는 결혼은 私通 姦淫이요, 콘스탄티우스 황제 그리고 콘스탄
스 황제 시절에는 사형에 해당하는 벌을 받았다.
[6] 저 유명한 마태복음 5장 8절을 보라. 「여자를 보고 음욕을 품는 자마다 마
음에 이미 간음하였느니라.」 17절로부터 끝까지 바리새인의 소위 합법적 의
로움을 논의하는 자리에서, 예수는 겉으로만 의로운 척하는 형식적 합법성
의 천박함과 부조리를 비난하고 있다. 율법을 문자 그대로 지키는 우직한
사람부터, 요란하게 법을 들먹이고 떠벌리는 자칭 현학자들에 이르기까지
예수는 분노와 비난을 그 경중에 가려 퍼붓고 있으면서 벌을 거꾸로 무거
운 죄부터 단죄한다. 이유없는 분노가 제사장에게 퍼부어져 「바보」라고 욕
한다. 그러나 마태복음 23장 17절에 예수는 똑같은 표현을 써서 바리새인들
을 「바보」라고 욕한다. 간음죄에 재산권을 들먹이는 친구들에게 우맹 바보

요컨대, 교회는 번식에 대한 유태적인 강요와 희랍-인도적인 금욕을, 성적 욕구를 가능한 한 최대로 절제할 수 있는 결혼이란 형태 속에 융합하였다. 이런 식으로 결혼이란 세속적 제도가 정숙(貞淑)이란 신성한 상태와 동일시, 아니 혼동되었다. 이는 다시금 즐거움이 배재된 성 아니 금욕적 동정(童貞) 또는 처녀성(處女性)과 동일시되었다. 성 바오로의 말대로 「아내를 가진자도 마치 아내를 갖지 않은 자처럼 행동하라」는 것이다. 결국 성스러운 혼례식은, 말씀이 육체로 화하는 것과 같이, 세속적인 것을 신성하게 만드는 제도로 생각되었던 것이다. 그러나 말씀이나 영혼을 실제로는 육체에 대립하고 모순적인 것으로 파악함으로써, 신성한 것은 세속적인 것에 저항하는 것으로 여겨지게 되고, 저 양자의 결합 즉 영육의 결합은 통일이 아니라 일종의 종속이 되고 말았다. 마찬가지로 남성은 영혼을 대변하고, 여성은 육신을 대변하기에, 부인은 상대의 선택에 있어서 아무런 자유가 없이 그저 남편에게 복종해야만 했다.

　결혼에 대한 이러한 이해가 오래 가지 못할 것은 자명한 사실이다. 쌍방에 의한 상호선택이라는 결혼제도로까지 바뀌는 데는 상당한 시간이 걸렸다. 교회가 점차 국가와 동일시되면서 교회에 대한 애초의 열정이 점차 식어갔다. 따라서 교회가 거행하는 소위 신성한 혼례제도도 많은 변화를 겪게 되었다. 주로 일부다처제(一夫多妻制), 축첩제, 그리고 매춘제도가 거기에 곁들여지면서 신성한 혼례도 그 모습을 달리해 갔던 것이다.[7] 그러나 기독교의 결혼관을 바꾸어준 가장 큰 요인은 다름 아닌 중세 초기 궁중 귀족들의 사랑놀음(courtly love)이었다. 이는 요즘 우리가 소위 낭만적인 사랑이니 낭만적 결혼이니 하는 것의 역사적 모체이다.

라는 욕을 하는 예수는 음욕을 품고 쳐다보는 눈을 도려내라고 충고한다. 이 구절은 그냥 문자 그대로 받아들여야 할 것이다. 예수는 참으로 해학이 없는 분이었다.
7) *G. R. Taylor* (1), pp.19~50.

역사학자들 사이에 이러한 획기적인 운동의 기원과 본질에 대해서 완전한 합의는 없는 모양이다. 그 정신적 뿌리가 정화교(*Catharist*)며 이단이라는 설이 그 중 가장 유력하다. 이 이단은 본래 로마제국 때부터 서부 유럽에 약간 남아 있다가, 그 뒤 십자군들이 돌아오면서 다시 소개된 페르시아 종교인 마니교의 한 가지라 한다. 마니교는 여러가지를 혼합절충한 종교로서 서양 사람들에게 왜곡된 인도사상을 전달한 대표적 종교이다. 이 혼합절충 종교에는 상카야(*Samhya*) 철학 비슷하게 영혼과 자연을 극단적으로 양분하는 이원론이 포함되어 있고, 또 이상하게도 성적인 흥분을 다른 형태로 바꾸어 이용하는 요가를 중시하는 인도의 탄트라교 *Tantra*를 닮아서 사랑을 일종의 「순수한 욕망」으로 파악하는 경향도 포함되어 있다. 마니교는 암흑에서 빛의 세계로 나오는 것을 그 영적인 이상으로 삼았고, 육체라는 감옥으로부터 영혼을 구출하는 것이 목표였다.

「순수욕망」이라든가 마야 교리를 이원론으로 왜곡한다든가 하는 생각은 사실 정화교의 출현 이전에도 서구에 있었던 모양이다. 성 요한 크리소스톰(*St. John Chrysostom*), 나지안주스의 성 그레고리(*St. Gregory of Nazianzus*) 그리고 성 예로미(*St. Jerome*)는 - 기독교도들 사이에서 퍼지고 있는 아가페타에(*agapetae*)든지 비르지네스수빈트로둑타에(*virgines subintroductae*)라는 관습을 비난하고 있다. 이것은 기독교 처녀들과 사랑 행위의 한 방식으로 애무를 하거나 동침까지 허용되는 것이고, 또 성교는 하여도 사정(射精)은 피하는 것이었다. 이 방법으로 성적인 욕구가 오르가즘 속에서 「소실되는」 것이 아니라 반대로 절제되어 정열로 키워질 수 있었다. 달리 말하면, 성적인 절정을 절제하여 그것이 몸 전체로 퍼져나가 빛날 수 있게 되었다는 것이다. 성적 교감을 모든 인간 관계에로 전이시킬 수 있었다. 이런 식으로 성적인 매력을 인격 수양에 이용하였던 것이다. 그것은 단지 「여자」에 대한 욕구에 머무르지 않고, 절제되고 빛나는 욕망에 의해 「향기로워진」 특별한 여성, 그녀의 신체 전체 그리고 그녀와 맺는 관계 전체에 대한 욕구가 되었다. 이 방법을 통해서 사랑의 대상은 이상화(理想化)되었다. 그녀는 단순한 여자 이상의 존재가 되었다. 그녀는 여신(女神)곧 신성(神聖)의 화신(化身)이 되었다.

이 관행은 한동안 교회에 의해 공식적 탄압을 받아오다가, 12세기 유럽에 다시 나타났다. 이번에는 정화교와 궁중 귀족들 사이에 사교적 사랑이라는 형태로 나타났다. 그러나 여기에 참여하는 것은 처녀만이 아니었다. 많은 경우 봉건 지주의 부인들을 위시한 기혼여성들까지 그 참여의 폭이 넓었다. 젊은 기사(騎士)들은 이들 여성들과 돈노이(*donnoi*)라는 결연을 맺었다. 이것은 「이상적」인 혹은 「성적으로 순수한」 사랑의 관계로 여겨졌다. 즉 젠틀맨(신사, *gentlemen*)이 여성에 대해 지닌 성적감정은 마땅히 보호에 대한 관심과 헌신적 용기로 전환되어야 하는 것으로 여기게 되었던 것이다. 이러한 관계는 그 뒤 유럽의 비종교적인 시(詩)의 기원인 중세 기사도 투르바두르(*troubadour*) 서정시의 주제가 되었을 뿐만 아니라, 서양에서 이상적 또는 낭만적 사랑을 이해하는 데에도 결정적인 역할을 하였다.

역사학자들은 이들 관계가 실제로 「정신적인」 사랑이었는지 아니면 단지 간음을 가리기 위한 교묘한 장막이었는지에 대해서 의견의 일치를 보지 못하고 있다. 후자를 주장하는 근거는 사랑하는 여인의 벗은 몸을 포옹하고 애무하는 장면에 대한 묘사가 중세의 시문학에서 많이 등장한다는 데 있다. 그러나 예컨대 어느 시인이 「자신의 연인을 완전히 소유하고자 하는 남자는 돈노이(*donnoi*)가 무엇인지 모른다」라고 말하는 것과 같이, 실제 성교를 피하는 것이 절대적으로 필요하다는 지적도 똑같이 빈번히 등장한다. 그렇다면 비록 직접적인 증거는 없다 하더라도, 바로 이러한 지적들의 양면성 그 자체가 아마도 절제된 성교(*coitus reservatus*), 혹은 페르시아 말로 카레자(*karezza*) 남성의 오르가즘이 없이 지속되는 성교까지 행해졌음을 암시한다고 할 수 있을 것이다.

한편 카레자가 이용되었는지의 여부를 떠나, 사교적 사랑이 직접 활동적 사랑과 구별되는 관조적 사랑(이 구별은 관조적인 삶과 실제 활동적인 삶을 구별하는 종교적인 관행과 병행한다)을 등장시켰음이 분명하다. 왜냐하면 투르바두르 서정시인의 이상(理想)은 그가 사랑하는 여인의 순수한 모습을 경탄스러운 눈으로 바라보고 숭배하는 것이었기 때문이다. 이런 점을 주목한다면, 투르바두르 서정시인은, 관조적인 삶에 걸맞는 사랑의 관계, 즉 신성한 사랑의 본질적 요소 가운데 하나를 포착했다고 할 수 있을 것이다. 그러나 관조적인 생활과 단순히 수도원에 틀어박힌 은둔생활을 혼동하지 말아야 한다. 물론 수도원의 삶이 관조적인 생활을 포함하는 것은 사실이다. 하지만 본질적으로 관조적 삶이란 영적인 통찰력-신의 안목 즉 테오리아(*theoria*)가 도달한 최고의 삶이다. 일상적 실질적인 활동이 그대로 이상의 실현인 그런 삶이다. 이와 마찬가지로 투르바두르 서정시인은 그가 사랑하는 여인을 관조함으로써 그녀의 현재가 곧 그의 삶 전체를 가득 채우리라 기대한다.

중세 궁중의 사교적 사랑이 근대 기독교 결혼관의 실질적 뿌리이다

일부 성직자는 사교적 사랑을 인정했다. 돈노이(*donnoi*) 관계도 많은 경우 교회 의식를 통해서 축복을 받았다. 그럼에도 불구하고 이 풍습이 결국 종교개혁 이전 교회가 행사한 것으로써 가장 극심하다고 할 수 있는 탄압을 받았다. 카터즈(*Cathars*)나 알비겐세즈파(*Albigenses*)에 대한 도미니칸(*Dominican*) 운동은 사교적 사랑의 이상적 대상을 성모 마리아로 대체하려는 시도였다. 그러나 이 탄압이나 완곡한 시도도 기독교 전통에서 결혼을 낭만적 사랑의 실현이라고 생각하게 하는 역사의 흐름을 막지 못했다. 그리하여 기독교적인 결혼에 대한 근대 카톨릭 이론들도 저 사교적 사랑의 철학을 다량 흡수함으로써 초기 교부(敎父)시대의 결혼에 대한 철학과는 근본적으로 달라지게 되었다. 몇몇 복음서나 바오로 서한에서 나타나는 암시들보다, 이 중세 궁중의 사교적 사랑이 근대 기독교 결혼관의 실질적 뿌리이다. 요즘 카톨릭 신학자들도 결혼을 단지 기독교정신을 가진 아이들의 번식을 위한 여인과의 성관계를 유지하는 규약으로 이해하는 사람은 드물다. 이제 강조점은 단순한 「여자」가 아닌 이 여자 혹은 특정 여자에 대한 사랑 즉 하나의 인격체로서의 여성에 대한 사랑으로 옮겨지게 되었다. 그러하여 신 자신의 사랑 즉 인간 모두에 대한 신의 영원하고 충실한 사랑과 결혼에서의 사랑이 유비 관계에 놓이게 되었다.

「신성한 혼례」에 대한 근대적인 관념은, 이전에 결혼이란 단지 가계 (家系) 간에 맺어진 협의된 계약으로서 성적인 느낌을 전적으로 금지하는 데 불과했던 것과 비교할 때, 엄청난 발전이라는 데는 아무 의심의 여지가 없다. 그럼에도 불구하고 이것은 아직도 신성한 사랑에 대한 서투른 모방극에 지나지 않는다. 세속적인 것과 신성한 것을 제대로 구별하지 못한 교회의 무능을 그대로 드러낼 뿐이다. 속된 것과 신성한 것이 본시 같은 부류에 속한 것이라야 그 둘을 상호 배타적으로 볼 수 있는데, 교회는 무엇이 같은 것인지 다른 것인지조차 구별하지 못했던 것이다.[8]

---

8) 이런 혼동을 보여주는 다른 사례를 살펴보자. 본래 고전적 연극에서 연기자가 썼던 가면을 나타내는 「페르소나(*persona*)」가 인간과 신의 공동의 기본적 영적 실재로 표시하는 말로 쓰인다. 신이 세 가지 가면을 쓰고 삼위일체이듯 인간은 가면이기 때문에 존엄성을 획득한다는 이론이다. 그 말이 인간이 쓴 가면, 곧 인격이다. 인격은 인간이 사회에서 하는 역할일 뿐이다. 그런 자아를 본시 초개인적 아트만이나 영혼을 나타내는 말로 잘못쓰는 것이다. 영(*spirt*)을 자의식과 혼동하는 기독교 전통은 인간이 자아를 넘어 신과 같다는 사실을 모른다. 다른 예는 세속사회의 성직자 즉 사제들이 동정을 지키고 결혼을 아니하는 데서 발견할 수 있다. 사제직이란 사회 속의 계급 카스트를, 저 계급 없이(신성한) 관조적 삶을 사는 사람들 즉 일체의 세상 일을 버린 중이나 은둔객으로 혼동하는 짓이다. 이제 신분이나 계급을 떠나

신성한 결혼이라는 근대적인 이념을 가장 잘 변호하는 사람은 카톨릭적인 신교도인 데니스 드 루즈망(*Denis de Rougemont*)이다. 그의 저술 『서구의 사랑(*Love in the Western World*)』에서 우리는 세속적 사랑과 신성한 사랑의 차이에 대한 기막힌 해명과 엄청난 오해를 발견한다. 그가 주장하는 요지는 다음과 같다. 가장 완숙하게 성적인 사랑은 한 인간이 다른 인간에게 모든 것을 바치는 것이다. 이 총체적 헌신과 육체적인 탐욕 또는 열정을 엄격히 구별해야 한다. 그는 열정을 정의하기를 사랑이란 관념을 사랑하는 것이라 한다. 열정은 특히 이상화된 여인과 성교를 지연할 때 생기는 주관적인 감정에 빠지는 경향일 뿐 결코 완숙한 사랑이 아니라는 것이다. 그러나 트루바두르 서정시인들의 사교적 사랑을 그 자신의 이른바 이상적 결혼과 대립시켜서 골수 에로티시즘이나 「이교도들의 문란한 성」과 같은 것으로 생각한 것은 명백한 잘못이다. 왜냐하면 그는 에로티시즘을 좌절에서 나온 정열이든 자기에게 흠뻑 빠진 데서 나온 쾌락이든, 여성을 단지 황홀경을 위한 도구에 불과한 것으로 보는 경향이라고 여기기 때문이다. 그러나 문제가 그렇게 단순한 것은 아니다. 왜냐하면 근대 기독교가 그토록 권장하는 신성한 결혼에서의 성적인 사랑과 인격적 사랑의 완전합일은 바로 중세 사교적 사랑에서 유래하는 것이기 때문이다.

초기 기독교에서는 성적인 느낌을 신에게 바친다는 생각이 없었다는 점을 다시 한번 주목해야 하겠다. 부부간의 성교는 번식을 위한 일시적인 신체적인 교환인 점에서만 순수하다고 믿었다. 아내 역시 영원한 영혼을 가졌다는 점에서 즉 남자만큼 값진 존재라는 점에서 사랑받고 귀중히 여겨졌다. 남의 아내를 탐낸다는 것은 간음이나 다름없었다. 그런데 그 뒤 기독교인들은 마니교와 정화교파에게서 성적 욕망을 인격화시키는

버리는 일을 엉뚱하게 자연을 떠나는 것으로 혼동하는 것 때문에 사정은 더욱 악화되었던 사례는 이미 앞장에서 논의하였다.

방식을 배웠다. 즉 성급한 욕망을 지연시킴으로써 여성의 신체만이 아닌, 그녀의 인격 전체에 대해서 애착을 가지는 방법을 배우게 된 것이다. 신성한 결혼이라는 근대적 결혼관은 그러므로 초기 기독교와 중세 사교적 사랑의 어정쩡한 중간이다. 관계를 인격화하기 위해서 욕망을 지연시킨다. 또 충분한 정열은 인정하면서도 정화교파와는 달리, 아이를 낳을 수 있도록 또 정열 자체를 목적으로 생각하지 않도록 남성의 오르가즘은 용납한다. 이러한 결혼관은 그 기원을 따지면 그렇지만, 순전히 기독교에만 돌릴 수 없다.

이러한 결혼관이 성적인 관계를 신성한 차원으로 승화시키기에는 아직 멀다. 드 루즈망은 결혼에 있어서 신성한 요소를 겨우 쌍방간의 법적인, 그러니까 그 점에서 세속적인 계약에 대한 충실성과 동일시하고 있다. 그러나 결혼의 신성함이 세속적 계약을 충실히 이행하는 것으로 보장될 수는 없는 것 아닌가? 드 루즈망의 견해에 따르면, 인간다움의 존엄성과 그리고 인간에 대한 책임은 의지(意志)의 굳건함으로, 즉 자기 자신이 한 말(word)을 지킬 수 있다는 것으로, 부부가 자신의 계약적 다짐을 다른 모든 비언어적인, 자연적인, 육체적인, 감정적인 상념들에 의해 흔들림을 당하지 않도록 하는 돌이킬 수 없는 결의 속에서, 실현한다는 것이다. 그도 인정하듯이 이것은 어처구니없이 불합리한 모순이다. 바로 이것이 테르툴리안파 (Ter-tullian)가 「모순이기에 믿는다(Credo quia adsurdum est)」라고 말한 바 기독교의 소위 성스런 부조리이다.

일체의 합리적 혹은 쾌락주의적 변호를 배제하고, 나는 바로 부조리라는 그 이유만으로 지켜지는 결혼에 대해 말하면 서로가 단지 다짐했다는 이유 하나로 유지되는, 또한 남편과 아내를 각각 인격으로 떠받드는 어떤 절대자 덕택으로 유지되는 결혼에 대해서 언급하고자 한다…… 이렇게 이해하는 성실성이야말로 우리가 인격적인 인간이 되기 위한 최고의 방법이라고 나는 주장한다. 인격은 성숙하는 과정 속에서 드러나는 것이다. 우리 각각의 개별적 인격 속에 들어 있는 인간다움은 마치 예술 작품처럼 차곡차곡 다듬어 만들어지는 것이다······ 열정, 그리고 그 열정을 산출하는 이방인의 철학은 둘 다 모두 자연의 지배가 우리 삶의 목적이어야 한다는 믿음을 불러일으키는 것이라고 볼 수 없다.

바로 여기에 절대자와 인격, 그리고 자연과 대립해서 인위적 조작이 깃들인 신성에 관한 모든 얘기가 농축되어 있다. 말 그대로 인격(*persona*) 즉 가면은 하나의 조립물이다. 참된 의미의 마야이다. 바로 이 점에서 인격은 신성 혹은 절대자와 구별되어야만 했다. 왜냐하면 신성한 것, 진짜 실재는 조립물이 아니기 때문이다. 신성과 절대는 바로 저 조립물들이 등장하는 배경 그리고 그들이 복종해야 하는 자연적이고 비(非)언어적이고 뭐라고 말하기 힘든 어떤 질서, 理이기 때문이다. 기교와 조립의 원리를 자연 밖에 그리고 자연에 대립되는 것으로 설정하는 것은, 의지와 그 합법적 폭력에 자연을 완전히 복종시키지 않고서는 그 심연을 극복할 수 없게끔, 우주를 둘로 찢어 가르는 것이다. 계율과 말씀을 이러한 방식으로 신성시하기 때문에, 마치 안식일이 인간을 위해서 만들어지는 것이 아니라 인간이 안식일을 위해서 만들어지는 것 같은 계약 결혼관이 생겨났다. 왜냐하면 인간은 절대적인 계율에 그 자신을 무조건 복종시킴으로써만 인격 혹은 영적인 존엄성을 획득한다고 주장하기 때문이다. 그리하여 성실성(誠實性)은 자기 자신에 대한 완전한 불신(不信)과 혼동된다. 왜냐하면 여기에 따르면, 인간이라는 생명체는 스스로를 어떤 계율이나 법—이 법도 사실은 자신이 만들어낸 것이고 사실상 그 법은, 자신이 스스로 가지고 있는 질서나 구조보다는 훨씬 열등한 것임에도 불구하고—에 묶지 않는 한 믿을 수 있는 존재가 아니기 때문이다.

공자는 종국에 가서 개념으로 구성된 인격보다는 자연 그대로의 인간이 더 인간에 가깝다고 느꼈다

바로 인간 존재가 법보다 더 우선적인 것이라고 여기기 때문에 공자(孔子)께서 인(仁) (즉 사람의 심성(心性)을 지님)을 의(義, 의로움)보다 월등히 높은 덕이라고 설정하고, 인(仁)에 대해서 더 이상 자세한 정의를 내리지 않았던 것이다. 인간은 그 자신의 본성을 정의하거나 법제화시킬 수 없기 때문이다. 만약에 이를 시도한다면, 단지 그 자신에 대한 추상적이고 불완전한 이미지, 즉 자기 자신보다 질적으로 열등한 기계적인 원리만을 얻게 되는 결과를 감수해야 할 것이다. 바로 그런 이유로, 공자는 종국에 가서, 옳고 그름에 대한 인간적인 원칙보다는 인간의 열정과 감정이 더 믿을 만한 것이라고 여기었고, 또 개념으로 구성된 인격보다는 자연 그대로의 인간이 더 인간에 가깝다고 느꼈던 것이다. 원리원칙은 인간다움 즉 인(仁)으로 조정되고 인간다움을 동반하는 한, 그리고 웃음이 섞이는 한에서만 좋은 것이고 또 필요한 것이기도 하다. 예컨대, 전쟁도 이데올로기를 정당화하기보다 그저 욕심을 충족시키기 위해 일어났을 때 훨씬 덜 파괴적이다. 왜냐하면 욕심은 그것이 소유하고자 하는 바를 파괴하지는 않는데 반해, 원칙 또는 이데올로기의 옹호를 핑계삼는 전쟁은 인간의 생명, 신체나 재산은 전혀 아랑곳하지 않는 추상적인 목표를 위한 파괴를 일삼기 때문이다.

열성당원이나 광신도는 타협할 줄 아는 정신과 그윽한 유우머를 가진 유교적인 합리성에 반발한다. 원칙에 대한 절대적인 열정과 영웅심이 없다는 이유로. 이것이 바로 현재 유교 전통을 없애려는 중국 공산주의자들의 태도이다.[9] 그러나 유교적 입장에서 본다면, 원칙에 대한 열광은

---

9) 아더 라이트(Arthur Wright)의 「투쟁과 조화: 현대 중국의 상극적 가치관 구」, 『상징과 가치(Symbols and values)』라고 브라이슨(Bryson)이 편집한 책, pp.589~602을 참조. (하퍼 출판사 간행, 뉴욕) 1954판.

현명하지 못한 용맹, 즉 소영웅주의의 특징일 뿐만 아니라, 자연적 질서의 숭고한 이치와 내적 감성을 전혀 느끼지 못하는 무감각의 소치이다. 『논어(論語)』에서 공자는 말한다. 「군자(君子)는 미리 정해진 행동의 규범이나 금기 없이 살아간다. 그는 단지 매순간 무엇이 옳은지 판단할 뿐이다.」[10]

우리 서양인의 입장에서 그런 정도의 계율은 차라리 방종과 무질서를 권하는 것이나 다름없다. 서양 사람들은 법의 그물이 마치 우리의 머리 위에 언제 내리쳐질지 모르는 몽둥이 같이 대령하고 있어야 우리로 하여금 다시는 저「기초적이고」「자연적인」부정부패 상태로 돌아가는 것을 막아준다고 여기는 것에 익숙하게 길들여져 있다. 실제로 문명의「얄팍한 장막」아래 있는 우리는 이러한 존재에 불과하다고 생각하기 쉽다. 그러나 서구의 이러한 생각은 우리의 기초적이고 자연적인 실제 모습을 제대로 파악한 게 아니다. 이것은 단지 무대 밖에선 우리의 모습에 불과하다. 우리가 이미 밝혔듯이 무대 밖의 모습은 무대 위에서의 모습과 마찬가지로 실재가 아니다. 유교나 도가(道家) 철학의 추종자들이 묵시적으로 무질서를 지향한다고 비판한다면, 그것은 그들에게 가해질 수 있는 비판으로는 결코 어울리지 않는다. 왜냐하면 바로 도가 및 유가철학이야말로 세계에서 가장 안정된 사회의 뿌리를 제공해 주었기 때문이다.

이제 신성한 사랑의 성격은 신성한 삶의 다른 모습들과 비교함으로써만 밝힐 수 있다는 점이 분명해졌으리라 믿는다. 그러나 우선 성스러움이 마치 세속적인 것들과 같은 부류에 속한 것으로 서로 경쟁상태에 있는 것이 아니라는 점을 먼저 밝혀야겠다. 달리 말하자면, 성스러움은 사

---

10) 드 루즈망 (1) p.308에 이런 말도 있다. 「결혼할 때 교환하는 약속 경건한 행위이다. 그때 한번에 일생을 거는 것이기에, 되돌릴 수 없는 것이야말로 경건의 극치이다.」

물들을 개념적으로 관습적으로 파악한 질서 가운데 들어 있지 않다. 따라서 저들과 대립하거나 피하지도 않고 또 저들을 지배하려고 투쟁하지도 않는다. 성스러움은 그렇게 할 필요가 없다. 왜냐하면, 그것은 바로 사물들이 등장하는 보다 높은 우위의 질서이고, 따라서 결국에 가서는 사물들은 그 상위 질서에 복종하기 때문이다. 성(性)으로부터 달아나려는 모든 시도가 항상 호색(好色)이라는 형태로 변형되는 것은 바로 이 때문이다. 「도(道)는 어느 누구도한 순간이라도 떠날 수 없는 그러한 것이다. 떠날 수 있다면 그것은 도가 아니다.」11)

자연스러운 삶 속에서는 인간의 의식은 긴장되고 의지에 가득 찬 집중의 태도로부터 관(觀), 즉 관조 혹은 열려 있는 의식의 태도로 바뀐다. 이 후자의 태도는, 사랑에 대한 보다 「여성적」이고 수용적인 접근의 기초가 된다. 바로 이런 점에서 여성을 더 배려하는 태도라 할 수 있을 것이다. 이제까지 우리가 이야기한 대부분의 태도가 지극히 남성적이고 일방적인 것이었음은 더 이상 말할 나위도 없다. 카레자(karezza)의 수행자들을 제외한다면, 이러한 소위 남성적 태도의 소지자들은, 단순한 생식하고는 전혀 무관한 것이었기에 여성의 오르가즘을 전혀 알 수 없었다. 그리하여 저들은 성에서 오로지 남성에게 쾌락을 가져다주는 좋은 길과 나쁜 길이 무엇인가만을 따졌고, 한 술 더 떠서 일방적으로 지배적이고 집착적인 남성 우위의 태도만을 고집했다. 요컨대 성을 전혀 모르는 사람들의 견해를 마치 천하의 진리로 잘못 알고 있었던 것이다.

---

11) 『中庸』 1장. 道也者 不可須臾離也 可離非道也.

순수한 여성이니 순수한 남성이니 하는 관념은 문화가 만들어낸 허상에
불과하다

　신성한 곳에서는 누구나 평등하다는 관념을 흔히 성별의 소멸로 이해
하는 버릇도 있다. 성 바오로에 따르면 예수 안에서는 남성도 여성도 없
다고 하는가 하면, 예수 자신마저 천국에서는 결혼도 없고 결혼에 속박될
필요도 없다고 말한 것으로 전해지기 때문이다. 그러나 이런 말들은 단지
천국, 즉 성스러운 영역은 세속적 즉 사회적 제도 위에 존재한다는 것을
지적하려고 할 뿐이었는데 엉뚱하게도 소위 성의 평등에 대한 세속적인
견해란 단지 여성을 남성과 똑같이 허용하는 것으로 전락하였고, 교회에
서나 세속에서나 남녀평등의 졸렬한 모방은 모두 성적 평등이라기보다
아예 성을 빼버린 무성적(無性的)인 것이 되고 말았다. 성적인 평등은 말
하자면 성적 충만을 뜻해야 할 것이다. 즉 여성은 남성을 통하여 자신의
남성스러움을 실현하고, 남성은 여성을 통하여 자신의 여성스러움을 실
현해야 할 것이다. 왜냐하면, 「순수한」 남성과 「순수한」 여성을 엮는 공
동의 것도 없고 또한 서로 소통할 아무런 매개체도 없기 때문이다. 순수
한 여성이니 순수한 남성이니 하는 관념은 모두가 문화가 만들어낸 전형
적 틀 아니면 허상에 불과하다. 진정한 남성다움과 여성다움은 언제나 불
가사의한 것으로 남아 있게 마련이다. 왜냐하면, 남성이나 여성의 실체는
관념적 세계에 있는 것이 아니라 자연 속에 들어 있기 때문이다.

　성적 평등은 남성 여성의 세속적 구별에 대립하지는 않아도, 적어도
그와 같은 고정관념에서 벗어난 성생활을 함축하고 있다. 평등한 성이란
남녀가 서로 사랑 할 때 무슨 특정한 역할을 맡는 것이 아니라, 비록 성
아우구스티누스가 다른 맥락에서 사용한 말이긴 하지만, 「사랑하라 그리
고 그대가 하고싶은 대로 하라」라는 표현 그대로의 그런 관계 속으로 들
어가라는 것이다. 서로를 아끼고 마음의 문을 활짝 연 태도로 그 둘은

아무 제약이 없는「모두가 허용되는」상황에 놓이게 된다.

특정 역할에 맞게 행동하는 데 너무 익숙해진 우리들은 거의 자동적으로 그 역을 수행한다. 그래서 우리는 그 역할 수행이 우리의 삶에 얼마나 깊이 침투해 있는지조차 잊고 있다. 오히려 그 역할들을 우리의 자연적이고 고유한 성향이라고 쉽게 착각한다. 그 정도가 너무 심하여, 사랑행위에서조차 다른 어디에서보다도 더 이런「역의 연출」이라는 모습을 가장 많이 보이고 있다. 사랑은 우리가 마땅히 느껴야 한다고 스스로 믿는 가식적인 느낌에 그치고 말 경우가 많다. 남녀 모두가 예상할 수 있는 몇 가지 널리 알려진 증후와 실제 사랑의 행위가 동일시된다. 그리하여 오른손이 하는 것을 왼손이 모를 만큼 그렇게 교묘하게 그리고 쉽게 그 역을 흉내낸다. 연인들은 서로 당연히 질투심을 느껴야 한다. 남성은 여성을 보호하는 행동을 해야 하고, 여성은 약간은 도움을 필요로 하는 것처럼 행동해야 한다고 가정한다. 남자가 사랑을 표시하는 데에 먼저이어야 하고, 여자는 남성의 시선을 끌기를 바라면서도 그저 무던히 기다려야 한다는 고정관념이 받아들여진다. 특정한 모양의 신체 형태, 목소리 혹은 특정한 생김생김이 유독 사랑스러운 것으로 혹은 성적으로 자극적인 것으로 용인된다. 두 사람만의 은밀한 행위인 성교에서조차 남성은 적극적이고 여성은 소극적이라는 관례가 적용된다. 사랑에 대한 언어적 혹은 상징적 의사표현은 극히 제한된 어떤 규정에 따라 진행된다.

이것뿐인가? 역할들은 양파의 껍질처럼 층층이 쌓여 있다. 아내에 대해서 남편의 역을 하는 사람은, 어머니에 대해서 아들의 역을 할 수도 있고, 여성인 경우 아버지에 대해 딸의 역을 하고 있을 수도 있다. 혹은「자연스럽게」,「진실되게」혹은「모든 것으로 해방된 듯」한 역을 하기 위해서 일부러, 일상적인 역할 행위를 의식적으로 내버리는 수도 있다. 색욕(色慾) 그 자체도 남자 스스로 자기가 남성임을 확인하고 상대방 여성으로부터 사회적으로 정해진 쾌락과 흥분을 느끼기 위해 무의식적으로 배양된 것일지 모른다. 많은 경우, 우리는 자신이 사랑스럽다는 것을 증명하기 위하여 사랑의 행위를 한다. 즉 우리의 관습이 수용할 수 있는 애인의 역할을 할 수 있다는 것을 확인할 목적으로 사랑을 한다.

이처럼 우리가 어떤 역할을 하고 있음을 참으로 의식하는 사람이면 누구나 곧장 자기의 일상적 태도는 거의 전부가 이러한 역할의 수행일 뿐이고, 그 자신이 진정 어떤 사람인지를 발견할 수 없다는 것, 그리고 자기 자신을 진심으로 표현하는 방법을 찾고 있지 못하고 있다는 사실을 알아차리게 된다. 이처럼 자의식에 빠진 자는 계속 어느 행위를 하건 자기를 의식하기 마련이어서 그가 맺고 있는 모든 인간 관계에서 일종의 막다른 골목에 빠진 자신을 발견하게 될 것이다. 결국 앞으로도 뒤로도 움직일 수 없이 모든 길이 막혀 있는 소위 「이중의 굴레」라는 궁지에 처하게 된다. 만약 그가 계속 행위마다 특정한 「옳은」 행동방식이 있고, 그의 본모습을 구성하고 있는 특정 감정의 집합이 있다고 고집한다면, 그는 이제 완전 마비상태에 빠지고 말 것이다. 그는 자신에 대한 진실을 찾고자 하는 자리에서 자유를 대신 찾았으나, 그것을 단순한 허무로 오인했던 것이다. 인간의 자유란 비록 어떤 질서이기는 하지만, 그것은 理혹은 道와 같이 무규정적인 질서의 형태를 띠기 때문에 제멋대로 어디에다 귀속시켜 분류할 수 있는 성질의 것이 아니기 때문이다. 그러므로 이러한 이중의 굴레에 빠진 자는 그저 기다려야 한다. 그저 저절로 무슨일이 생기는지 기다릴 수밖에 없다. 그때 비로소 그는 모든 길이 거칠고 황량하다는 느낌이 갑자기 모든 길이 열려 있다는 느낌으로 변하는 것을 발견할 것이다. 그는 마치 힌두신화에서 진정한자아가 다양한 피조물의 모든 역을 수행하고 있는 신으로 묘사되듯 모든 역할을 수행할 수 있음을 알게 될 것이다.

좀더 엄격하게 말한다면, 어떤 일이 자연스럽게 저절로 일어나기를 기다려야 한다는 것은 사실이 아니다. 심장은 고동치고, 호흡은 계속되며, 모든 감각은 느끼고 있기 때문이다. 전체적인 경험 세계가 조금의 강요도 없이 생명체, 유기체 그 자체에게로 다가오는 것이다. 경험이 이처럼 자연스럽게 다가온다는 표현이 말 그대로 소극적인 것은 아니다. 그것은 이미 자연스럽고 자발적인 행동이다. 이러한 의미에서 행동이 관찰되고 느껴질 때, 이것은 자연스럽게 더 발전된 행동으로 흘러간다. 그러나 이것을 무시하고 그것의 피상적 수동성을 「아무것도 일어나지 않는 것」으로 해석할 때는 자연이 아니라 장애가 끼어든다. 자연은 본래 기대해서는 안 되는 것인데, 기대된다고 느끼면 벌써 자발적, 자연스러운 것이기보다는 강요된 것이기 쉽다. 자연스럽고 자발적인 경험이 계속 흐른다. 이것을 피동적 느낌이라 여기지 않고 적극적 활동으로 볼 때 이것이 바로 유기체 자신이 세계를 창조하는 것이며, 사랑과 그의 자연스런 표현이 등장하는 행동의 기초가 된다. 이처럼 개방적이고 집착 없는 의식 속에서 사랑하는 상대방은 나에 의해 소유되는 대상이 아니라, 오히려 예기치 않은 경험에서 생겨나 모든 환희와 충만함이 고이 간직된 채로 고스란히 자기에게 받아들여지는 것이다.

사랑하는 사람 앞에서 옷을 벗는 행위는 자신의 인격적인 가면을 벗어버린다는 뜻이다

거의 대부분의 문화권에서 사랑이란 일체의 다른 관계가 끼어들지 않는 두 사람만의 친밀한 관계이다. 이런 점에서 비록 상징에 불과하다 할지라도 이미 세속의 것이 아닌 신성을 암시하고 있는 것이다. 사랑하는 사람 앞에서 옷을 벗는 행위는 벌써 자신의 인격적인 가면을 벗어버린다는 뜻이다. 일체의 사회적 역할로부터 해방된다는 표시이다. 모든 사랑은 그런 의미에서 비밀이다. 성스러움이 정말 무엇인지 모르는 사회에서만

이 사랑의 비밀을 금기로 여긴다. 그런 사회에서는 금기란 인간이 불행하게도 짐승으로 돌아가려는 경향을 덮어주는 장막이라고 생각하는 것이다. 그렇다. 영혼을 자연과는 전혀 이질적인 것으로 파악해서, 자연의 질서를 언어의 질서로 지배하려는 문화권에서는 이런 생각은 오히려 당연할지 모른다. 이렇게 생각하는 사람들은 성(*sexuality*)을 신성(神性, *sacred*)과 동일시하려는 의도를 보면 저 짐승의 투박한 음란보다도 더 심각한 위협을 느낄 것이다. 그런 사회에서 성이란 성은 모조리 검열을 받는다. 그 말은 오직 음담패설(淫談悖說)에서 아니면 의학의 생리학적 차원에서만 용납 될 것이다. 즉 다시 말해서 성스러움과 가장 멀리 떨어져 있을 때만 용납될 것이다. 성을 신성과 연관짓다니! 그것을 연상만 해도 극단의 미신적인 두려움과 공상을 불러일으킬 것이다. 혹시 악마의 장난 아니면 못된 사교(邪敎)의 기이한 관행이나 아닌가?

그러나 연인들이 한 몸이 되는 것은 이미 세속을 떠나 성스러운 세계로 들어가는 첩경이다. 또한 일정한 사회적 역할을 떠나 실재의 세계로 들어가는 상징적인 변화이다. 이렇다면 그것은 우리의 미망을 깨뜨리는 것이다. 저 관습의 마야로부터 우리를 해방시키는 가장 적절한 관계이다. 그러나 이런 관계는 마음과 감각이 자연을 있는 그대로 받아들이는 개방된 의식의 상태에 있는 경우에만 가능하다. 왜냐하면 폐쇄적이거나 긴장된 의식은 이미 알고 있는 것을 투사한 것만 알 수 있기 때문이다. 이제 프로이드가 정신분석에 있어서 필수적이라고 생각한 의식의 상태가 존재할 수 있는 이상적인 영역에 대한 설명을 들어보자.

의식이 어느 정도 의도적으로 집중되는 순간부터 사람은 자기 앞에 주어진 재료를 선택하기 시작한다. 어떤 지점이 마음 속에서 유달리 분명하게 고정되고, 결과적으로 다른 것들은 무시된다. 이러한 선택 가운데에는 그의 기대와 편벽된 사고방식이 들어 있기 마련이다. 이것이 바로 절대로 해서는 안 될 일이다. 만약 이러한 방식의 선택적 판단에 이미 우리의 기대치가 들어 있으면 그 자료에 대해 이미 알려진 것 외에는 아무것도 알려지지 않을 위험이 뒤따르고, 만약 자신의 편견만 따르면 우리가 지각하는 것 모두가 거짓일 것이 거의 틀림없다.12)

아마 연인들이야말로 상대방을 가장 비현실적인 시각에서 바라보는 데는 선수일 것이다. 연인들끼리 만남이란 결국 서로 엄청난 이상상(理想象)만을 투사하는 것이라고 보통 믿고 있다. 그러나 사실 이것은 자연이 그들에게 처음으로 인간 존재의 참모습을 볼 수 있도록 해주는 것이나 아닐까? 그들은 결국 환상에서 벗어날 것이다. 그렇다고 꿈에서 깨어나 현실을 본다고 말해야 할까? 아니, 차라리 지나치게 꼭 껴안았기 때문에 현실을 질식시켰다고 말해야 하지 않을까?

---

12) 프로이드 (2), P. 324

절정(絶頂)

사랑으로 인하여 우리는 세계 전체를 새롭게 볼 수 있는 눈을 얻게 된다

　사랑을 통하여 우리는 상대방을 가장 현실적으로 본다. 사랑은 한낱 상대방의 이상적 관념적 그림자를 보는 게 아니다. 사랑은 인간이 육체임을 알 수 있는 흔치 않은 창구이다. 그런데 보통 영혼과 구별하여 소위 육체라고 부르는 것은 하나의 추상이다. 소위 육체란, 무엇이든 그것이 이 세상에서 자리잡은 전체적 위상과의 관계를 고려하지 않고 관찰해 버릇하는 우리의 고질적 관습이 만들어낸 허구요, 실재가 아니다. 이제 신비롭게 기대하지도 않았는데 홀연히 나타난 사랑으로 인하여 우리는 연인에 대한 눈뿐만 아니라 세계 전체를 새롭게 볼 수 있는 눈을 얻게 된다. 사랑은 남과 완벽한 관계를 맺는다는 경험에 다름아니다. 그처럼 완벽한 사랑의 관계는 오로지 불안과 집착 때문에 추상화될 때 마치 무슨 별난 것으로 애지중지하는 하나의 소유물로 전락한다.

　육체와 물체가 꼭 따로따로 떨어져 있는 것으로 생각해도 잘못이고, 육체적 합일을 사이미즈 쌍둥이가 한 몸으로 붙어있듯 분명히 꼭 눈에 보이는 것에만 국한해도 잘못이다. 유기체끼리의 합일이란 관계도 유기체 자체만큼이나 실질적인 것이다. 그러니까 기독교의 결혼관에 아무리 많은 결점이 있다 하더라도, 부부가 한 몸이라는 말은 전적으로 옳은 것이다. 이와 마찬가지로 교회에 다니는 신자들을 예수의 몸이라고 생각하는 것이라든지, 특히 우주 전체가 그리스도의 몸－이것이 화육(化肉)론의

본뜻이다―이라는 것을 실천에 옮기는 것이 교회의 역할이라는 생각은 천번만번 옳은 말씀이다.[1)]

이렇게 보면 우리들이 습관적으로 영혼만을 중시하고 남녀간의 육체적 결합을 동물적이니 인간활동 중 가장 추악한 것이니 하면서 이를 배격하는 것이 얼마나 이상한 짓인가? 우리가 자연에 대해서 얼마나 잘못된 생각을 지니고 있는지를 잘 알려주는 사례라 할 수 있겠다. 이것은 자기 자신이 신체 외부의 세계와 맺을 수 있는 관계 중에서 가장 창조적이고도 구체적인 관계를 거부하는 것이다. 우리는 오로지 여성을 사랑함으로써 그 여성뿐만 아니라 다른 모든 것들에 대해서도 「이것은 나의 몸이다」라고 말할 수 있다.

세계를 그리스도의 몸이라고 파악한 기독교의 직관에도 불구하고, 자연계를 한 몸으로 경험하지 못한 까닭에 기독교는 자연이란 하나님과는 동떨어진 것, 심지어는 대립되는 것으로 간주한다. 자연을 덧없는 물체들의 집합에 불과한 것으로 생각하는 까닭에, 이 세상은 유한하고, 이 세상 밖의 무엇인가에 의지하는 것으로 본다. 그 가운데 아무것도 영원한 것은 없다. 그 가운데 아무것도 존재인 것은 없고, 단지 존재를 소유할 뿐이다. 전체는 부분의 합이니까, 이 전체는 그 자체로 존재할 수 없다. 그러나 이런 생각은 개별적인 사물이란 단지 전체적 관계의 한 마디란 점을 인식하지 못한 탓이다. 즉 세계는 사물들이 단순히 병렬 적으로 놓여 있는 복합체가 아니라, 불가분(不可分)한 단계들의 유기체적 체계라는 것을 보지 못한 탓이다. 언어를 통해 세상을 조각내서 분석해 보는 버릇이, 우리의 눈까지 멀게 하여 이 세상 사물과 사건은 분리되어 존재할 수 없

---

1) 알렉산드리아의 성 시릴은 로마인들에게 보내는 편지에서 다음과 같이 말한다. 그리스도의 몸은 「일체의 자연을 내포한다. 이는 아담이 원죄를 범했을 때, 그 한 사람의 저주로 자연 모두가 병드는 것과 같은 이치다.」

다는 사실을 못 보게 만들었다. 세계는 그 부품을 합친 것보다 더 큰 전체이다. 세계의 부품들은 단순히 합쳐진 것―한 데 던져진 것―이 아니라 서로 연관된 것이기 때문이다. 부품은 태어나고 죽어도, 전체는 늘 남아 있는 구조이다. 마치 세포들은 수없이 나고 죽어도 인체라는 전체 유기체는 계속 남아 있는 구조이듯이. 물론 구조도 개별적인 형체들과 동떨어져 존재하는 것은 아니다. 유기체라는 전체는 마치 바위덩이가 전자(電子)들의 조직적인 운동과 진동을 통해서 단단히 뭉쳐 있듯이, 바로 그 부분들이 태어나고 죽는 과정 속에서 여전히 존재하는 것이다.

서구 신학의 기초를 제공하는 소박한 철학은, 참된 존재란 안정되고 정적(靜的)인 것이요, 변화하는 것은 참된 존재가 아니라는 생각을 그 밑에 깔고 있다. 이제 존재와 운동, 질량과 에너지가 서로 불가분이라는 사실을 알고 있는 우리들은, 움직이고 변화하는 것을 실재가 아니라고 여길 이유가 없다. 영원한 것이라고 여기던 것은 알고 보았더니 모두 우연적인 것이다. 감각의 파노라마란 단지 금세 나타나고 금세 사라지는 사물들의 집합이 아니라, 바로 저 우연적 모습 속에 드러난 안정된 구조 혹은 관계임을 알게 되었다. 그러나 우리의 의식은 자연을 관계의 총합으로 보는 시각에 익숙해 있지 않다는 데 어려움이 있다. 의식은 따로 떨어져 있는 영혼도 아니요, 신경계의 기능도 아니다. 우리의 의식은 마치 별과 은하계처럼 신경계를 가능하게 하는 상호연관된 총체적 기능이라는 점을 알아야겠다. 우리는 이제부터 이론상으로 맞다고 생각만 하던 것을 몸으로 느껴야겠다. 자연계의 각 부품들이 서로 불가분리의 관계에 있음을 단지 머리로만 안다고 만족할 게 아니라 느낌으로 감(感)을 잡아야겠다.

이렇게 의식이란 불과 돌이라는 단단한 기반에 덧붙여진 인광의 찌꺼기 즉 본래 무감각한 광물처럼 이 세계에 뒤늦게 덧붙여진 첨가물이 아니라는 것이 분명해질 것이다. 의식은 오히려 태고 적부터 우주의 심장

깊숙이 감추어 있던 것이 밖으로 되돌아 온(e-volution) 것이다. 단지 통계적 확률로만 존재하는 줄 알았던 의식은 우주와 더불어 언제나 살아 있었던 것이 분명하다. 오직 살아 있는 유기체를 통해서만 이 세계 전체는 느낌이 가능하다. 눈으로 볼 수 있기 때문에 별들이 빛을 가지는 것이 가능하다. 관계맺음이란 일종의 동질성을 확인하는 것이다. 별과 인간의 눈은 서로 떨어져 마주봄으로써 관계가 맺어지듯 그렇게 서로 이질적인 물체가 아니다. 태양, 별 그리고 행성들은, 유기체들이 생겨날 수 있고 또 실제로 생겨나는 조건을 제공해준다. 만약 생명을 가진 유기체가 없었더라면 우주는 완전히 다른 구조를 띠게 되었을 것이다. 우주는 반드시 생명체를 함축하고 있으며, 반면에 유기체는 바로 이처럼 고유한 구조의 우주를 자신 속에 함축하고 있는 것이다. 단지 시간적 격차 그리고 이들이 맺고 있는 관계의 막대한 복잡성 때문에 별들과 인간은, 남녀가 서로 함축하고 있는 줄 알지 못하고, 지구의 양극이 서로 함축함을 모르듯이, 서로를 함축하고 있다는 사실을 보지 못하는 것이다.

금욕주의자와 쾌락주의자는 자연과 인간이 한몸처럼 합일되어 있음을 깨닫지 못하고 있다

인간과 자연이 서로 떨어질 수 없이 한 몸처럼 합일되어 있음을 깨닫지 못하는 것은 육체에 탐닉하는 자나 지나친 금욕주의자나 마찬가지이다. 육체적 쾌락에 집착하여 그 감각의 만족만을 삶의 목표로 삼는다는 것은 이미 그 자신의 몸을 경험과 분리시키는 태도이다. 그리하여 쾌락주의자는 육체의 쾌락을 빼앗고 추구해야 할 대상으로 보게 된다. 한편 이런 식으로 획득된 쾌락은 항상 단편적이고 불만스러운 것이라고 여기는 금욕주의자는 문제의 실질적인 뿌리인 분리 자체를 포기하지는 않은 채, 단지 쾌락의 추구만을 포기하는 반응을 나타낸다. 그는 의지를 육체에 대립하는 것으로, 추상적인 것을 구체적인 것에 반하는 것으로 여기어 육체와 정신의 단절을 더욱 강화시킴으로써, 쾌락추구의 뿌리가 되는 느낌 자체를 더욱 괴롭힌다. 금욕주의는 바로 금욕주의자 자신이 고치려고 하는 질병의 증상이다. 쾌락주의와 전통적인 정신주의는 실질적으로 서로 대립하는 것은 아니다. 따지고 보면 그 둘의 대립은, 동일한「음모」를 꾸미는 빨치산들에 의해 무의식적으로 조작된 모의(謀議) 전쟁인 것이다.

　금욕주의자이건 쾌락주의자이건 둘 다 모두 자연이나「몸」을 추상적으로 마치 조각조각 따로 떨어져 있는 존재자들의 세계인 줄로 잘못 혼동하고 있다. 그들 스스로를 고립된 개인으로 착각하기 때문에 내적으로 불완전하다는 느낌을 떨쳐버리지 못하는 것이다. 쾌락주의자는 무언가 역시 불완전하게 자신과 동떨어져 있는 것이라 여겨지는 세계로부터 쾌락 즉 완전성을 추출해냄으로써 자신의 부족을 충족시키려 한다. 한편 금욕주의자는 (이솝 우화에 나오는)「포도는 시다」는 입장을 가지고, 바로 자연의 부족을 충족으로 삼아 만족한다. 둘 다 쾌락과 쾌락의 추구를 구별하지 못하고, 욕망과 욕망의 착취를 구별하지 못할 뿐만 아니라, 또한 착취한 쾌락은 진정한 쾌락이 아니라는 것, 즉 즐거움이 아니라는 사실을 모르는 셈이다. 왜냐하면 쾌락이란 은총처럼 저절로 오는 것이지, 의지의 명령에 복종하는 것이 아니기 때문이다. 다른 말로 하자면, 쾌락은 인간과 세계의 진정한 관계맺음에 의해서 창출되는 것이다. 신비한 통찰력처럼 쾌락은 마치 추구함이 없이 주어지는 것이다. 다시 말하자면 신비한 관계란 마음과 감각을 붙잡는 근육처럼 사용해서는 알 수 없고, 오직 마음과 느낌을 활짝 열어 놓았을 때만 완전하게 경험할 수 있다는 것이다. 애타게 집착하지 않았는데 저절로 주어지는 감각적인 쾌락에 저속한 것은 분명 하나도 없다. 사실상 모든 쾌락은 오직 이런 식으로만 가능할 뿐이다. 그러니 쾌락주의자의 오류란 그가 악을 저지르려 한다기보다 오히려 불가능을 행하려 하는 데 있다고 해야 할 것이다. 쾌락을 가져다주건 어떤 것을 잡으려고 근육을 움직이는 것은 가능하다. 그러나 잡아다니는 근육의 움직임보다는 감각을 그저 모든 것을 받아들이는 상태에 두어야 쾌락의 느낌은 가능하다. 바로 이러한 이유로, 느낌은 특정 대상으로부터 무엇을 빼내기 위해 다급하게 경직되거나 마비되어서는 안 된다.

이 말은 특히 사랑과 남녀간의 성적인 교감에 대해서 딱 들어맞는 말이다. 바로 이 때문에 자연스러운 사랑은 신성하고 신비하지만, 억지로 강요된 사랑은 심히 저속하고 좌절감만 안겨주기 십상이다. 그래서 인간을 따로 떨어진 추상적 개별체로 파악하는 문화권에서는 성적인 사랑이 문제가 될 수밖에 없다. 그런 문화권에서 성적 체험은 서로의 기대를 충족시키지도 못하며, 그렇다고 남녀간의 관계를 충만하게 하는 것도 아니다. 그러나 동시에 성적 체험은 그것이 얼마간 긴장의 해소는 약속하는 듯 보이기 때문에 사람들은 계속 무조건 추구하고 또 그 정도의 부분적인 만족을 위해 온갖 수단을 동원하여 게걸스럽게 달라붙는다. 그리하여 성은 많은 사람들에게 실질적인 종교로서 종교인의 관점에서는 이런 성의 숭배야말로 신의 숭배에 대신하는 위험하고도 분명한 악이다. 그러나 이것을 악으로 보는 까닭은 다르다. 다른 쾌락과 마찬가지로 성이 참된 충족을 가져다주지 않기 때문이다. 바로 이런 이유로 해서 성을 신으로 모셔서는 안 되는 것이지, 그것이 「단지 육욕」이라서가 결코 아니다. 자연을 경험할 줄 안다면 신과 자연을 갈라놓는 심연은 사라질 것이다. 왜냐하면 이 양자를 갈라놓고 있는 것은 저 둘이 실질적으로 달라서가 아니라 오로지 마음속에서 갈라져 있기 때문이다.

성을 우주가 한 몸임을 깨닫는 길의 출발점으로 삼으려면 성을 관조할 필요가 있다

그러나 우리가 이미 살펴보았듯이 성 문제는 성 자체의 차원에서 해결할 수 없는 문제이다. 세상을 새롭게 보는 안목이 없이는 성적 경험으로 부터 완전한 기쁨을 얻을 수 없다. 한편, 성적인 관계야말로 너무나 즉각적인 보상이 있기 때문에, 저 새로운 안목을 쉽게 얻을 수 있는 마당이기도 하다. 남과 합일하는 데 가장 흔하고 또 극적인 것이 바로 성적 관계이다. 그러나 성을 우주가「한 몸」임을 깨닫는 길의 출발점으로 삼으려면, 성을 관조할 필요가 있다. 관조하는 사랑은 즐거움이 없는 의미에서「욕망없는」사랑이어서는 안 된다. 고립된 자아가 상습적인 공허감으로부터 벗어나려고 의식적으로 계획하거나 조작함이 없는 사랑이어야 한다.

이러한 관계를「단지 성적」인 것을 훨씬 넘어선다고 말해도 정확한 표현이 못 된다. 성적인 접촉이 직접적인「사랑 만듦/성행위」의 테두리를 넘어서 일과 대화의 영역에까지 그 따스함이 번지고, 그래서 인간적 교류의 모든 측면을 빛나게 한다고 말하는 것이 더 나을 것이다. 성은 삶의 전체이어야지 어디 따로 외지게 동떨어진 특수 영역이 아니다. 그것은 특별한 경우에 특별한 강도를 유지하면서도 모든 인간관계에 침투하는 빛과 같은 것이다. 역으로 성이란 인간과 자연이 완전히 교통하는 특별한 형태 혹은 특별한 정도라고 말할 수 있을 것이다. 성적인 환희는 모방하는 것이요, 또 잘 알려져 있지 않지만 우리와 세계의 근본적인 동질성에 내재하고 있는 기쁨을 흉내내는 것이다.

이러한 관계를 성교본에서처럼 기술적인 문제로 논의할 수는 없다. 도가나 밀교에서 성관계의 기술 혹은「특별 훈련」으로 보이는 것이 등장하기는 하지만 이것들은 기독교의 성만찬처럼「내적, 정신적 은총을 의적이고 가시적인 것으로 나타내 보인 것」이다. 그런 기술을 쓴다면 그것은 저 내적 태도가 성숙한 결과이지, 그것을 기반으로 저 내적으로 성숙한 태도를 불러일으킬 수는 없을 것이다. 왜냐하면 저 기술은 모두 사랑이란 저절로 다가오는 것으로 즉 관조적으로 파악하고 있음을 전제하며, 또 그 기술을 통하여 사랑으로부터 무엇을 착취하려는 모습은 결코 보이지 않기 때문이다. 성적인 요가는 물론 다른 요가를 이해하는 데도 이것을 마치 일종의 영적인「수행」혹은「훈련」으로 오해해서는 안 된다. 왜냐하면 훈련이라고 잘못 선택된 말을 마치 요가란 특정한 결과를 달성하기 위한 방법인 줄 알게 하지만, 요가의 정반대가 그것이다.[2] 요가란「합일」을 의미한다. 즉 우리가 내적으로 브라만이나 道와 하나임을 실현한다는 의미이다. 엄밀히 말한다면 이것은 욕망의 대상이 아니기 때문에, 거기에 도달하는 방법이 따로 있는 어떤 목적일 수도 없다. 합일을 이루려는 어떤 시도도 예외없이 무조건 그 합일을 멀리 날려보내는 것이다. 그러므로 요가「수행」이란, 카톨릭에서 그리스도의「충만하고 완전한 희생」의 표현으로 미사를 경축하는 것과 유사하게, 바로 합일을 뜻하거나 성만찬같이 그 합일을「축하」하는 것이다. 이미 가득 찬 것에 있어서 거기 도달하기 위한 수단은 아무런 의미를 갖지 못한다. 따라서 어떤 결과를 추구하는 관조나 명상은, 관(觀)이 바로 추구함이 없는 의식은 집중되어 있지만,「집중을 수행하고」있는 것은 아니다. 그것은「영원한 지금」에 집중하고 있을 뿐이다.

성의 요가 혹은 전문적 이름으로 마이투나(*maithuna*)는, 중국에 기원하며 나중에 불교에 역유입된 것으로 생각되기는 하지만, 인도 조각의 흔한 주제이다. 선교사나 신지학자(神知學者)들 그리고 그들의 영향을 받은 인도인을 포함한 많은 서구인들이 비교적 자연스럽게 이들 형상들이 외설적이라는 것, 그리고 성의 요가는 동양의 정신적 타락을 나타낸다는 관념을 퍼뜨렸다. 이러한 반응은 정신적 성이라는 관념에 생소한, 제 삼자의 당연한 반응이라고 할 수 있을 것이다. 그러나 우드로프*Woodroffe*(1), 다스굽타(*S. B. Dasqupta*) (1) 그리고 쿠마라수와미*Coomara-*

2) 이 점을 훌륭하게 논의한 책으로는 게능(*Guenon*) (1) pp.261~267을 보라.

swamy(1)와 같이 신중하고 책임성 있는 학자들은 이 형상들이 전혀 외설적 의도를 가지지 않았다는 것과, 이 형상들은 한때 적어도 기독교 혼례만큼 성스럽게 여겨진 의례 내지 그 형이상학적 교리를 나타내는 것이라는 사실을 밝혀주었다. 마이투나 형상들은 소위 난잡한 혼음을 곁들인 술 잔치와는 아무 상관이 없다. 차라리 그 형상들은 정신과 자연이 영원히 합일되어 있다는 상징이며, 다른 한편으로는 상호 헌신적 쌍방의 관조적 사랑을 완전하게 표현한 것이기도 하다.3)

밀교적 마이투나의 기본적인 생각은, 도교의 방중술과 마찬가지로 성적 사랑은 이 쌍방을 서로 신처럼 여기는 일종의 종교적 숭배로 바뀔 수 있다는 것이다. 이 주장은 숭배란 관념이 없는 불교나 도교의 경우 약간의 수정을 가하든가, 숭배를 자연의 관조란 관념으로 바꾸어야 할 것으로 보인다. 마이투나식 포옹은 성적 에너지를 한 몸에서 다른 몸으로 보낸다는 뜻을 포함하고 있는데, 이것을 배꼽 아래로부터 머리 위로 올린다고 상징적으로 묘사한다. 잘 아다시피 요가는 신체구조를 독특한 상징

---

3) 우드로프(1) p.578에 씌어 있기로 그 형상의 쌍방은 흔히 남편과 아내라고 한다. 특별한 경우이기는 하지만 일부다처제의 사회에서 그 여성은 남성과 정신적 교감에서 동등한 지위를 지닌 영원의 종교적 여성으로 선택된다고 한다. 신지학자들이 퍼뜨린 오해의 하나는 성의 요가가 남을 해치는 일종의 흑색 요술이라는 것인데, 저들은 본래 기독교적인 악의 관념을 인도·불교의 세계관에 뒤집어씌우는 역할을 했다. 신지 학자들의 오해는 순전히 서양 개념인 「왼손잡이」를 사악하다고 여기어 성의 요가를 좌도(左道) 밀교라고 부른 것에도 잘 나타난다. 그러나 인도 상징 체계에서 좌우는 엇갈리게 놓이지 않고 마치 반원처럼 같은 곳에 포개지는 것이다. 상징적으로 오른편은 남성의 길이요, 왼편은 여성의 길이라서 왼편의 남성은 자연과 여성을 통하여 해탈한다는 것이다. 이런 수행이 사하자(*sahaja*) 곧 자연스런 길이라고 불리는 이유다. 또한 이런 신지 학자들의 태도는 19세기 영국과 미국 중산층의 호색벽을 드러낸다는 사실을 상기할 필요가 있다. 신지 학자들은 티벳 불교의 겔룩파 또한 흑색 요술로 혼동했다. 티벳 불교에서 마이투나 상징을 어떻게 쓰는지 자세한 것은 *Dasgupta* (1) pp. 98~134를 보라. 반드시 자연과 정신을 상징하지 않고 때로는 반야지(般若智)와 방편행을, 공(空)과 자비를 나타내기도 한다.

체계로 표현하고 있다. 척추는 곧 생명의 나무요, 그 뿌리는 저 지하의 세계로 뻗어 있고, 그 나뭇가지 혹은 꽃은, 「창공」 즉 두개골 바로 아래에 있다고 한다. 척추 나무가 자라는 땅은 쿤달리니(*kundalini*) 곧 뱀의 힘이 자리잡고 있는 곳으로, 이 쿤달리니는 본시 자연 안에 들어 있지만 마야의 환상에 의해 잠들어 있는 저 신성한 생명 에너지를 상징한다. 요가로 이 뱀을 깨우면, 그 뱀이 나무를 타고 올라가 두개골의 정점인 「태양문」을 통해 하늘로 비상할 수 있다는 것이다. 뱀이 척추-나무의 뿌리에 있을 때는 성적인 에너지의 형태로 자신의 힘을 드러내고, 머리 꼭대기에 있을 때는 정신적 에너지의 형태로 드러낸다.

탄트라의 상징체계에 따르면, 쿤달리니의 에너지는 성행위에 의해서 촉발되지만 그냥 소모된다고 한다. 그러나 지속된 포옹으로 남성이 오르가즘을 절제하면 그 성적 에너지를 여성 속에 있는 신성 자체를 관조하는 데 쓸 수 있다고 한다.[4] 그래서 남녀가 다리를 포개서 명상하는 자세로 앉아 있고, 여성은 허벅지로 남성의 허리를 감싸고, 팔로는 남성의 목을 감고 있는 것이다. 이러한 자세가 몸을 움직이는 데는 분명 적합하지 못하다. 요컨대 쌍방이 가만히 포옹만으로 상호의 동작을 적극적이라기보다 소극적, 수용적이 되도록 하는 데 그 목적이 있었음을 알 수 있다. 성적인 에너지를 발동, 흥분시키기 위해서 적극적 동작이 행해지는 것은 아무것도 없다. 그것은 상상이나 의지력으로 무엇에 「집착」하거나 착취하지 않고 저절로 물처럼 흘러가도록 내버려두는 것이다. 그렇다고 그동안 마음이 환상에 빠져들게 내버려두는 게 아니고 「있는 그대로」를 느끼도록 열어두는 것이다.

이런 것들을 이해하려는 서양 사람들은 쿤달리니의 상징이니 성감의

---

4) 도교의 방중술에서는 적당한 때에 오르가즘을 허용한다. 특히 여성의 오르가즘은 남성의 힘을 돋군다고 생각한다. 니이덤 (1), 제2권 pp.149~150.

상승을 어떤 생리학적인 상황과 혼동하지 않도록 조심해야 할 것이다. 사실 이러한 신체해부학적인 상징체계는 우리에게 너무 낯선 것이라서 본래의 의도를 이해하는 데 도움이 되기보다는 오히려 장애가 된다. 뿐만 아니라, 고대인들의 성에 대한 이해는 대부분 정액과 그 성질을 파악하는 데 초점이 맞추어져 있는데, 요즘 우리는 아무도 그와 같은 견해를 가지고 있지 않을 뿐더러, 정액을 피와 같이 필수적 체액으로 이해하지도 않는다. 요즘 우리의 생리학적 지식은 남성이 오르가즘으로 힘이 빠진다는 견해를 뒷받침하지는 않는다. 그러므로 성의 요가를 현대에 적용한답시고 단순히 오르가즘을 회피한다면 그것은 전혀 번지수를 잘못 짚은 것이다.

이러한 고대 관념들은 그 기술적인 면보다는 심리학적 함축에서 그 중요한 의의를 찾아야 할 것이다. 만약 저들로부터 우리가 무언가 받아들일 것이 있다면, 그것은 저들이 성에 대해 갖고 있는 태도이다. 그 태도는 결혼과 성관계에 대한 현대인의 온갖 혼동과 좌절을 치유하는 데에 다른 어떤 것보다 많은 기여를 할 수 있을 것이다. 그렇다면, 이제 밀교와 도교의 성철학을, 우리에게는 아무런 의미가 없는 상징적 의례적인 요소들로부터 떼어내어, 그것이 과연 우리 문화 속에서 정말 일말의 적용 가능성을 지녔는지 그 여부를 확인하는 일만 과제로 남게 되었다.

불교와 도교는 경험에 대해 관조적인, 혹은 감각적으로 열려 있는 태도를 취하고 있다

성 요가의 기본적 의도를 분명히 밝히려면 우선 그 수행을 불교 및 도교의 철학적인 원리의 맥락 속에서 고찰해야만 한다. 불교철학의 기본적인 원리는, 감각이 세계에 대한 왜곡되고 부분적인 표상을 가지지 않도록, 트리쉬나(*trishna*) 즉 목이 타는 갈증 같은 탐욕에 방해받지 않는 의식을 지니자는 것이다. 도교의 원리도 단지 용어상으로만 차이가 난다. 바로 무위(無爲)라는 용어는 곧 자연의 길—道를 방해하지 않는다는 뜻이다. 道란 인간이—그—환경과—관계—맺음이 유기적이요, 자연스럽다는 뜻이다. 두 철학은 모두 경험에 대해 관조적인 혹은 감각적으로 열려 있는 태도를 취하고 있다. 이를 불교에서는 다야나(*dhyana*), 禪라 하고, 도교에서는 관(觀)이라 한다. 불교식 요가거나 도교식 요가 모두 「수식법(數息法)」 즉 숨을 헤아리는 관법을 수행하고 있다. 그 이유는 호흡의 박자가 유기체 전체의 성향을 결정하기 때문이다. 이제 호흡에 대한 그들의 태도를 알아보는 것이 그들의 성에 대한 태도를 이해하는 열쇠이다.

어떤 사람은 호흡을 완전히 익히면 그 박자가 생명을 정지함이 없이 완전히 정지한다고 설명한다. 그러나 이것은 분명 니르바나(*nirvana*) 즉 「숨이 끊어짐」을 곧이곧대로 번역한 것에 지나지 않는다. 실제로「수식법」이란 억지강요나 집착없이 숨을 자연스럽게 들이쉬고 내쉬는 것이다. 이렇게 두면 자연히 박자는 점차 느려지고 종국에는 마치 숨이 멈춘 것처럼 들숨과 날숨의 교환은 안정되어 일체의 헐떡거림이나 잡념이 없어지게 된다. 이것은 삶 전체를 집착없이 오고갈 수 있도록 내버려둔다는 것을 상징하는 동시에 실제적으로 도움이 되는 방책이기도 하다. 왜냐하면 사람이 숨쉬는 방식은 바로 그가 살아가는 방식을 드러내기 때문이다.

성 행위에서도 남성이 오르가즘을 절제한다는 것은 역시 숨을 정지하는 경우처럼 축자적 해석에 불과하다. 둘 다 모두 핵심은 정지하는 것이 아니라 붙잡지 않는다, 즉 집착하지 않는다는 데 있다. 숨을 가만히 관조하면 호흡이 자동적으로 느려지는 것과 마찬가지로, 성을 가만히 관조하면 역시 자연스럽게 오르가즘이 지연된다. 아니, 이처럼 지연된 정적인 성교에 무슨 가치가 있다는 게 아니다. 핵심은 성적인 과정을 자연스럽게 하는 데 있다. 이처럼 자연스런 성교는 자아, 성적 쾌락을 강요하는 자아가 사라지지 않고서는 불가능하다. 그리하여 오르가즘은 저절로 제때에 일어나고 또 신체의 나머지 부분도 그렇게 대응해서 움직여 줄 때 자연(自然)스럽다. 적극적이고 강요된 성교는 본시 자연스러워야 할 동작을 의도적으로 모방하는 데 불과하다. 마음과 감각을 열어둠으로써 이런 식의 성적 사랑이 하나의 새로운 세계를 보여줄 수 있다. 남성의 오르가즘이 시작되기 오래 전부터, 성적 충동은, 심리적으로 말하면 마치 서로가 녹아들어가는 듯한 온화한 따뜻함의 느낌이라고 밖에 표현하지 못할 그런 느낌으로 나타난다. 다르게 표현하자면 「육체의 욕망」이 상상할 수 있는 최고의 부드러움과 배려심을 가진 사랑으로 승화한다고 말할 수 있다.

폰 우르반(von Urban)(1)은 이러한 생각을 현대인에게 전달하려고 꽤나 애를 썼지만, 그의 접근방식은 지나치게 성적 기교의 차원에 머물러 있고, 또 너무 딱딱하게 강제로 그저 기술을 가르치는 데 몰두하고 있다. 뿐만 아니라 밀교의 논의가 정밀한 해부학적 체계로 흐려진 것처럼, 폰 우르반은, 라이히(Reich)의 「오르곤(orgone)」이론과 유사하게 쌍방간의 짜릿한 전기가 통하는 교감에 대해 상당히 사변적인 견해만을 제시했다. 그러나 성 상대간의 농축된 감정을 설명하기 위해서 신비한 「힘」이니 「유액(流液)」이니 하는 기계적 상징들은, 유기체가 인격간의 그리고 그 환경과의 관계 속에서만 존재한다는 사실에만 정당한 의미를 부여하는 자연철학에서는 쓸데없는 관념의 도입이다. 관조적 정신으로 행하는 성적 사랑에는 단지 우리의 상호의존성과 「한 몸」임을 인식할 수 있는 조건이 필요할 뿐이다.

이 점은 아무리 거듭거듭 강조해도 모자랄 만큼 중요한 것이다. 관조적인 사랑은, 관조적 명상과 마찬가지로, 기술은 둘째 문제이다. 왜냐하면 관조적인 사랑은 특정한 목적이 없기 때문이다. 일어나게끔 해야 할 것은 아무것도 없다. 이것은 단지 한 쌍의 남녀가 함께 그것이 어떠해야 할 것이라는 아무 선입견 없이 자신들의 자연스러운 감정을 탐구하는 것에 불과하다. 왜냐하면 관조의 마당은 마땅히 존재해야 할 것이 아닌, 그저 존재하는 것의 영역이기 때문이다. 시계와 일정표가 범람하는 세상에서, 한 가지 중요한 기술적인 문제가 있다면 그것은 적절한 시간 배분이다. 그러나 이 시간은 물리적인 시간이 아니라 심리적인 시간의 문제이다. 즉 매사가 저절로 일어나도록 하는 태도, 감각이 대상과 교류할 때 집착하지 않고 다급해하지 않는 태도의 문제라고 보아야 할 것이다. 이러한 태도가 결여된 우리 문화권에서 대부분의 성적 경험은 그 엄청난 잠재적 가능성을 전혀 개발하지 못한 채 그만 사그러지고 만다. 만남의 순간이 짧으면, 여성의 오르가즘은 상대적으로 드물고, 남자의 오르가즘은 채 무르익지도 못한 행동에 의해서 재촉되거나 「강제」된다.5) 이와는 대조적으로, 관조적이고 비활동적인 성교에서는 그 교감을 거의 무한히 지속시킬 수 있으며, 남성의 오르가즘을 아무 불편 없이 집중력을 다른 데로 돌릴 필요도 없이 지연할 수 있다. 더군다나 남성이 이러한 성교에 익숙해지면 상당히 오랫동안 적극적인 성교도 할 수 있게 되어 결국 여성에게 가능한 한 최대의 자극을 제공할 수 있게 된다.6)

---

5) 킨제이 (1) p.580을 보면 이렇게 적혀 있다. 「모든 남성의 3분의 2가 성교를 시작해서 이 분이 채 안 되어 오르가즘을 경험한다고 한다. 아니 상당수의 남성은 일 분 아니 여근에 들어가 십 초 내지 이십 초도 안 돼서 절정에 이른다고 한다.」 계속해서 그는 다른 포유동물과 비교하면 자연스러워 보일지 모르지만, 불행하게도 여성은 이 때문에 오르가즘을 느끼기 어렵다는 것이다. 그래서 남성이 여성의 요구에 따라 사정하지 않고 성행위를 연장하는 것은 차라리 비정상을 요구하는 폭이라는 생각이 들 정도라는 것이다. 포오드와 비이치(1) pp.30~31의 지적에 따르면, 포유동물의 암컷은 특히 원인류의 경우 오르가즘이 드물거나 없다고 한다. 그러나 인간과 고등 포유동물의 종적 차이는 너무 커서 인간에게 무엇이 정상인지를 저 동물의 자로 재는 것은 주의를 요한다. 킨제이의 통계수치는 의심스럽지만 포도와 비이치가 인용한(p.32) 딕킨슨과 비임(1)의 것과 비교해 보자. 미국부부 362쌍의 성교는 74%가 10분 미만, 91%가 20분 미만에 그친다고 한다.
6) 남성이 절정에 이르지 않는 카레자도 이런 식으로 가능하다. 그러나 이것을

우리가 가장 은밀하다고 생각하는 몸의 그 부분들이 자아와의 관계가 제일 적다

　관조적 사랑에 들어가는 첫 단계에 성행위 중 소위 「전희(前戲)」라고 부르는 매우 단순한 접촉에서 깊이와 만족을 발견한다. 그러나 아무런 목적이 없는 관계에서는 도대체 본희 이전에 전희라는 행위가 있을 수 없다. 그저 상대방을 쳐다보거나 손을 잡거나 목소리를 들어보기만 해도 당장 안다. 이러한 접촉이 다른 목적에 귀결되는 것으로 생각하지 않고, 마치 행동자체가 그 속에 있을 뿐 아무 의지력이 작용하지 않는 것처럼, 그저 저절로 의식될 때, 저 접촉은 그대로 엄청나게 풍부한 감흥을 자아낸다. 이렇게 수동적으로 받아들일 때, 외부 세계마저 마치 자기 자신의 몸이 활동하듯 생동감을 지니게 된다.

　이제 인간의 몸은 곧 바깥세계를 포용하고 있다는 느낌이 들게 된다. 이처럼 특이한 마음가짐으로 해서 좌선(坐禪)을 하는 선승(禪僧)들은 다도(茶道)에서 예술의 가능성을 발견한다. 몇몇 친구들과 차를 나누어 마시는 지극히 단순한 사회적인 유대 속에서 농축된 미적 기쁨을 발견하는 것이다. 다도란 「원시적이고」 가식없는 용구들과 담백한 주위 환경, 이를테면 정원의 자연석, 창호지의 투박한 질감, 그리고 거친 나무기둥 따위에서 기대하지 않았던 아름다움을 관조할 수 있는 예술로 발전하였던 것이다. 그런데 이러한 마음가짐을 일부러 기르려고, 이 행위를 하고 있는 자아에 대한 시선을 간직한 채 의식적으로 행해진다면, 이것은 곧 허세나 위세가 될 것이 뻔하다. 즉 대상의 관조가 목적이 아니라, 바로 관조의 「수행」을 목적으로 할 때는, 다도(茶道) 역시 속물들의 귀족놀음으로

　특히 피임을 목적으로 행할 매 심리적 건강에 좋고 나쁜지에 대해선 의견이 엇갈린다. 혹시 심리적 위험은 관조적 기분에서의 성적 접촉이 가져다 주는 커다란 기쁨으로 감소시킬 수 있겠다. 카레자의 「정신적」면은 증명되지는 않았지만 사정할 때 영적인 힘을 잃지 않고 정액을 승화시킨다는 점이다.

전락하는 것이다. 똑같은 이유로 해서, 관조적 사랑으로 교감하려는 연인들이 마치 그들이 마땅히 지켜야만 하는 어떤 기준에 맞게 무슨 기술을 연마한다고 생각할 필요는 없다. 서로 끌어안으려는 강한 열망이 있음에도 불구하고 가만히 앉아 서로를 바라보는 것으로 그 감정을 억제한다는 것은 지극히 우스꽝스러운 일이다. 문제의 핵심은 단순한 접촉만도 무척 경이롭다는 것을 알아채는 데에 있는 것이지 단순한 접촉을 무슨 의무처럼 행사하는 데 있는 것이 아니다. 아마도 이런 이유로 해서, 처음에는 성교(性交) 이전보다 차라리 그 이후에 이런 관조적 사랑을 탐구해 보는 것이 더 나을지도 모르겠다.

그렇지만 이것만은 변함 없는 진실이다. 한 쌍의 연인들은 서로 천천히 다가가 부드럽게 접촉하게 몸을 내맡긴다. 그들의 감각이 아무 거리낌없이 작동하게 내버려둔다. 이런 상황에서는 단지 손을 스치는 것만으로도 엄청난 의미를 지닌다. 깊은 입맞춤 아니 그저 입술이 가까이 가기만 해도 모든 사랑의 첫 순간처럼 「전기가 통하는」 감흥을 새삼 느낄 것이다. 다시 말해서 그들은 입맞춤의 참된 의미 즉 그렇게 깊이 있는 사랑만이 타인의 참된 존재를 알게 한다는 것을 깨닫는다. 상대방은 이제 고립된 개체가 아니라 관계의 존재임이 드러나는 것이다.

자 이제 「이렇게 부드러운 관조적 접촉은 자연스럽게 성교로 넘어가기 마련이다」라고 말한다면, 그거야 항다반사로 매일같이 일어나는 일이 아니냐고 반문할 사람이 많을 것이다. 물론 부드러운 접촉은 곧 저절로 폭풍우 같은 열정을 불러일으킨다. 열정이란 분명 억지로 의욕한다고 만들어지는 게 아니다. 그러나 배가 고플 때 꾸역꾸역 집어삼키는 것과, 맛을 보면서 찬찬히 씹어먹는 것과는 하늘과 땅의 차이가 있다. 식욕은 절제만을 필요로 하는 것이 아니라 모종의 의식도 필요로 한다. 즉 유기체적 환경이 어떻게 스스로 움직이는지 그 전체적인 과정을 분명하게 지켜보는 의식이 필요하다는 말이다. 훌륭한 춤꾼들은 마치 한 몸처럼 이끄는 사람이나 끌리는 사람의 동작이 흡사 동시에 작동하는 것처럼 보인다. 아주 친밀한 성적 접촉도 마치 둘이 함께 추는 춤처럼 그렇게 상호동시성이 작동한다. 남자는 이끌고 여자는 이끌려갈 필요가 없다. 남성—여성의 상호 동시적 관계가 저절로 작동하는 것이다. 이러한 상호 동시적 상관성에 대한 느낌은, 흔히 성행위를 이끄는 남성과 거기에 맞받아 순응하는 여성과의 관계에서 느끼는 것과는 전혀 질적으로 다른 것이다. 우리는 흔히 이렇게 말한다. 그가 「앞서 가고」 그녀는 「뒤에서 따라간다」고. 그러나 정작 그 두 동작은 상호동시 성으로 마치 같은 동작처럼 보인다.

어느 순간에 서로 약속이나 한 듯이 마치 서로 손이 바뀐 것과 같이 그 둘은 옷을 벗을 수 있을 것이다. 그 동작은 어색하지도 대담하지도 않다. 왜냐하면 그들의 몸이 무대 밖에서(*off-scene*) 벗겨지고 긴밀히 접촉하는 사이, 사회적 역할과 체면의 가면 아래에서 억눌려오던 「한 몸」이라는 생각이 상호동시적으로 드러나는 것이기 때문이다. 이때 이런 몸의 친밀하고 무대 외적인 측면들을, 그들이 지니는 극도의 사회적 민감도 때문이거나 또는 당사자들 자신이 그 관계를 지나치게 의식하기 때문이거나 일반적으로 비밀로 덮어두려고 한다. 가장 민감한 것은 우리의 눈이다. 그냥 사교적 접촉에서도 계속 상대방의 눈을 바라보면 흔히 눈을 돌리게 된다. 그 까닭은 아마도 그것이 우리를 당황하게 만들 정도로 은밀한 친밀도를 지녔기 때문인 것으로 풀이된다. 우리는 남의 눈이 부끄럽다고 한다. 왜 그럴까? 그 눈의 접촉으로 우리가 유지하려고 그토록 애쓰는 각자의 분담된 역할을 그대로 폭로되고 또 그것을 초월하는 인간 상호간의 진정한 관계가 가능함을 보여주기 때문에 부끄러운 것이다. 우리가 가장 은밀하다고 생각하는 몸의 그 부분이 내 자아의 중심이 되는 것은 아니기 때문이다. 이 부분들은 자아와의 관계가 제일 적은 부분이다. 그 부분의 민감한 감수성은 오히려 우리로 하여금 외부세계와 최대의 접촉을 가능케 한다. 즉 이전에「남」이라고 부른 상대방과 최대의 친밀함을 가능케 하는 것이다.

상대방과의 일체감은 우주적인 생명의 흐름 속에 쌍방을 몰아넣는다

이러한 육체적 감각적 친밀성을 정신 쪽으로 돌리면, 남의 생각에 대해서도, 유사한 형태의 개방된 관심을 보이게 된다. 육체적인 접촉만큼이나 성감으로「충전」된 상호간의 의사소통이 가능하다. 억지로 무슨 인격을 가장하고픈 욕망이 전혀 없어지기 때문에 남에게 자신의 생각을 있는 그대로 전달할 수 있다는 느낌이 든다. 이것이 소위 성감으로「충전된」의사소통의 특징이다. 아마 이런 느낌은 모든 인간관계에서 가장 희귀하고 어려운 측면이 될 것이다. 일상적 교분관계에서 가장 자연스럽게 일어나는 (우리는 이것을 충동적인 것으로 여겨 눌러둔다) 생각이야말로 가장 많이 숨겨두는 것이기에 말이다. 자기 자신의 한계를 모르고 또 인정하려 하지도 않는 지각없고 무미건조한 사람들에게 우리가 이야기하는 개방된 의사 소통은 거의 불가능할 것이다. 왜냐하면 우리가 남을 가장 쉽게 비판하는 부분은 우리 자신도 잘 알아차리지 못하는 것인 경우가 많기 때문이다. 그럼에도 불구하고 이것은 깊은 성 관계를 이해할 때 가장 핵심적인 것이고, 비록 드러내놓고 그 생각을 말하지 않았음에도 불구하고 무슨 수로든지 알려지는 것이기도 하다.7)

---

7) 우리가 지금 이야기하고 있는 것은 매우 특별한 관계라서, 보통 정서적으로 미숙하고 사회적으로 완고한 사람들의 계약결혼 같은 데서는 거의 찾아볼 수 없는 관계일 것이다. 아무리 성숙한 사람도 이런 느낌은 상대방을 면밀히 고려하지 않고서는 감히 나타내지 않는 법이다. 그런 것이 통하지 않을 때 자기를 완전히 노출시키는 것은 나르시스적 자기탐닉에 지나지 않는다. 전혀 남인 사람과는 솔직한 것이「좋을」수도 있겠으나, 남편과 아내 사이에 그런 상호동시성을 경험하려고 억지로 애를 쓰는 것은 무모한 일이다. 결혼 상대자가 지금 그런 대로 좋다고 생각하고 그런 제약을 그대로 받아들

우리는 보통 자기 자신을 가장 자연스럽게 표현할 수 있는 사람이 가장 자기다울 수 있는 사람이라고 말한다. 이 말에는 깊은 의미가 들어 있다. 왜냐하면 이 말은 진짜 완전한 자아란 가장 자연스레 움직이는 것이지, 의지나 의도의 소산이 아님을 뜻하기 때문이다. 우리의 몸 가운데 가장 민감한 부분들은 바로 자아의 테두리를 벗어나 초월하려 하기 때문에 가려지는 것이다. 생각과 감정의 흐름을 혹「내적 자아」라고 부르기도 하지만, 사실 그 흐름은 가장 자연스럽게 어떤 역할(役割)을 하지 않는 자유로운 움직임이다. 그 움직임이 깊은 데서 나올수록 또 중심에 가까우면 가까울수록 진정한 자아의 움직임이지, 사회적 가면의 역할이 아니다. 그러므로 생각의 흐름을 벗긴다는 것은 벌거벗은 몸을 보이는 것보다 더 성적인 친밀감의 표현일 수 있다.

관조적인 사랑에서 성「행위」라는 말을 쓰면 안 된다. 왜냐하면 이 말은 성교가 마치 무슨 특별한 짓이 되는 양 인생에서 따로 Ep어 고립시키는 감이 들기 때문이다. 알버트 제이녹크(*Albert Jay Nock*)는 이를「단순행위의 반복」이라고 딱 들어맞지만 좀 해학적인 표현을 썼다. 성이 웃음거리가 되는 부차적인 이유 중의 하나는 아마도 그것을 고정된 목적과 관심에서「실행」하는 것에 우스꽝스러운 면모가 있어서일는지 모른다. 중국인들이 이를「꽃들의 전투」라고 재미있는 표현을 하는 것도 마찬가지 이유일 것이다. 인간이 맺는 관계 중에서 가장 자유로운 관계인 성관계에 어떤 규칙을 만들어 그것을 구속하지 않으려면, 그 접근법이 적극적, 활동적이어서는 안 된다. 왜냐하면 쌍방의 성기가 서로 맞닿을 정도로 가까이 있을 때 필요한 것은 다만 그 상태를 가만히 유지하고 서두르지 않는 것이다. 때가 되면 저절로 여성은 남성의 성기에 의해 침범 당

이는 것은, 물론 좀 냉소적일지 모르나 인간적으로 어쩔 수 없는 일이 아니겠는가? 그러나 사태를 호전시키려면 내가 이야기하는 그 방법을 쓰는 것이 유일한 출발점이다. 부드럽게 내버려두는 것이 상대방을 그대로 받다들인다는 것이요, 또 일종의 심리적 삼투작용을 통해 상호동시성을 체험할 수 있을 것이다.

하는 법 없이 자연스럽게 이를 흡수하는 것이다.8)

바로 이 무렵 의식을 열고 그저 기다림으로써만 가장 큰 보상을 받을 것이다. 몸을 움직여서 오르가즘을 억지로 이끌어 내려는 의도가 없을 때, 성기의 접촉은 바로 생생한 정신적 교감의 통로가 된다. 쌍방은 일체의 의도적 노력을 버리고, 그저 일어나고 있는 과정 자체에 몸을 맡긴다. 상대방과의 일체감이 점점 강도를 더해가서 마침내 쌍방은 그 자체가 생명력을 지닌 또 하나의 새로운 일체감을 느낄 것이다. 이러한 일체감은 바로 도통(道通)이라고 부를 정도로 우주적인 생명의 흐름 속에 쌍방을 몰아넣는다. 이 느낌이 왜 우주적인가? 행동을 하고 있는 것이 「나」도 아니고 「너」도 아니기 때문이다. 남성이 오르가즘을 절제하려는 아무런 시도가 없음에도 불구하고, 성관계는 한 시간 아니 그 이상 지속할 수 있다. 이때 여성은 아주 미세한 자극만으로도 그녀 자신이 얼마나 수동적일 수 있는가에 따라 몇 번씩이라도 오르가즘을 겪게 된다.

시간이 지남에 따라 쌍방은 모두 절정에 대한 초조한 걱정에서 벗어나서, 그제야 어떤 행동이든 아무리 거친 행동이라도 가능하다고 저절로 알게 된다. 「저절로 알게 된다」는 표현을 쓰는 이유는 그것이 무슨 기술을 배우는 것이 아니라, 그저 직접적이고 순간적인 느낌을 가리킨다고 말하고 싶어서이다. 그저 쌍방이 상대방을 위해 자신을 완전히 드러내주

---

8) 폰 우르반(Von Urban) (1)은 밀교식 자세를 권장하지 않는다. 그런 식으로 앉아 버릇하지 않은 사람들에게 어렵기 때문이다. 그대신 서로 오른쪽에 눕는 자세를 제시한다. 즉 여성은 드러누워 한 다리를 남성의 다리 사이에 넣고 한 다리는 남성의 둔부에 걸친다. 이렇게 하면 접촉은 오직 성기뿐이라 쌍방의 관계는 오직 그곳을 중심으로 「밀집」된다. 일체의 느낌이 그 성의 중심점을 거쳐 지나가기 때문에 엄청난 감흥을 느낄 수 있다는 점에서, 처음 시작으로서는 훌륭하지만, 반드시 이것을 무슨 철칙으로 삼을 필요까지야 없을 줄 안다. 남성 성기가 저절로 미끄러져 「흡수되는」 것은 또한 당연히 여근에 물기가 충분히 퍼져 있을 경우에 한한다.

고 싶은 욕망의 반응일 뿐이다. 그렇다고 꼭 이렇게 적극적인 행동을 취할 필요는 없다. 사람에 따라 그저 가만히 있는 것을 더 좋아하는 수도 있다. 순수한 느낌의 차원에서 모든 과정이 저절로 굴러가도록 내버려두는 것을 선호하는 사람도 있을 수 있다. 그것이 오히려 심리적으로 보다 깊고, 보다 충만한 느낌일수도 있는 법이니까.

성교의 절정에서 느끼는 감흥을 종종 욕정의 극단으로 여기는 수가 있지만, 그것은 다름아닌 아난다(*ananda*) 즉 기쁨의 절정일 뿐이다. 이때 희열의 절정이란 느낌은, 고립된 개인과 명백히 구별되는, 관계에 대한 경험을 수반한다. 「욕정」보다는 「포기」라는 말이 이 상황에 더 잘 어울리는 말이다. 왜냐하면 이 절정의 순간에는 마치 타인의 몸 속에 자기가 죽어 녹아들어갈 정도로 느껴질 만큼 강한 자기집착의 포기, 자기다움의 포기, 자기의지의 포기현상이 일어나기 때문이다. 드 루즈망(*de Rougement*) (1)은 (나는 틀린 것으로 생각한다) 바로 이런 식으로 죽음에의 소원이 있는가 없는가에 따라 단순한 정열 즉 에로스*eros*와 신성한 사랑으로서의 아가페(*agape*)가 구별된다고 주장한다. 그의 생각에 따르면, 에로스는 그 본질상 피조물이 가질 수 있는 사랑이니까, 피조물이 애시당초의 그 무(無)로 돌아가려는 경향 즉 죽으려는 경향성이 있는 반면, 창조자의 사랑인 아가페는 그 근원이 순수 존재인 까닭에 삶을 지향한다는 것이다. 그러나 이 견해는 기독교가 말하는 죽음과 부활의 신비를 완전히 무시하는 셈이다. 즉 삶과 죽음은 대립되는 것이 아니라, 죽음으로써 다시 살아날 수 있다는 부활의 개념이 보여주듯이, 삶과 죽음은 하나의 전체 속에서 서로 관계를 맺고 있는 두 측면일 뿐이다. 물론 사랑할 때 죽고 싶다는 것은 비유적인 표현에 불과하다. 즉 성교라는 강렬한 체험을 통해 일종의 자기 초월적 신비를 느끼는데 이를 시적으로 표현한 것에 불과하다. 그것은 밀알이 떨어져 다시 싹트기 위해서 「죽는다」는 표현이나, 송충이가 나비로 탈바꿈하기 위해서 「죽어야 하는」 것과 같은 종류의 비유적 죽음인 것이다.

그러나 고도의 성적인 희열이 반드시 「죽고」 싶을 정도로 강렬한 것만
은 아니다. 자기의 「포기」 혹은 자기를 잊을 정도로 빠져드는 체험은 보
통 사랑놀음에서도 가능하다. 더구나 이러한 성적 유희가 강한 충족감을
가져다 줄 때는 더욱 그렇다. 물론 성과 죄를 연결시키는 문화에서 이러
한 형태의 성적유희란 드물다. 단테가 천사들의 노래를 「우주의 웃음」으
로 묘사한 것만 보더라도 신비체험에서는 당연히 자기로부터의 해방이
가능하다. 그러나 신비체험뿐만 아니라 사랑놀음에서도 자기로부터의 해
방이 가능하다는 것을 알아야 할 것이다. 코벤트리 패트무어(*Coventry
Patmore*)의 말을 들어보자. 「사랑은 존경과 숭배의 영역을 넘어서 영혼
으로 하여금 웃음과 기쁨의 높은 영역에 들어가게 한다.」 쌍방이 사랑놀
음을 억지로 벌이지만 않는다면 「진짜 체험」을 얻는다. 이 말은 거기 두
고 맞힌 것이다. 사랑놀이에서도 무언가 잡으려고 집착하는 마음이 생기
면, 그것이 놀이이기를 그치고 그 순간 당장 즐거움이 달아나게 된다. 가
장 신비한 창조의 샘이 그만 당장에 고갈되는 것이다. 순수한 즐거움이
야말로 창조의 근원이다.

사랑놀이는 딱히 지속해야 할 시간이라고 시계로 잰 듯 정해져 있는
것은 아니다. 그러나 다시 한번 강조해 두지만, 이러한 무시간적인 요소
는 그저 시간을 끈다거나 무작정 버틴다고 해서 습득되는 것이 아니다.
목표를 두지 말고 초조하게 서둘지 않으면 그뿐이다. 오르가즘에서 마지
막 사정도 그저 자연스럽게 일어나게 내버려둘 것이다. 그것은 스스로
오는 것이지, 어떻게 끌어올 수는 없는 것이다. 보통 하는 말대로 그것은
억지로 애쓴다고 되는 것이 아니고, 선물처럼, 은총처럼 그저 「온다」는
것을 직관적으로 알게 된다. 완전히 개방된 느낌의 세계로 그 체험이 봇
물 터지듯 쏟아져나올 때, 그것은 「허리 아래로 무언가 줄줄이 흘러내리

듯」한갓 육체적 긴장에서 해방된다는 느낌일 수 없다. 별처럼 터져나오는 불꽃의 폭발이다. 환희의 절정이다.

신성한 세계는 그대로 일상의 세계일 뿐이다

이 표현을 보고 내가 성에 대해 불경죄(不敬罪)를 저지른다 또는 엄청나게 지나친 주장을 하고 있다고 비난하는 사람들이 있을 법도 하다. 물론 완전히 느끼기를 거부하는 사람들에게, 그리고 생명이 태어나는 순간의 신비와 신성함을 보지 않겠다고 외면하는 사람들에게는 그럴 수밖에 없다. 그 순간을 짐승 같은 격정의 순간이라 생각하는 것 자체가 우리가 삶으로부터 얼마나 멀리 떨어져 있는지를 단적으로 드러내는 것이다. 바로 이 극적인 순간에 인간은 몸과 정신이 하나임을 알아차려야 한다. 그렇지 않으면 우리가 말하는 신비주의는 한낱 감상(感傷)이 아니면 말라빠져 비생산적인 순수(純粹)성의 추구로 전락하고, 우리의 성은 단지 저속한 행위로 전락하고 말 것이다. 진정한 의미에서 성적 욕정이 없는 곳에, 종교는 말라빠진 추상적 관념의 놀이로 전락하게 될 것이며, 종교적 자기포기가 없는 곳에, 성은 한낱 기계적 자위행위로 전락하게 될 것이다.

성애(性愛)의 절정은, 그것이 자연발생적인 한, 남과 관계맺음 가운데 가장 총체적인 경험이다. 이것이 인간에게 가능하다. 그러나 편견과 불감증은 우리로 하여금 그 이외의 다른 상황에서는 그러한 즐거움을 신비스러운 황홀경으로 부르지 못하도록 온갖 훼방을 놓았던 것이다. 왜냐하면 연인들이 이 순간에 상대방에서 느끼는 것은 그대로 하나의 완전한 종교적 의미로 숭배의 감정이며, 성애의 절정은 문자 그대로 상대방에게 그의 모든 생명을 쏟아 붓는 것이기 때문이다. 그러한 숭배와 외경심은 오로지 신에게 드려야 한다지만, 따지고 보면, 인간에게 드려서 안 될 것이 무엇일까? 그 절정의 순간에 사랑은 상대방에 관한 일체의 환상을 쫓아내고 있는 그대로의 몸과 정신으로서 애인을 본다. 사회적인 가식으로 위장되지 않고 자연스럽고 신성한 존재로서 연인의 모습을 본다. 자연스러운 애인, 신과 같은 애인을 보지 못하는 교감이야말로 우상 숭배와 다를 것이 없다.

신비체험은 누구나 알다시피 황홀경의 절정에 계속 머물지 않는다. 사랑에서와 같이 그 황홀경은 우리를 명료성과 평화로 인도한다. 사랑에서처럼 신비체험의 황홀경을 벗어나면 곧 사물이 있는 그대로 보이는 명증성과 마음이 푸근한, 평화로운 느낌이 뒤따른다. 사랑의 절정이 지나고 잔잔한 흥분이 남아 이제는 산꼭대기에서 골짜기로 곧 곤두박질치는구나 하고 생각하는 까닭은 그 절정을 그대로 흐르도록 내버려두지 않고 안타깝게 움켜잡으려는 마음이 있기 때문이다. 그러나 경험을 그대로 통째로 수동적으로 받아들일 때, 사랑이 끝나고도 그 흥분이 잔잔히 흐르는 여진(餘震)의 세계는, 기이하게도 변했으면서도 아무런 변화가 없는 그런 세계로 변한다. 이 순간 우리는 성과 정신을 하나라고 당당히 말할 수 있다. 마음과 느낌은 이제 스스로를 열어놓을 필요가 없다. 그들 스스로 이미 자연스럽게 개방되어 있는 것이다. 그리고 이제 신성한 세계는 그대로 일상의 세계일 뿐이다. 가장 평범한 모양 아니면, 그저 누구나 내는 평범한 소리 그대로 족하다. 마음과 느낌이 더 중요한 무엇을 찾겠다고 저 평범한 세계를 무시하지 않는다. 이제 그런 체험을 한 사람은 시계가 가리키는 시간의 세계로부터 진정한 시간의 세계로 들어가는 것이다. 그 세계에서는 모든 일에 강제가 없이 자연스럽게 저절로 왔다가 저절로 사라질 뿐이다. 시간은 일 자체에 들어 있지 우리 마음 속에서 정해지지 않는다. 마치 원숙한 성악가는 노래를 부르는 것이 아니라, 스스로 노래가 그의 목소리에 실리듯 한다. 그렇지 않으면 리듬을 잃고 음정도 뒤틀린다. 삶의 행로는 여기에서 일종의 연속체 안에서 저절로 걸어간다고 해야 할 것이다. 그 연속체 안에서는 능동과 수동이, 그리고 안과 밖이

하나이다. 이제야 우리는 자연 속에서 인간의 진정한 자리를 발견해낸
듯하다. 다음의 중국 한시가 바로 그 인간의 진정한 자리를 그림 그리듯
표현한다.

이렇게 살자.
하얀 구름 속에서 푸른 수풀 속에서
함께 노래 부르자.
태평가를9)

---

9) 루스 사사키(*Ruth Sasaki*)가 번역한 『禪 노트(*Zen Notes*)』 3권에 10번째로
   실려 있는 시이다(뉴욕, 1956).

참 고 문 헌
(Bibliographical References)

이 목록은 이 책의 주제에 관한 참고문헌을 나열한 것도 아니고, 또 이 책을 읽기 위한 준비서 목록도 아니다. 다만 이 책을 쓰면서 언급하고 인용한 것의 출처를 밝힌다.

BATESON, G, with JACKSON, D, D., HALEY, J., and WEAKLAND, J. H. 「Toward a Theory of Schizophrenia」, 『Behavioral Sciences』, vol. 14, October, 1956, pp.251-264.

BONPENSIERE, 『New Pathways in piano Technique』, Philosophical Library, New york, 1953.

BURROW, T. 『Science and Man's Behavior』, Philosophical Library, New York, 1953

CH'U TA-KAO, 『Tao Te ching』, The Buddhist Society, London, 1937.

COOMARASWAMY, A. K. 『The Dance of Shiva』, Noonday press, New York, 1957

DASGUPTA, S. B. 『An Introduction to Tantric Buddhism』, University of Calcutta Press, 1950.

DE ROUGEMONT, D. 『Love in the Western World』 Pantheon Books, New York, 1956

DICKINSON, R. L., and BEAM, L. 『A thousand Marriages』, Williams and Wilkins, Baltimore, 1931.

DODS, M. 『The City of God』(St. Augusine), 2 vols. Clark, Edinburgh, 1872.

ECKERMANN, J. P. 『Conversations of Goethe』, J. M. Dent,　London, 1930.

ELLIS, H. 『Studies in the Psychology of Sex』, 2 vols. ed. Random House, New York, 1942.

EVANS, C. de B. 『Meister Eckhart』, 2 vols. Watkins, London, 1942.

FORD, C. S., and BEACH, F. A. 『patterns of Sexual Behavior』 Haper, New York, 1951.

FREUD, S. (1) 『Civilization and Its Discontents』, Hogarth Press, London, 1949.

(2) 『Colleted Papers』, vol. 2. Hogarth Press, London, 1924.

FUNG YU-LAN. 『History of Chinese Philosophy』, 2 vols. Princeton Unicersity Press, 1953.

GILES, H. A. 『Chuang-tzu』, kelly and Walsh, Shanghai, 1926.

GILES, L. 『Taoist Teachings』, Translations from Liehtzu. John Murray, London, 1925.

GUENON. R. 『Introduction to the Study of the Hindu Doctrines』, Luzac London 1945.

HUME, D. 『Treatise of Human Nature』 Oxford University Press, 1946.

JUNG, C. G. 『Answer to Job』, Routledge, London, 1954.

KINSEY, A. C., POMEROY, W. B., and MARTIN, C. E. 『Sexual Behavior in the Human Male』, Saundera, Philadelphia and London, 1948.

LIN YU-TANG. (1) 『My Country and My People』 Halcyon House, new York, 1938.

(2) 『The Wisdom of Lao-tzu』, Modern library, New york, 1948.

NEEDHAM, J. 『Science and Civilization in China』, vol. 2. Cambridge University Press, 1956.

NORTHROP, F. S. C. 『The Meeting of East and West』, macmillan, New York, 1946.

REICH, W. 『The Function of the Orgasm』, orgone Institute Press, New York, 1948.

SIU, R. G. H. 『The Tao of Science』, John Wiley, New York, 1957.

SUZUKI, D. T. (1) 『Eassays in Zen Buddhism』, Vol. 2. London and Kyoto, 1933. Repr., Rider, London, 1950.

(2) 『Manual of Zen Buddhism』, Kyoto, 1935. Repr., Rider, London, 1950.

(3) 『Training of the Zen Buddhist Monk』, Eastern Buddhist Socicty, Kyoto, 1934.

TAYLOR, G. R. 『Sex in History』, Thames and Hudson, London, 1954.

VATSYAYANA. 『Le Kama Soutra』(Kamasurtra). J. Fort, Paris, n. d.

VON URVAN, R. 『Sex Perfection and Marital Happiness』, Dial Press, New York, 1955.

WALEY, A. 『The No plays of Japan』, Allen and Unwin, London, 1950.

WATTS, A. W (1) 『The supreme Identity』, Noonday Press, New York, 1957.

(2) 『Myth and Ritual in Christianity』, Thames and Hudson, London, and Vanguard, New York, 1954.

WELCH, H. 『The Parting of the Way』, Beacon Press, Boston, 1957.

WHITEHEAD, A. N. 『Science and the Modern World』, Cambridge niversity Press, 1933.

WHYTE, L. L. 『The Next Development in Man』, Henry Holt, New York, 1948.

WOODROFFE, Sir J. 『Shakti and Shakta』, Luzac, London, 1929.

ZIMMER, H. (1) 『Myths and Symbols in Indian Art and Civilization』.

(2) 『Philosophies of India』, Pantheon Books(Bollingen Series), New York, 1951.

넘어가는 글

이 번역서의 대본으로 사용한 뉴욕 랜덤 하우스(*New York, Random house*) 출판사의 「빈티지 북스(*vinatage Books*)」－아마도 많은 책이 있지만 책 가운데에도 샴페인처럼 끝내주게 맛좋은 포도주 같다는 뜻이리라－마지막 책 갈피에 앨런 왓츠에 대해서 다음과 같이 짤막한 소개를 붙여놓고 있다.

「앨런 왓츠는 신학 석사와 박사학위를 갖고 있다. 인도와 중국 철학을, 그 중에도 선불교를 해설하는 데는 일인자라고 알려져 있다. 어느 종파나 운동에도 가담하지 않고 그는 금세기 최고의 「독창적」이고도 「때묻지 않은」 철학자란 명성을 얻었다. 종교 철학과 종교 심리학에 관해 대략 20여 권의 책을 지었는데, 이 빈티지 시리즈에 오른 것만도 『禪의 길』 『기쁨의 우주론』 『불안의 지혜에 관하여』 『이 정신을 보라』 『성서』 『그것이 왜 문제되나?』 『바로 이것이다』 『최고의 주체성』 『신학을 넘어서』 『감추어진 구름』 『무지의 해방』 등이 있다. 그는 1973년에 사망했다.」

옮긴이로서 이 소개를 보고 몇 가지 감상이 없을 수 없다. 도대체 그가 정식 학위를 받은 일도 없고, 스스로 떠벌린 일도 없는데 학위가 무슨 말라비틀어진 것인가? 그 사람의 됨됨이와 그 생각의 독창성이 무엇인지 간단한 글을 붙인다.

앨런 왓츠는 누구인가

-A. W. 새들러

내 친구 앨런 왓츠가 살고 간 훌륭한 삶을 기리는 짧은 글을 써보려 한다. 제대로 된 천기를 집필한다거나, 그의 일생을 모두 살피고 나서 그가 살다간 삶의 단편 이것저것을 다시 주워모으려는 생각은 없다. 내가 의도하는 것은 다만 한 인간이 미국 문화와 기독교계에 던진 충격에 대해 약간의 개인적 소감을 피력하는 것과, 그가 관계했던 지방 학계와 지방 성직자와의 어색한 만남에 대한 어설픈 기록이다. 아울러 그가 죽지 않았다면 언제까지나 나 혼자만 알고 있을 일일 터이지만, 그와 관련된 잊을 수 없는 일화 몇 가지를 소개하고자 한다. 따라서 여기에 적는 것은 그의 삶에 대한 짧은 소묘, 몇 줄의 편지, 그리고 귀중한 추억 몇 토막이 고작일 것이다.

앨런 왓츠는 원래 영국인이다. 그는 제1차 세계대전 중 1915년 켄트(Kent)주 치슬허스트(Chislehurst)에서 태어났다. 그가 스물두세 살 쯤 되었을 때, 그러니까 제2차 세계대전이 발발하기 직전에 미국으로 건너왔다. 그는 이때 매우 소중한 자산을 함께 가지고 왔다. 다름 아닌 영국 남자의 말솜씨 또는 글솜씨였다. 영어는 제대로만 쓰면 보기 드물게 경쾌하고 탄력적인 언어이다. 간결하게 쓸 때는 거칠지만, 시적(詩的) 상상의 나래를 펼 때는 푸근하다. 또한 우아하고 정중하지만 너저분하진 않다. 영어를 사랑하는 미국인에게 모국어인 영어는 미국 문화의 핵심 가운데 언제나 모국 즉 영국 문화의 음영이 드리워져 있음을 상기시켜 준다. 교양 있는 일본인이 중국의 고전 문화에 특별한 존경심을 갖는 것과 마찬가지로, 학식이 있는 미국인은 영국식 억양과 그 특유의 액센트가 섞인 유창한 말솜씨에 대부분 매료되고 만다.

앨런 왓츠의 탁월한 언어구사는 그의 가장 두드러진 특징 중의 하나이다. 여기에 한 가지 특징을 더 첨가한다면 특이한 그의 인생 역정을 들 수 있다. 그는 교회와 대학 즉 앵글로아메리칸 사회의 두 개의 커다란 조직에 특이한 방식으로 접근했으나, 언제나 그 양자의 주변에서만 맴도는 바깥사람(아웃사이더)으로 남아 있었다. 나는 그가 1958년 버몬트 대학의 명예박사학위를 받는 데 조력한 적이 있다. 그때 그는 몹시 즐거워했던 것 같다. 학위 인정서가 읽혀지는 동안 그는 박사학위를 나타내는 긴 옷을 걸치고 자랑스레 서 있었다. 그러나 그의 눈에는 장난기가 가득했다. 그는 내게 말했다. 「아시다시피 저는 학사학위도 없는데 석사에다 박사학위까지 받습니다그려.」 그는 악동같이 낄낄거렸다. 그는 그 학위가 신학박사학위였다는 점에서 특히 기분이 좋았던 것이다. 그가 신학박사학위를 받음으로써 그는 그 거드름 피우던 교회와 대학을 단 한방으로 박살내 버렸다고 생각한 모양이다. 나는 그가 명예 학위를 받은 데 대해서 나중에 글이나 말로 어디서건 단 한번도 언급한 적이 없는 줄로 알고 있다. 그런데 아주 예외적인 일이 발생한 적은 있다.

1967년 일요일 『뉴욕타임즈』의 서평란에 괴상한 광고가 실렸다. 제목에 가로되, 「이 책은 당신의 죽음에 대한 공포를 영원히 종식시켜 줄 것이다.」 한 쪽엔 책의 저자 사진도 곁들여 있었다. 몹시 심각한 표정을 한 앨런 왓츠였다. 그리고 그를 「히피 운동의 선도자」로 소개하면서 그 책이 「영(靈)적이고 감성(感性)의 혁명을 위한 소책자」이며 「어떻게 이 다람쥐 쳇바퀴 같은 삶으로부터 벗어날 수 있는가를 알려주는 책」임을 약속했다. 그리고는 구색을 맞추려고 저자의 학력도 게재하였다. 「왓츠 박사는 석사학위와 명예 신학박사학위를 소지하고 있음.」 이 광고는 책의 출판인이 게재한 것은 아니었다. 만지 「정보업체」라고만 밝힌 어떤 회사 명의로 게재된 것이다. 이 회사는 C. O. D.(물품인수 후 대금결제)에 의해 1달러를 공탁할 경우 그 책을 5달러 98센트에 공급한다고 명시하였다. 마지막으로 이 책에 100퍼센트 만족하지 않았을 경우 열흘 이내에 돈을 돌려주겠다는 조항도 포함되어 있었다.

　나는 이 광고문이 앨런 왓츠 스스로 선택한 삶에 드러나 있는 어려움을 잘 나타내 준다고 생각해서 인용해 보았다. 그는 학교생활이 너무 답답하고 구속이 많다는 이유로 다니기를 거부하였다. 그는 자유의 필요성에 대하여 끊임없이 토론만을 벌이는 나라에서는 드물게 진정으로 자유롭기를 바라는 인간이었다. 그래서 그는 결국 자유에 대한 대가를 지불하였다. 버몬트대학으로부터 명예 학위를 받던 날 아침, 그는 졸업생들을 대표해서 연설을 하기로 되어 있었다. 학생들의 행렬이 교수단 앞을 통과할 때였다. 낯익은 목소리가 뒤에서 들렸다.「결국 (그가 그렇게 비양대던) 속물인간의 대열에 고양이처럼 졸졸 끌려들게 되었구먼」그는 고참 보직교수였다. 학과장이면서 지방조합교회의 저명한 평신도였다. 그 당시에는 대학 학장이나 학과장은 누구나 읍이나 그 밖의 지역의 조합교회에 속해 있었다. 다들 그렇게 하는 것으로 알고 있었다. 그러나 앨런 왓츠는 개인적으로 독립된 자리를 지키기 위해서, 경제적으로 안정된 교직을 거절하였다. 그리고 시간강사나 문필업으로 생계를 꾸려나갔다. 그렇지만 그는 가족을 먹여 살릴 능력은 있었다. 소살리토(*Sausalito*)에 가족용 보트도 띄워 놓고 있을 정도였다. 그런데 그는 자신의 치아에 대해서는 소홀한 감이 없지 않았다. 아마도 나의 동료가 얘기했던 것 같은데, 앨런 왓츠가 싱긋이 웃을 때는 불규칙한 치아와 그 틈새가 훤히 드러나곤 했다. 물론 이런 모습이 다른 한편으론 그의 웃음을 더욱 유쾌한 것으로 보이게도 했다.

왓츠의 졸업식 연설은 녹음되었다. 나는 그것을 복사해서 지방 성직자들에게 나누어 주었다. 그들은 일요일 예배 때문에 우리가 초청한 저명한 인사들(그 중엔 테오도르 개스터, 혼딜렌버거, 구스타프 뷔겔도 포함된다)의 연설을 들을 기회를 갖지 못했다고 불평했었기 때문이다. 한 주일 뒤에 시내에서 지방조합교회의 목사 한 분을 우연히 만났다. 그때 나는 그에게 앨런 왓츠의 연설에 대해서 어떻게 생각하느냐고 물어보았다(연설 제목은「신앙을 초월한 신념(*Faith Beyond Belief*)」이었으며, 도가(道家)와 선(禪)에 대한 얘기도 포함되어 있었다) 그는 이렇게 대답했다. 자신도 그 연설에 대한 응답을 준비하고 있으며, 제목은「어떻게 탁구공이 되는 것을 피할 수 있는가?(*How to Avoid Becoming Ping-Pong Ball?*)」라고 하였다. 언제 와서 들어보라고 초대까지 해주었다. 그 다음주 나는 시내 상점에서 또다시 그와 마주쳤다. 그는 자신이 준비하고 있던 것을 포기했으며, 그 이유는 별로 신통한 것이 아니었기 때문이라고 말해 주었다. 선불교에 대한 얘기는 그 당시 흔히 사람들 입에 오르내리고 있었다. 그러나 완고한 이 도시의 시민들은 그것을 단지 일시적인 유행 정도로 치부하고 있었다. 나는 1960년 8월 20일자『뉴요커(*New Yorker*)』지에서 다음과 같은 기사를 볼 수 있었다.「스크리브너 서점에서 엿들은 얘기: 나는 불교에 더 이상 신경을 쓰고 싶지 않다.」

왓츠는 한동안 목사 노릇을 했다. 그는 미국에 온 뒤에 일리노이주에 있는 성공회 신학교를 나와서 성공회 목사로 발령을 받았다. 그는 또 1944년에서 50년까지 노스웨스턴 대학에서 채플 담당 목사로도 재직했다. 그러나 그가 35살 때 두 가지 직책을 동시에 사임했다. 그로부터 9년쯤 뒤에 그가 대학졸업식에서 설교를 하기로 수락했을 때, 나는 그에게 관례상 연사는 기도로 설교를 시작해서 감사기도로 끝을 맺어야 한다고 귀띔해 주었다. 그는 거기에 대해서 1958년 1월 16일자로 편지를 보내왔다.「당신이 누군가에게 기도하기를 요구할 때 제발 선례(先例)로부터 자유로울 수는 없겠소? 물론 한 마디도 안 하고 침묵으로 일관하는 수도 있어요. 아시겠소?」그는 드디어 성직을 포기했다. 나중에 그 이유를 내게 말한 적이 있다. 그는 사람들 앞에 서서 어떻게 살아야 하는지 말해야 한다는 것이 적잖이 곤혹스러웠다고 했다. 그것은 『장자(裝子)』에 나오는 수레바퀴 깎는 노인에게서 배운 교훈과 같은 것이다. 삶을 살아가는 데 물론 기술이 있기는 하다. 그러나 그 기술은 삶 자체 속에서 스스로 터득하면 되는 것이다. 왓츠는 그렇지만 성직에 종사하는 동안에 다른 동료 성직자와 잘 어울렸으며, 서로 존경하는 사이였다고 한다. 뿐만 아니라 성직을 그만둔 후에도 여전히 그 전의 동료들과 뉴욕에 있는 목사관 같은 데서 만나 신에 대해 토론을 하였다고 했다.

사실 내가 왓츠를 처음 만난 것도 성공회 교회에서였다. 1940년대 후반과 50년대 초반에 나는 성공회 교회와 결연을 맺고 있는 대학에 다녔었다. 학급 동료의 대부분이 성공회 신학교에 입학하기 위한 준비과정에 있었다. 나는 조지 월쉬(George Walsh) 교수가 가르치는 철학적 신학 과목을 수강했다. 앨런 왓츠가 쓴 『이 정신을 보라(Behold the spirit)』도 교재 중의 하나였다. 그리고 그때 왓츠가 교회를 떠날 것이라는 소문으로 온 대학이 술렁거렸었다. 우리는 그가 노스웨스턴 대학의 성직에서 물러나 「양심을 시험하기 위해」 웨스트 파크에 있는 성공회 수도원으로 보내질 것이라는 얘기를 들었다. 소문에 의하면 그는 그렇게 했고 결국은 불교도가 되어버렸다는 것이다.

그러나 그가 불교도가 되었다고 말하는 것은, 그의 인생을 본질적으로 잘못 파악하는 말일 뿐만 아니라, 그의 탐구심에 대해 잘 모르는 얘기이다. 그는 『이 정신을 보라』의 서문에서, 성직자와 신학자들은 언제나 「종교의 의미와 종교의 형식을 혼동하며, 종교의 의미에 대해 설명을 요구하면 오로지 종교의 형식적 세목에 대해서 얘기를 늘어놓는다」라고 하였다. 형식은 종파에 따라 달리 규정되는 유한한 것이지만, 의미는 그 유한

한 형식 속에서 무한을 인식하는 가운데 체득되는 것이다. 왓츠는 이 책의 부제를 「신비 종교의 필요성에 대한 연구(*A study in the Necessity of Mystical Religion*)」라고 달았다. 그는 말하기를 「종교의 의미는 신 자체이다. 개념적 사고의 틀에 찍어낸 대상으로서의 신이 아니라 경험된 실재로서의 신 자체가 종교의 본래 의미이다.」 기독교의 육화(肉化)라는 교리는 단지 「우리가 신과의 합일을 추구할 필요가 없는 것」을 의미한다고 한다. 왜냐하면 「신이 스스로 인간과 연대를 맺고, 그의 신성과 우리의 내적 존재는 본시 하나로 합일되어 있기」 때문이다. 파스칼의 얘기를 빈다면 이렇게 말할 수 있다. 「네 스스로를 위안하라. 네가 나를 발견해 내지 못했다면, 나를 청하지도 못할 것이므로.」

『이 정신을 보라』는 앨런 왓츠가 걸은 정신적 여로(旅路)에서 분수령을 이루는 저작이다. 이 책 속에서 독자는 그가 치슬허스트를 떠나지도 않았으며 캘리포니아에 오지도 않았다고 말할 수 있다는 것을 알 수 있을 것이다. 이 책 속에서 우리는 그가 문화와 문화 사이, 삶과 삶 사이, 그리고 항상 한계선상에 서 있다는 것을 느낄 수 있다. 이때가 그에게는 가장 패기만만하고 보람 있는 시기였다. 그는 「종교와 일상적인 삶을 결합시켜 일상의 삶 속에서 종교를 구현하는 일」에 전심전력 자신을 던졌다. 그는 「영원한 현재로서의 신이 이곳에 바로 나타남이 진리이며, 이 진리야말로 우리의 의식에 쉽게 받아들여져야 한다」고 하였다. 그러면 어째서 서양적 정신에는 이 「바로 나타남, 현존(現存, *Presence*)이 잘 이해되지 않았던가? 그것은 종교의 형식―우리를 의미로 인도하는 대신 의미로 가는 길을 막고 있는― 때문이다. 이때 의미는 곧 현존이다. 세계대전이 끝난 뒤 미국의 신학교 학생들이 이 책에 관심을 갖게 된 것은 별로 놀라운 일이 아니다. 이 책은 오늘날의 종교적 관행에 가차없는 비판을 가하고 있으며, 비판자인 왓츠 자신이 그의 자유혼(自由魂)을 통해 더욱 깊이 있는 삶을 약속하였으며, 사람들에게 희망을 심어주려는 노력을 아끼지 않았기 때문이다. 왓츠는 이렇게 적고 있다(우리는 이 구절들을 읽고 모두들 환호하였다).

「요즘 보통 교회의 예배는 답답하고 무미건조한 의례뿐이다. 사람들은 바로 그 따위 무미건조한 예배에서 느끼는 권태감을 참회하는 재미로 교회에 나간다.」

거기에 즐거움이 있다면 모두 모조된 즐거움이며, 그것은 단지 표면적인 즐거움일 뿐이다. 그것은 마치 당의정에 발린 설탕 같은 것이며, 자신을 진지하게 생각하는 사람들 역시 종교를 당의정 같은 것으로 생각하는 사람들일 것이다.

앨런 왓츠는 이어서,

「남성적인 것도 아니요, 그렇다고 여성적인 것도 아닌 기독교 예술」에 대해서도 그것이「엄숙하고, 나약하며, 신성한 체하며, 설교적이며, 순결한 태를 내면서도, 뜨거운 피가 느껴지는 인간적인 예술도 아니요, 장엄한 신성의 예술도 아니다.」

라고 비꼬고 있다. 그뿐 아니라, 「혐오스러운 찬송」과 아래와 같은 찬송가의 「지나친 감상주의」에 대해서도 쓴웃음을 짓고 있다.

나는 당신을 필요로 합니다. 고귀하신 예수여,
나는 당신과 같은 친구를 원합니다.
나를 달래주고 긍휼히 여기는 친구,
나를 돌봐주는 친구를 원합니다.

썩어 문드러져 가는 종교의 껍데기를 일소하고 왓츠는 이제 새로운 신학을 예비하고 있다. 그것은 힌두교의 릴라(*lila*, 즐거운 유희) 교리와, 도교철학, 중세의 기독교 신비주의, 선불교(禪佛敎)의 해학(諧謔)이 한 데 섞인, 좀 이상하지만 그래도 친근하게 느껴지는 신학이다. 영적인 삶은 그것이 「신의 가슴속에서 크나큰 기쁨으로 이해되지 않으면 무의미」하며, 그 기쁨은 「영원한 춤의 황홀경 속에서 신의 현존을 둘러싸고 찬송하는 천사들의 합창으로 상징되는 것」이다. 왜냐하면 「피조물이 소위 무슨 진지한 목적을 성취해 가는 일련의 과정 속에 있는 것으로 간주될 때 그것은 무의미해지며, 삼라만상의 대부분은 도대체 어떤 목적도 없기 때문이다. 우주에는 필요한 것말고도 불필요한 것이 더 많다. 또 거기에는 공간과 에너지의 낭비도 엄청나게 많다. 그리고 놀라운 수효로 번식하는 것밖엔 하등의 이로운 짓을 하지 않는 무수한 종류의 해로운 유기체도 부지기수이다. 그러나 목사들은 모호하게 말한다—신의 목적에 대해서: 사람들은 신이 인격화된 목표라고 생각할지 모른다. 그러나 신의 우주는 온통 오히려 영예로운 무의미로 가득 찬 변덕스런 무엇일 뿐이다.」

앨런 왓츠가 이번에는 신에게서 사람들에게로 그의 시선을 돌린다.

「아이들(그리고 아이들의 지혜를 간직하고 있는 어른들)은 보통 어떤 특별한 목적이 없는 일을 할 때 가장 행복하다. 그러한 행위에는 무시간적이고 행복에 찬 만족감이 있어서 그 일에 매료되어 언제까지나 그것을 할 수 있을 것같이 보인다. 구름의 변화, 햇빛에 먼지가 떠다니는 것, 그리고 비가 내릴 때 빗방울이 연못에 떨어져서 생기는 동심원—이러한 것을 보는 것은 명상의 즐거움이며 행복이다. 이러한 어린 아이의 지혜는 하늘에 있는 신의 왕국에 들어가기 전에 배워야만 한다. 천국에서의 모든 활동은 이와 비슷한 것들이기 때문이다.」 왓츠는 결론적으로 말한다. 「신의 창조 행위는 힘든 노동이 아니라 놀이」이며, 사람에게 있어서 완전한 삶이란 「목적을 갖지 않는 삶」이라고 한다. 왜냐하면「신의 삶이 그러하므로.」따라서「사람이 신과의 합일을 깨닫지 못하는 까닭은 그가 참다운 의미보다는 본래 있지도 않은 목적만을 추구하기 때문이다: 그러나 사람이 신과의 합일을 깨닫는다면 그는 목적이 아니라 의미를 얻었기 때문이다. 목적은 그 목적을 넘어서 있는 어떤 것에 의해 정당화되지만, 의미는 그 자체로 정당화되는 것이다. 따라서 신의 내적 생명과 그것의 반영인 피조물은 무목적적이다. 인간이 만들어낸 위대한 예술과도 같이 그것은 의미 있고 유희적인 것이다.」

이 몇 줄에 왓츠의 인생론이 집약되어 있다. 그는 나중에 이 몇 줄을 씹고 삶아 열두어 권의 책을 썼다. 교회 쪽에서 보면 그는 너무나도 제멋대로 넘지 말아야 될 선을 넘나들고 있었다. 그의 사상은 동양 이교도의 사상과 또하나의 만남을 예비하고 있었다. 그때만 해도 정통을 보존하기 위해서 이만이 정의되어야 한다는 식의 낡은 생각을 떨쳐버리기 쉽지 않던 때이다. 자, 그 시점에서 해묵은 종교재판을 다시 열 것인가?……앨런 왓츠는 그들의 수고를 덜어주고자 교회를 떠났다. 그리고 몇몇 교인은 그의 용기를 칭찬했다. 그는 썼다.「가방 속에 공기를 퍼담아 두어 보았자 그것은 정체되어 오염된 공기가 될 뿐이다. 이것이 모든 문제의 근원이다. 사람은 누구나 삶을 사랑한다. 그러나 그가 삶을 움켜쥐려고 하는 순간 그것을 놓쳐버린다.」삶은 고통이며, 동요이다. 고통은 집착에 의해 생기며, 이 집착은 소멸될 수 있다……「우리는 거센 격류와 같은 신의 생명에 의해 휩쓸려 떠내려가고 있다는 진리에 눈뜬 순간 두려움에 몸을 떤다. 또한 그것은 우리의 소유물과 바로 우리 자신까지도 휩쓸어 가버린다. 무상(無常, aniccaanitya)의 교리가 바로 이것이다. 왓츠의 저작 가운데『불안의 지혜(The Wisdom of Insecurity)』가 이 점을 잘 말해주고 있다.

1959년 4월 왓츠는 버몬트 대학에 다시 왔다. 이번에는 사흘 동안 열리는 학술회의에 참가자 자격으로 온 것이다. 내가 기억하기에 그는 보스톤에서 비행기로 왔다. 그때 그는 한동안 소장으로 재직했던 미국 동양학연구소(*American Academy of Asian Studies*)와의 관계를 청산하고 순회강연중이었다. 그는 편지에 이렇게 썼다. 「제가 집필과 연구에 있어서 독립적인 삶을 누릴 수 있다는 것이 크나큰 다행입니다. 내겐 여간 흡족하지 않습니다.」 그는 여행할 때 주머니에 꽂을 수 있는 작은 술병을 가지고 다녔다. 비행기에서 마시려고 보드카를 거기에 담곤 했다. 그는 비행공포증이 있었지만 스케줄에 맞추기 위해, 그리고 먹고살기 위해서 비행기를 타지 않으면 안 되었다. 그것도 그가 지불한 대가 중의 하나이다.

그는 그때까지 샌프란시스코 근처에 몰려 살던 비트 제너레이션(*Beat generation,* 전후의 반문화세대) 작가들에게 일종의 대부(代父) 같은 존재였다. 그러나 여기 버몬트에선 그는 모든 운동의 주변을 맴돌 뿐 어디에도 깊이 개입하지 않는 자유인으로 지냈다. 그는 잭 케루악(*Jack Kerouac*)의 자전적 소설인 『법에 미친 친구들(*The Dharma Bums*)』에서 불교도 모임의 지도자이며 동시에 작가인 훼인(*Whane*)으로 등장한다. 어느 날 훼인이 보헤미안들의 파티에 들른다.(왓츠는 이때의 상황을 잘 기억하고 있었다.) 다음은 소설의 일부이다. 「갑자기 나는 고개를 들어 알바와 조지가 발가벗고 걸어다니고 있는 것을 쳐다보았다…… 아무도 개의치 않았다. 실상 내가 본 것은 캐커드스와 작가 훼인이었는데, 그들은 정장을 한 채로 점잖게 얘기를 나누고 있었다. 그들은 두 미치광이와 함께 벽난로 불빛을 받으며 세상사에 대한 진지한 토론을 벌이고 있었다.」 게리 슈나이더(*Gary Snyder*),(소설에서의 이름은 재피이다)는 한산(寒山)의 『한산시(寒山詩)』를 번역하여 그 원고를 친구들과 나누어 보고 있었다. 그의 친구들은 서로를 미치광이 선객(禪客)이나 보살로 생각했다.

그러나 1959년쯤 되어선 케루악의 패거리인 술주정뱅이 보헤미안들은 이미 캘리포니아 마약 문화의 길로 들어서고 있었다. 그러나 이들의 대부역을 맡은 자는 내가 보기엔 올더스 헉슬리였던 것 같다. 그로부터 8년 뒤 『뉴욕타임즈』에 난 광고에서 히피 운운한 것은 이들을 두고 한 말이었다. 물론 왓츠는 이에 대해 유감의 뜻을 분명히 밝혔다. 왓츠는 1959년 3월 그가 정착했던 밀 밸리에서 내게 이런 편지를 썼다. 「메스킬린 및 리세르긴산(L. S. D., 즉 환각제)에 대한 실험을 이제 할 만큼 한 것 같소. 사람들은 너무 많은 것을 이 약물에 기대하는 것 같소. 이 약들이 얼마쯤 효과가 있을지는 모르겠소. 그러나 내가 볼 때 약물에 의한 환각이 결코 「깨달음」은 아니오.」

항상 그랬듯이 그는 1959년의 회의에서도 재기가 번득였다. 만찬 때 누군가가 그에게 식사용 나이프를 빌려 달라고 하였다. 그러자 그는 선문답하는 어느 스님의 얘기를 꺼냈다. 스님이 그의 제자에게 칼을 달라고 하자 그 제자는 손잡이가 스승쪽으로 가도록 공손히 바쳤다. 그러자 큰스님은 버럭 소리를 질렀다. 「칼날을 내 쪽으로 돌려! 손잡이를 가지고 무얼 한단 말인가!」 그날 저녁 원자물리학을 전공한 토론자 중 한 사람이 기본적으로 이 세상에 존재하는 「딱딱한 사실(*hard facts*)」의 필요성에 대해서 계속 얘기하고 있었다. 듣다 못해서 왓츠는 자기 생각엔 우리의 문명이 이젠 그 사실의 내면을 지시하는 「부드러운 사실(*soft facts*)」에 더 관심을 가져야만 할 것이라고 말했다. 청중 속의 한 학생이 끼여들었다. 「왓츠씨, 부드러운 사실의 보기를 한 가지 들어주시겠습니까?」 그는 대답했다. 「여자입니다.」

그날 저녁 그는 우리 집으로 왔다. 그는 손에 책을 들고 휴식을 취하고 있었다. 그러다가 왓츠는 『맥스(*Max*)』라는 책을 한 권 집어들었다.

『맥스』는 지오반넷티(*Giovannetti*)라고 하는 스위스 해학작가가 그린 만화책이었다. 독특한 매력이 있는 책이었다. 「맥스」는 털이 난 짐승으로 두더쥐를 닮았는데 극히 단순한 행동을 할 뿐인데도 온갖 장난과 혼란의 와중에 휩쓸려 들어가게 되는 만화의 주인공이다. 나는 앨런 왓츠만큼 만화책을 재미있게 보는 사람을 만나보지 못한 것 같다. 그가『맥스』를 보고 어찌나 재미있게 웃어대는지 우리집이 온통 즐거움으로 가득찰 정도였으니까. 나는 그 다음 주 그에게『맥스』한 권을 보내주었다. 곧바로 고맙다는 인사를 우편으로 받았다.

답신에 말은 한 마디도 씌어 있지 않았다. 지금 여기에 옮겨놓은 만화가 그 편지의 전부다. 이것은 지오반넷티의 스타일로 보통 종이에 그려놓은 것이다. 그림의 상단 왼쪽에 그려진 맥스는 약간 왼쪽으로 기울어진 자세인데, 그것은 왓츠가 서서 연설할 때의 모습과 흡사하다. 그리고 눈매와 표정도 맥스보다는 왓츠에 가깝다. 추측컨대 그는 맥스의 모습에서 그 자신의 모습을 본 것 같다. 맥스는 그의 또 다른 자아였다.

해 설

앨런 왓츠는 무슨 생각을 갖고 살았나
-沈 在 龍

1. 홧츠 왓츠(What's Watts)?: 앨런 왓츠, 그는 영원한 자유인이다

쉰여덟의 나이에 앨런 왓츠(1915~1973)는 떠났다. 세상 사람들한테 자유인의 신화를 남기고 떠났다. 인간의 수명으로 따지면야 오래 살았다고 볼 수 없다. 그러나 이제 「홧츠 왓츠(*What's Watts?*)」라고 묻는 사람은 없다. 대답은 분명하기 때문이다.

그는 영원한 자유인이다. 이제는 아무도 그를 못 알아볼 사람은 없다. 그는 너무나 독특하기 때문이다. 그는 우리와 같은 사람이 아니다. 그는 독특한 자유인이다.

우리들은 모두 어느 집안, 어느 부모에게서 태어나 어느 문화권에서 살다가 그 집안과 부모의 울타리, 동료들의 고리, 그리고 어느 나라 체제, 그 문학의 틀 등등의 껍질을 벗지 못하고 저들 가운데 한 사람으로 죽어간다. 부모의 울타리로부터 벗어나려면 불효자요, 친구의 고리로부터 해방되려면 배반자요, 국가의 틀로부터 자유로우려면 반체제 인사라 매도당하는 것이 보통 사람들의 인생관이다. 그런데, 앨런 왓츠는 보통 사람으로서의 자기 껍질을 벗고 남의 껍질을 들여다보며, 한 껍질과 또 한 껍질의 「사이」에서 그 나름의 독특한 공간을 만들었다. 그래서 어느 한쪽 문화를 마치 절대적 공간으로 여기는 사람들에게 그는 반(反)문화인으로 비쳐보인다. 바로 그 반문화(反文化, *counter-culture*)라는 공간 속에서 그는 오히려 천상천하(天上天下) 유아독존(唯我獨尊)의 자유를 만끽하고 인간의 존엄을 향유하며 멋대로 살다간 친구이다.

그래서일까? 그는 그 자신의 자서전을『내 멋대로(*In My Own Way: An Autobiography*), 1915~1965』라고 이름지었다. 그의 말마따나「제멋대로」살다간 그 자신의 기록을 통해 우리는 앨런 왓츠 멋대로의 인생과 반문화적 사상을 이야기할 수 있다. 그러나 이제부터는 그 자신의 기록이 아닌, 제3자의 견지에서 그의 인생과 사상을 논의해 보도록 한다.

그의 친구 새들러는 앨런의 인생 황금기 서른둘에서 마흔하나 사이에 있었던 몇 가지 일화를 우리들에게 들려주었다(pp.285~298 참조). 황금기란 그의 인생이 말과 글로 점철되어 있는데, 그동안에 만인의 심금을 울리는 책들을 가장 많이 생산해 내었다는 뜻이다. 앨런은 평생 글과 말로 살다간 사람이다. 그 특유의 문체로 수십 권의 책을 썼다. 서른셋에 앨런은 마치 니체(*Nietzsche*)가 자신의 천재성을 과시하는 책『이 사람을 보라(*Ecce Homo*)』를 썼듯이, 그와 비슷하게『이 정신을 보라(*Behold the Spirit*)』(1947)라는 책을 내놓았다. 십 년 뒤 마흔셋에는 연속적으로『禪의 길(*The Way of Zen*)』(1957)을 내놓고, 다음해 잇대어 우리가 지금 읽고 있는『있는 그대로의 자유「원제: *Nature, Man and Woman*』(1958)를 출간했다.
우리는 그 일화의 배경을 좀더 넓혀서, 앨런 왓츠가 쓴 이 경이로운 책의 사상적 내용을 이해하도록 하자. 그런데 배경이라는 많은 너무 엉성하다. 단 한두 마디로 그의 생애와 사상을 이야기할 수는 없을까? 그의 친구이자 한 때는 그의 학생이었던 시인 게리 슈나이더(*Gary Snyder*)는 요절(?)한 친구 앨런을 위해 촌철살인(寸鐵殺人) 같은 열한 줄의 추모 시를 다음과 같이 읊었다.

앨런 왓츠에게

자네는 아주 새로운 길을 개척했네,
 그리고 우리 모두에게 다시 돌아와 뚜렷이 보여주었네.
 옆으로 난 계곡과 사슴만 다니던 길을 탐험하고,
 절벽과 덤불 숲을 조사했네.

앞사람 머리꼭지만 보고 외길로 걸으라던 안내인들이야 많았지,
 우리가 짐 싣는 당나귀인줄 아나보지,
 그 길을 벗어나지 말라고 야단이지.

앨런, 자넨 우리들한테 가르쳐 주었네.
 앞으로 더 나가보라고, 바람처럼 달려보라고—
 산딸기를 따먹고, 어치들과 인사도 나누고,
 그 모든 길을 배우고, 사랑하자고.

FOR ALAN WATTS

He blazed out the new path for all of us.
 and came back and made it clear.
 Explored the side cannyons and deer trails;
 investigated cliffs and thickets.

Many guides would have us travel single file,
 like mules in a pack train and
 never leave the trail.

Alan taught us to move forward

like the breeze—

tasting the berries, greeting the bluejays.

learning and loving the whole terrain.

어쩌면 이렇게 얄밉도록 깔끔하게 앨런의 모습을 가위로 오린 듯 그려 내었을까? 그의 글이나 인격에 조금이라도 접해 보았던 사람들한테는 위의 일화나 시구로서, 더 이상 앨런 왓츠에 대해 군더더기 말이 필요 없을 것이다.

그런데 우리 한국의 보통 사람들 대부분은 이제까지 앨런이 어떤 인물인지 들어본 적도 없고, 그가 쓴 책을 본 적도 없다. 그러니까 다시 한번 빙 돌려서 그의 생애 전반에서 중요한 몇몇 계기를 짚어보고, 그가 살던 시대상을 조명하는 등 그의 사상을 이해하기 위한 예비적 작업을 수행하지 않을 수 없다.

우선 현대인들의 종교적 상황을 그려 보임으로써, 앨런의 이른바 반문화적 사상을 이해할 수 있는 거시적 발판을 마련한다(2절).

다음으로 앨런 왓츠 한 개인이 평생 경험한 우연적 인생의 계기를 그려 보인다. 그가 만난 인물과 책과 사상을 추체험(追體驗)하는 과정이다. 이런 과정을 거쳐서 앨런 왓츠의 사상적 알짬을 정리하며, 비판적 견해까지도 들어보고서야 우리는 앨런을 동정적으로 이해할 수 있는 단계, 즉 이 책을 바로 읽는 독자의 안목을 얻으리라 믿는다(3절).

2. 현대사회의 종교적 상황: 왓츠의 반문화운동을 자리매김한다

앨런 왓츠, 그는 우리와 마찬가지로 20세기 초반에 태어나 중반을 살다가 21세기의 문턱도 넘지 못한 채(그 개인으르는 환갑도 못 넘긴 채) 죽은 사람이다. 그러나 그는 20세기 현대가 낳은 대표적 인물이다. 어떤 뜻에서 20세기의 대표적 인물인가? 20세기는 어떠한 시대이길래 그를 일러 당대의 대표적 인물이라 할 수 있는가?

20세기는 엄청난 문화 접변이 진행되는 시기이다. 과학·기술·문명이 전세계를 뒤덮으며, 제3의 정보화물결이 제2의 산업혁명이라고 부를 정도로 전세계의 정보화를 가속화시키고 있다. 또 두 차례의 세계대전을 치르고, 으르렁대던 미소 양대체제의 대결로 굳어가던 동서의 냉전체제마저 일거에 무너지고 있다. 전세계가 가위 하나의 마을처럼 좁아져 가고 있다.

기술과 체제의 세계적 동질화가 가속되고 있음에도 불구하고, 의식과 문화의 면에서는 동서를 가로막는 장벽이 여전히 높다. 즉 물리적 환경계는 물샐틈없이 한 치의 머리카락도 들어갈 수 없을 정도로 긴밀히 연결되어 있는 데 반해, 우리의 의식적 환경계는 여전히 우리의 문화와 저 이방인들의 문화를 대립적으로 놓고 나간다.

20세기라는 서양 기독교인들의 시대 구분이 비기독교 문화권을 포함한 거의 전세계에서 그대로 쓰이는 일반용어가 되다시피 되었다. 아마도 그 연원을 17세기부터 시작된 산업혁명과 동시에 동서양의 중세적 질서가 무너지는 것으로 효시를 삼아야 할 것이다. 산업혁명은 만지 산업만의 변화가 아니었다. 중세의 성스런 질서는 무너지고, 그 결과 문화는 급속도로 세속화의 길을 걸었다. 시간으로 따지면 지금부터 겨우 이삼백 년 정도밖에 안 된다. 그동안에 속속 드러나는 자연과학의 진리는 종교적 진리와 대결한다. 초기엔 갈릴레오(*Galileo*)의 경우처럼 종교재판정에서 과학의 진리가 굽혀지거나, 브루노(*Bruno*) 경우처럼 과학적 진리에 순명하여 화형에 처해지지만, 급기야 과학적 진리는 종교적 진리를 대치하기에 이르렀다. 종교가 과학에 대치되는 대표적 경우가 신화적 창조설이 과학적 진화설로 바뀌는 것이었다. 인간의 지위는 더이상 만물의 영장이니 자연의 지배자라는 통념과 일치하지 않는다. 인간 역시 자연의 질서 속에 편입되는 것이다. 그에 따라 성인의 권위 있는 명령에만 고개를 숙이던 인간의 이성은 이제 속인들 상호간의 대화를 통해서나 겨우 설득당한다. 설득과 대화가 없는 곳에, 속세라면 전쟁이 일어나고, 종교계라면 중세의 종교전쟁까지는 안 가더라도 한 종교와 타종교, 같은 종교 내에서도 구교와 신교, 또는 같은 신교 종파간에도 갈등이 노골화된다. 더욱 심각한 것은 그로 인해 종교 자체에 대한 회의가 고개를 들거나, 아니면 동시에 다른 문화권의 종교에 대한 관심이 생겨나게 되었다. 이성의 한계 내에서 종교를 논하는가 하면, 기독교 이외의 베단타, 신지학(神智學, *theosophy*), 불교가 심심치 않게 서양의 지식인은 물론 일반인들 사이에 화제로 떠오름은 물론 신자집단까지 생기게 되었다. 기독교를 정통이요 사람답게 사는 방식이라 곧 문화(*orthodox culture*)로 여기던 서양 기독교 문화권의 사람들에게 다른 문화권의 종교를 논하고 믿는 무리를 반문화집단으로 치부하는 것은 너무도 당연하다. 여기서 앨런 왓츠의 생각과 삶이 반문화운동의 대변자로 비치는 문학사적 배경과 이유를 발견할 수 있는 것이다.

보다 시야를 가까이하여, 두 차례의 세계전쟁 뒤 이 세상의 정신적, 종교적 상황을 자세히 살펴보자. 세계대전이라는 엄청난 참화를 치른 끝에야 서구 열강의 식민지배체제는 종언을 고하고, 동시에 무수한 신생국가들이 독립, 탄생한다. 이를 기연으로 하여 비서구적 문화가 새롭게 각광을 받는 계기가 마련된다. 그러나 당장에 세계 평화가 도래한 것은 아니었다. 미소의 냉전체제가 구축되면서 국제적 힘의 각축은 거대국가 간의 힘의 균형으로 위태롭게 유지된다. 세계대전을 종식시키는 데 결정적인 역할을 한 원자탄의 위력에 놀란 인류는 새삼스레 무기의 도덕성을 논의하기에 이르렀고, 한편 대전중 나치의 유대인 대량학살, 그리고 동맹국 일본인들의 잔학상, 미국을 비롯하여 남아연방, 호주 등지에서 계속되는 인종차별에 인류의 양심은 눈을 떠서 인간의 권리에 대한 새로운 각성이 일고, 드디어 국제연합은 「세계인권선언」을 채택하기에 이른다. 그럼에도 불구하고 식민시대의 유산을 떠맡아 세계경찰을 자처한 미국이 월남전이 수렁에 빠져들자, 미국의 양심 있는 젊은이들은 그 부도덕한 전쟁에 반기를 든다. 전쟁터의 비극적 모습은 텔레비전을 통하여 촌각을 다투어 안방까지 전달된다. 카메라가 냉혹하게 잡은 전장의 참상은 송곳처럼 인간의 양심을 찔렀음은 물론, 격변하는 세계와 동시에 자기의 문화생활 양식과는 전혀 다른 세계가 있음을 극명하게 보여 주었다. 영상문화가 가져다준 의식의 변화였다. 그와 같은 분위기, 즉 월남전을 수행하던 중 고조된 반전 무드가 드높았던 미국 서부 캘리포니아대학 버클리 캠퍼스에 앨런 왓츠의 소위 반문화적 생활방식이 그와 같은 의식을 부채질하고 확대, 발전시키는 역할을 담당했으리란 것을 짐작하기 어렵지 않다.

잇따라 이제 그처럼 다른 세계와 문화를 학문적으로 다루는 여러 가지 분과과학은 전통적으로 굳건한 반석에 서 있다고 믿었던 종교까지도 예리하게 분석한다.

예컨대 사회학자들은 어느 종교든 단지 그 사회의 통념을 반영할 뿐이지 절대불변의 진리를 보전하는 것이라고 생각하지 않게 되었다. 한편 종교 및 형이상학적 근거에 대하여 권위 있는 증명을 제공 하든가 또는 기본적 세계관의 확립에 합리적 초석을 놓는 데 기여하던 철학자들마저 이제는 둥근 의자에 앉아 종교적 언어의 구조를 밝히거나, 종교적 진리를 경험과학적으로는 검증하기가 불가능하다는 소위 분석철학에 시종하고 있다. 그리고 의식의 표면에서 그 보이지 않는 밑바닥까지 훑고 있는 정신분석학이라는 신종 심리학에 따르면, 종교는 인간의 집단 무의식의 표현일 뿐, 절대자의 신성한 권위와는 무관하다고 분석하고 있다. 인간의 심층을 그 구석진 한계상황에서 잘 포착했으며, 현대 서양의 위기를 대변한다 하는 유행사조로서 실존철학마저 결국 전통적 객관적 신념체계를 그 근저에서 허물어뜨리는 데 결정적 공헌을 한 폭이다.

종교가 학문적 근거를 박탈당하고 있는 것은 학문 내지 그 종교에 종사하는 지식인들 소위 「먹물」들만의 문제라고 치부하더라도, 현대사회가 지닌 종교 내지 학문 외적 상황은 과연 어떠한가? 종교는 과연 종교 자체의 세계에 안주하여 고통받는 인류에게 무슨 희망을 안겨 줄 수 있는가?

세계적으로는 미증유의 인구폭발로 과연 지구가 그 많은 인구를 지탱할지 의문이다. 한편 부의 편재는 다른 쪽의 기아와 천재 또는 인재를 유발하여 지구 한쪽에서는 대량의 인구가 죽어나가는 기이한 현상을 보이고 있다. 만원 사례의 인구는 도시로 도시로 유입 집중되고 있다. 그 결과 푸른 땅은 모두 회색의 아파트와 공장으로 바뀌는 이른바 도시화, 그것도 대도시화 현상이 일어난다. 그 속의 인간은 유일무이한 생명체 그리고 존엄한 인격체이기 이전에 한 개의 기호 아니면 숫자로 처리되는 비정한 비인간화의 길에서 대단위 정보체계의 부속물로 전락하여 가고 있다. 도시 계획 또는 재개발이라는 「발전」의 미명하에 인간들은 길거리에서 자동차에 치이고, 알게 모르게 정보의 홍수 속에 묻히고 드디어 간단히 하나의 숫자로 전락하여 정보로 처리되고 있다. 이러한 인간의 비인간화 즉 물화(物化)현상이 현대사회에 널리 퍼져 있다. 이것이 현대화의 진정한 모습이라면 종교는 과연 어디서 설 자리를 찾을 것인가?

이처럼 세계화, 탈종교화, 산업화 내지 정보화의 길을 걷는 현대사회에서 종교는 대략 크게 두 가지로 반응하고 있다. 니체의 진단처럼 그게 아폴로적인 반응과 디오니소스적인 반응으로 대별해 볼 수 있겠다. 전자가 이성적 반응이라면, 후자는 초이성적 반응이라고 하겠다.

현대사회를 이렇게 일반적으로 그려볼 때 앨런 왓츠의 반문화 운동은 어떤 자리를 차지하는 것일까? 앨런 왓츠는 현대 문화의 아폴로적 영웅인가? 아니면 디오니소스적 영웅인가? 물론 주로 후자의 초 이성적 반응과 동시에 이성적, 아폴로적 반응의 대변자이기도 하다는 데서 앨런 왓츠가 현대사회의 범 대변자적 성격이 드러난다.

1. 아폴로적 반응의 대표로서 우리는 초교파적 교회일치운동*ecumenical movement*을 들 수 있다. 종파 교파간의 병합까지는 안 가더라도 같은 기독교 가운데서 신교와 구교가 대화의 마당에 참가하고, 심지어 기독교와 그 이외의 다양한 종교 사이의 합리적 이성적 대화의 운동이, 문명 비평을 겸한 사학자 아놀드 토인비의 말처럼 20세기 최대의 사건으로, 아니, 인류 역사상초유의 사건으로 현대사회의 대표적 종교운동으로 퍼져가고 있다. 금세기를 넘고서도 어떤 이름으로든지 이 종교간의 대화라는 움직임은 계속될 전망이며, 아마도 세계국가의 성립 이전에 세계종교의 성립이 먼저 이루어지는 날이 올지도 모른다.
2. 카톨릭 권내에서 개혁 움직임이 일고 있다. 바티칸 제2차 공의회를 시작으로 카톨릭의 전통적 권위주의적 체계는 서서히 그 탈바꿈의 운동을 멈출 수 없을 것이다.
3. 기독교권 내부에서 하나님은 죽었다는 니체의 선언을 받아들여 사신死神신학이라는 현대사회의 제반 문제를 신학적 차원에서 다시금 재조정 재해결하려는 움직임이 일어났다. 잇따라 흑인신학, 여성신학, 해방신학, 민중신학, 통일신학, 도시빈민신학 등등 초월적 세계에 안주하던 교회가 사회문제를 적극적으로 수용하고 그 해결에 힘을 기울이는 모습을

보이고 있다.

4. 종교와 항상 그 궤적을 같이하는 도덕 분야에는 소위 상황윤리이론이 대두한다. 절대적 도덕체계가 무너지고 문화적으로 사회적으로 상대화 되어가는 현대에 적응하는 모습이다.

5. 그러나 기성 교회와 기성 거대 종교집단의 조직과 기구는 여전히 저 원시 농경목축시대에부터 번창하던 주술적 기능과 사제적 기능으로 봉사하며 복을 빌고 재앙을 회피하려는 원초적 인간의 본능에 기생하며 번창하고 있다.

기성 종교의 합리적 대응에 못마땅한 감성의 인간들은 초이성적, 디오니소스적 반응을 보이고 있다. 반드시 종교 자체를 부인하거나 회의하는 대신, 전통적 사회가 금과옥조로 모시던 종교의 권위를 되새김질하는 반문화 운동이 여기에 속한다. 이들은 대부분 소위 신판 신비주의(neo-mysticism)라는 모습을 띠고 우리에게 다가온다.

1. 신학 내지 무슨 무슨 종교라는 거대하고 복잡한 체계에 따르기보다는 마약으로 손쉽게 저 영원과 절대라는 휘황찬란한 약속을 지금 당장 구하자고 길거리에서 몽롱한 상태로 히피들은 꽃을 팔고 춤을 춘다. 마약은 끝없는 구도의 고행을 거치지 않고도 마음의 비밀을 열어 주고 신비로운 마음의 세계를 끝없이 확대시켜 준다고 믿는다.

2. 별점이나 주역으로 운명을 미리 보며, 인생의 의미와 질서를 찾자는 또 다른 싸구려 초합리적 시도가 곳곳에서 속들여다보이는 장사속에 열을 올리고 있다.

3. 소위 동양의 신비주의가 몰락하는 서양 사회의 최후의 희망인 양 온세상을 감돌고 휘몰아 퍼지고 있다. 선불교, 요가 체조가 대학 강단의 교과목으로 등장한 지 오래다. 하리 크리슈나 교도들은 길거리에서 춤을 춘다. 일본의 일련종이 창가학회라는 이름의 대규모 사회적 결사를 동원

하여 드디어 정계에 공명당으로 나타난다. 현대판 정도령처럼 한국의 신흥종교 한얼교의 교주도 대통령 선거에 출마한다. 이제 바야흐로 초합리적 종교운동이 차츰 합리적 제도와 서로 맞물고 도는 판국이다.

4. 배경이 불분명한 종교집단이 창궐하여 「인민사원」에서는 대량 집단 자살극을 연출하고, 또 기독교라는 이름을 빌린 「신의 아이들」은 혼음과 몰도덕의 싸구려 천국을 약속한다.

5. 이들 현대판 디오니소스 신도 집단의 소위 반문화적 반응 속에서 우리는 그들이 공유하는 공통분모를 한가닥으로 이어볼 수 있다.

가) 즉 저들은 철저하게 전통적 사상들이 제시하는 일체의 행위와 사고의 기준을 무시하거나 배척한다. 이것이 저들을 반문화로 묶는 한 가닥 공통점이다.

나) 또 소위 기성 종교와 제도를 사시(斜視)로 쳐다본다. 이들이 기성 종교를 바라보는 눈길이 항상 삐딱한 것은 바로 반문화의 또 다른 특징이다.

다) 배척과 회의가 저들의 부정적 특성이라면, 외적 제도보다 보다 감성적이고 보다 감상적인 내적 체험을 존중하는 것은 저들의 긍정적 모습이다.

라) 인생의 목적은 행복이다. 이 지긋지긋한 세상을 보다 더 행복하게 잘 살아나가자는 것이 저들의 적극적 모습이다.

마) 한마디로 전통적 사회의 규범에 노예처럼 순종하기보다 제멋대로 자유롭게 인생을 즐기자는 것이 저들의 인생 철학이다.

바) 그러나 만병통치약을 구하기가 어디 그리 쉬운가? 그런 행복과 그런 자유를 손쉽게 얻자고 덤비다가, 그런 외중에 오히려 묘한 권위주의에 빠져들거나 대중 선전의 조작에 속아넘어가거나 하는 수가 많다. '원래 목적은 그게 아닌데' 라고 변명할테지만, 그와 같은 신흥 종교집단에 흔히 나타나는 무조건적 복종과 스승의 지나친 권위주의는 이들 디오니

소스적 반응의 부정적 측면을 극명하게 드러낸다고 할 수 있다. 심지어 악마 숭배, 비밀교의의 비밀스런 전수의식, 마법과 사술, 신통력에 의지하려는 나약한 인간의 모습까지 현대판 디오니소스적 반응에는 여러가지 문제들이 산적해 있다.

자, 과연 우리의 영웅 앨런 왓츠는 이런 세상 20세기 현대사회에서 어떤 모습을 보이며, 어떤 생각을 갖고 살다갔는가? 이제 그의 일생을 통해 저 세기적 변화에 반응했던 한 인간의 우연적 삶을 반추할 차례다.

3. 앨런 왓츠의 생애와 사상: 일곱 수 한평생과 사상적 특징

20세기라는 현대를 멋대로 살다간 특이한 인물 앨런. 과연 앨런 왓츠는 남들과 얼마나 독특하게 달리 생각하고 다른 인생을 살다 갔는가? 한 인물의 인생과 생각을 자세히 들여다보면 결국 그 역시 그가 살던 시대와 사회를 반영하고 있다. 손오공이 부처님 손바닥에서 논다고 할까? 그처럼 특이한 앨런의 생애와 사상도 결국 그가 자란 환경, 그가 만난 사람들, 그가 읽은 책들로부터 연역되는 것이다.

다만 그가 자란 환경과 교육과 독서는 그가 속한 문화 사회의 다른 일상인들의 그것들과 너무나 다른 것들이었기에 우리는 그를 손쉽게 우리 문화와 우리 사회에 얌전하게 적응해서 살아가는 보통 사람인 인사이더(*insider*, 局內者)에 반하여 아웃사이더(*outsider*, 局外者) 또는 한 문화와 사회의 중심축을 맴도는 보통사람에 반하여 항상 저 주변을 맴도는 에피고넨(*epigonen*, 周邊人)이라는 딱지를 붙여보는 것이다. 그러나 제 아무리 독특한 인생을 경영했다 하더라도 그도 역시 사람의 자식이었다. 부모에게서 태어나, 학교를 다녔고, 결혼을 했고, 이혼을 했고, 자식을 낳았고, 저들을 길렀고, 사람들을 가르쳤고, 책을 썼다.

그런데 어째서 앨런 왓츠는 언제나 소위 기성 제도권의 주변을 맴돌며 비정통, 반문화의 기수로서 영원한 자유인의 삶을 누릴 수 있었던가? 그의 인생 궤적을 일곱 수로 나누어 관찰하면, 우연하지만 필연적인 해답을 제공하는 것 같다. 마틴 루터에 따르면 남자의 일생은 칠 년 단위로 결정적 전기(轉機)를 맞이한다던가? 앨런의 경우도 묘하게 일곱 해를 주기로 그의 인생에 결정적 계기를 맞이하는 것 같다. 아무튼 이런 속설에 따라 그의 우연한 인생의 계기들에 방점을 찍어보자. 앞 해설에 있는 앨런 일생의 황금기를 제외한 초년기를 중점적으로 다룬다.

3-1 태어나면서 일곱 살이 될 때까지 앨런 왓츠의 유년기 낙원: 그의 고향 산천과 부모 형제

왓츠의 자유정신은 마침 그가 태어나는 순간부터 운명적으로 결정되었다고나 할까? 그가 태어난 영국 런던 교외 치슬허스트 생가는 앨런이 자기 자서전에서「세계나무」라고 부르는 키가 90피트가 넘는 단풍나무들로 둘러싸여 있었다. 그 너머로 넓게 퍼진 들판에는 잔디와 잡풀, 이름 모를 들꽃들이 앨런의 키를 넘게 무성했다. 때로는 햇빛이 빛나는 들판에서 나비를 쫓다가 길을 잃고 헤매기도 했다. 이른바 앨런 유년기의 천국이 바로 그 생가 주변의 광대한 들판이었다. 철길을 넘으면 거의 열대 밀림과 수렁을 연상케 하는 물이 고인 늪이 있었다. 그리로 흘러드는 시냇물을 따라 개구쟁이 철부지 소년 소녀들은 거의 두 마일도 넘는 잡목 숲을 뒤지며 자연의 신비를 탐색했다. 주로 개암나무와 느릅나무로 된 숲의 그늘진 밑바닥에는 황녹색 앵초나 버섯이 그득했다. 산천초목 모두가 유년의 앨런에게는 신비에 가득 차 보였다.

그런 신비의 들판에 둘러싸인 집안 역시 예외일 수 없었다. 에드워드 왕조시대의 소위 오리엔트풍의 가구가 들어찬 부모님들의 서재는 어린 눈에 모두 마법과 신비로 가득 차 보였다고 그의 자서전에서 향수 어린 회고담을 늘어놓는다. 벽난로 좌우에 중국 도자기가 높직하게 서 있었고, 그 위로 일본 찻집 풍경이 수놓인 벽걸이가 걸려 있었다. 피아노 곁에 한국의 고려자기며, 만다라가 그려진 인도산 황금빛 구리 책상까지 곁들여 보라. 여기는 보통 영국 신사의 범상한 거실이기를 그치고, 아버지가 어린 아들 앨런에게 키플링의 눈으로 본 신비와 모험의 동양이야기를 들려 주고, 특별한 입교의식을 거행하는 이른바 마법의 교실이었다.

그런 자연의 아들, 그런 부모의 자식, 앨런은 그러나 어릴 때 네 분의 보모 아줌마들한테 특별한 사랑을 받고 자란다. 한 분은 멋없는 영국 태생으로 그에게 성경 이야기를 들려주었다. 또 한 분은 화란 태생, 그리고 두 분은 덴마크 분들로 이분들은 기독교로 물들기 이전 고대 유럽의 원시문화를 무의식적으로 어린 앨런의 머리에 심어 주었으리라 짐작된다. 고대 원시유럽문화는 자연을 신비의 보고요, 외경의 대상으로 삼는다. 말년의 노숙한 앨런은 자서전에서 그가 어릴 적부터 희미하지만 지속적으로 저 태고적 원시문화, 일종의 지하문학에 영향 받았음을 고백한다. 그리고 그 문화는 기독교와 서구 산업사회의 부르조아문화로 개칠되어 사멸의 위기에 봉착할 뻔했다고, 당대 기독교와 산업문명 사회를 통틀어 통렬히 비난하고 있다. 오직 새와 나무, 꽃들에게나 나타나는 그리고 본능적으로 아주 희미하게 그의 어머니에게나 나타나는, 그 태고적 본능과 원시문화의 뿌리를 찾는 구도 행각이 바로 자신의 한평생이 된다고 그는 나중에 의식적으로 고백한다.

여기서 우리는 비로소 그의 한평생 집념을 발견한다. 즉 잃어버린 「낙원」을 찾아헤매는 것이다. 그는 유년기에 무의식적 낙원을 산다. 소년기에는 영국 교육의 제도 속에 파묻혀서 그 낙원을 잃었다가, 다시 청년기에 되찾고 그것을 남들에게 심어주려는 눈물겨운 노력으로 나머지 반평생을 지낸 것이 그의 장년기이다.

그렇다면 그의 인생은 영국 시인 밀턴의 시처럼 낙원의 이미지로 구성할 수 있다. 유년기는 원초적 낙원 시대, 그리고 소년기는 실락원 시대, 청장년기는 복락원 시대로 불릴 만하다. 그 가운데 낙원을 찾아가는 그의 청년기 즉 구도기는 2막으로 구성되어 있는 한 편의 드라마를 생각하면 좋다. 제1막은 그가 불교를 알게 되고 특히 선불교의 대가 스즈키와의 만남으로 클라이맥스에 오른다. 제2막은 그가 고향을 떠나 대서양을 건너 미국대륙의 서쪽 끝 캘리포니아에 이르는 것으로 제2의 클라이맥스를 이룬다. 1947년과 51년 두 차례 「천사의 땅」 로스앤젤레스를 지나면서 앨런은 그의 고향 냄새를 맡는다. 드디어 그는 1953년(일곱 주기로 따져 여섯 번째 사이클에) 캘리포니아 주 샌프란시스코 북쪽 밀 밸리에 정착하여, 소살리토(Sausalito) 근처 물 위에 띄워 놓은 집에서 살다가 종생한다. 샌프란시스코 북부야말로 그가 꿈에 그리던 유럽의 지중해변 리베라 해안같이 언제나 이국정조가 넘쳐흐르고 로맨틱하고 열기가 넘쳐흐르는 곳이다. 이야기가 너무 앞질러 흘렀다. 앨런과 불교 및 스즈키와의 만남을 이야기하기 전에 우리는 그가 어찌해서 낙원에서 쫓겨났는지를 잠깐 생각해 보아야하겠다.

3-2 일곱에서 열네 살까지 소년기 실락원 시절: 학교에서 「깡패」들한테 시달림

어머니는 언제나 시들시들 병마와 싸우고, 아버지는 정력적으로 장사에만 몰두하여 언제나 집에서 멀리 떠나 있기 일쑤인지라, 앨런이 보모의 손에 보살펴지기 어려운 나이가 되자, 부모는 그를 고향에서 멀찌감치 떨어진 기숙학교로 보내버렸다. 섬세한 보모의 손에서 개구쟁이 소년들 특히 힘자랑으로 세상을 좌지우지하는 저 개망나니 같은 「깡패」의 무

리 속에 무작정 아무런 무장도 안된 채 아줌마 보모들의 손에서 애지중지 다루어지던 앨런이 그냥 내던져졌던 것이다. 어른이 다 된 앨런이 이런 표현을 하는 것을 읽노라면 그가 얼마나 소년기의 기숙학교생활을 혐오하였는지 상상하기 어렵지 않다(그러면서도 그의 매저키스트적 성 생활은 이런 소년기의 난폭한 경험 때문에 정상적이지 못했다고 그의 조강지처에게 비난을 받는다).

앨런은 특히 남과 몸을 부대끼며 경쟁하는 운동을 싫어했다. 아마도 앨런을 가까이서 본 사람들은 그의 약한 시력이 항상 무엇을 보는지 모를 정도로 불안하다는 것을 느낄 정도라고 하니까, 그의 약시는 가히 짐작할 만하다. 아무튼 약한 시력은 날아오는 공을 잘 보지 못하는 대신, 강한 청력으로 보완되는 법. 그가 귀를 통한 신비한 자연의 소리에 귀를 기울임은 너무도 당연하다. 그렇다고 그가 무슨 음악가로 특출난 경지를 보였다는 것은 아니다. 차라리 그의 명민한 두뇌놀이는 힘으로는 도저히 안 되는 학교생활에서 얼마나 슬기롭게 그 위험과 곤경을 넘겼는지를 말해 준다. 마치 유도에서 상대방의 힘을 이용하여 그 맞수를 넘기듯이. 그가 나중에 선불교를 좋아하면서도 소위 절에서 격식을 갖춘 훈련과정을 한번도 거치지 않은 것은 소년기의 지긋지긋한 기숙학교생활에 넌덜머리를 냈기 때문이라고 짐작된다.

영국 기숙학교의 교과과정은 산술과 음악이었다. 앨런은 특히 그 중에도 마귀 같던 음악선생을 이렇게 기억한다. 그 선생은 어찌나 지독하던지 피아노에 바르게 앉기를 훈련시키느라고 손등 위에 고무 지우개를 올려놓지를 않나, 전반을 잘못 누를 적마다 뾰족한 연필 끝으로 그 연약한 손가락을 찌르듯이 때리질 않나, 도대체 종이 위에 까만 점을 보고 그것을 신주 단지 모시듯 따라하라는 것 자체가 소리를 즐기는 음악과는 천지의 차이가 있었다고, 나중에 동양음악의 자연스런 흐름을 들은 앨런은 그 지겨웠던 소년기 기숙학교 시절을 이렇게 회상한다.

3-3 열네 살에서 스물 하나까지: 지옥 같던 학교생활에서 일말의 낙원
을 찾다

　지옥 같던 앨런의 학교생활을 그나마 조금이라도 구원해 준 사람이 나
타났다. 엄격한 교장의 처남 프랜시스 크로쇼(*Francis Croshaw*) 씨는 딱
딱한 기숙학교의 규율 속에서 온갖 장난끼 섞인 놀이를 창안해 내었다.
그를 만남으로써 앨런은 차츰 세상 재미를 알게 되었고, 특히 그의 책꽂
이에서 나이 어린 소년 앨런은 처음으로 문자를 통해 동양의 신비한 세
계 특히 불교라는 넓고 멋진 신세계에 접하게 된다.

　크로쇼 씨가 창안해낸 상상력 놀이의 예를 들면 이렇다. 아침 식탁에
둘러앉은 아이들에게 제각각 삶은 달걀 하나씩을 주고 거기에 이름을 붙
인다. 그리고 아이들더러 이름을 부르며 달걀을 찾아 먹게 한다. 트랜섬
(*Transom*), 손돔(*Sondom*), 파라디들(*Paraaliddle*) 따위의 신기한 이름은
앨런이 나중에 선의 화두를 잡을 적에 써먹을 정도로 늙도록 기억하고
있다. 자기 부인에게는 팜(*POM*)이라는 별명을 지어 주었다. 불쌍하게도
늙은 엄마(*Poor Old Mother*)라는 말의 첫자만 따온 것이다.

　본능과 변덕에 지배받는 크로쇼 씨는 자기 서재에 라프카디오헌(*Laf-
cadio Hearn*)의『일본 유령 이야기(*Glimpses of Unfamiliar Japan*)』를
비롯하여 헌 책방에서 빌려온 온갖 책을 쌓아 두고 있었다. 앨런은 일본
유령 이야기가 별로 머리를 쭈뼛거리게 하지도 않아 내친 김에 헌이 쓴
다른 책 즉『불교 나라의 우화(*Gleanings in Buddha fields*)』를 비롯하
여, 불교에 대한 초보적 책들을 모두 섭렵했을 뿐만 아니라, 마침내 크리
스마스 험프리(*Christmas Humpphrey*) 씨가 펴낸 불교에 관한 자그만
팸플릿까지 식음을 전폐하며 읽어 제친다. 마침내 런던에 있는 험프리씨
에게 자기가 그 불교 협회에 가입하겠노라는 편지를 띄운다. 그때 앨런

의 나이 약관 열네 살. 그는 대담하게도 자기가 불교도라고 공식 선언을 한다. 마침 크로쇼의 죽음으로 그의 인생안내역을 잃어버린 앨런에게 험 프리 씨는 기꺼이 그 대역을 맡았을 뿐만 아니라, 마침(나중 캔터배리 대 주교가 된) 윌리엄템플 씨가 주관하는 토론회에 참가할 학생 대표로 추 천장을 써주기도 한다. 앨런은 장년에 영국 성공회 목사로 불교를 곁들 여 신비주의를 실천하는 이상한 역을 맡는데, 그를 통한 성공회와 불교 와의 만남은 이렇게 일찍부터 그 인연의 싹을 심었던 것이다.

머리가 좋은 앨런이 옥스퍼드 대학에 입학하는 길은 당연하였다. 그렇 지만 아버지가 재력이 신통치 않으므로, 장학금을 받으려면 모종의 시험 을 보아야 했다. 그러나 고의에서인가, 본능적 방어기제의 발현 때문인 가, 멋지게 니체의 문체를 흉내낸 논술답안지를 제출함으로써, 그는 경직 된 당시 선고관의 눈에 들리 없었고, 결국 그 엄격하고 딱딱한 아카데미 와는 인연을 끊게되었다.

앨런은 얼씨구나 내심으로 쾌재를 불렀다. 그는 인도철학의 오의서(奧 義書)『우파니샤드』가 지적한 대로, 저「저급한 지식」을 추구하는 딱딱 한 아카데미라는 감옥에서 해방되었던 것이다. 이제부터 그는 소위 동양 의 도사들이 평생을 추구하던 좌선, 요가 등을 풀이한 지혜의 길에 들어 선다. 밤낮을 가리지 않고 지혜에 관한 책이라면 무슨 책이라도 읽는다. 그 동안에 읽은 책들이 바로 이 번역서의 마지막 참고 서목으로 열거한 대부분의 책들을 포함한다. 앨런이 한평생 이용한「먹물」든 지식은 이미 십대에 죄다 읽어버린 것이다. 동시에 그는 이론보다는 체험의 길, 저 해 방과 자유를 향한 최상의 길은 무엇인가 그 나름대로 찾아 헤매었다. 그 러다 어느 날 밤 다음과 같이 부르짖는다.「너희 회색의 이론들, 그리고 현학적 문자들아! 너희들은 이제껏 마치 어린 강아지가 부드럽게 쓰다듬 어 주기를 기다린 듯이 발 밑에서 웅숭그리고 있었다. 자 이 쓰레기들아!

물러가라! 그 순간 나의 몸이 마치 무게를 상실한 듯, 일체의 정신적 체증(滯症)이 사라져버렸다. 나는 구름 위를 걷는 듯했다.」그의 나이 약관 열일곱 살 적의 일이었다.

3-4 스물 하나에서 그 뒤의 장년기를 한 데 뭉뚱그리면

열다섯 살 적에 크리스마스 험프리 씨로부터 스즈키가 쓴 선불교에 관한 책을 소개받고, 위와 같이 그 나름의 내적 체험에 몰두하던 앨런은 일곱 곱하기 석삼년 즉 그의 나이 스물 한 살 적에 인간 스즈키를 직접 만나본다. 마침 1936년 런던에서 열린 세계종교인대회에 참석한 스즈키. 그의 풍모에 앨런은 다시 한번 놀란다. 작달막한 키에 장난기어린 눈매하며 그 소탈한 모습에 홀딱 반한 앨런. 그의 인생행로는 이미 이때부터 복락원으로 방향타가 잡혀진 것이다.「1936년 이 해야말로 내 인생의 전기였다. 참으로 하나님의 은총이 내렸다면 그 날 그때부터였다.」스즈키의 심오한 학문적 연찬이나 박학다식보다 그 행동의 단순소박성이 앨런을 깜짝 매료시켰던 것이다. 런던불교도 협회 조그만 사무실에서 작은 고양이새끼를 만지작거리는 스즈키가 방년 스물한 살의 앨런에게는 그렇게도 온유하고 활짝 깨어있는 사람처럼 보일 수가 없었다. 앨런의 표현대로라면 스즈키는 마치 고양이 새끼에게서 불성佛性을 보고 즐기고 있는 듯했다. 마침 앨런은 그 협회의 잡지 편집장 일을 보던 중이었다(그가 그렇게도 혐오하던 초중고시절의 기숙학교에서 앨런은 문장을 다듬고 영어라는 언어의 마력을 마음껏 떡 주무르듯 하는 천부의 재간만을 키웠던 것이다).

앨런은 그때부터 선(禪)을 다음과 같이 정의한다. 자연스럽게 지성적으로 살되, 절대로 영악하게 계산하지 않는 삶이라고. 바로 이 같은 선의 전형적 인물을 스즈키한테서 발견한 앨런은 그 뒤로 스즈키가 보여준 그 이상을 현실화하는 것을 그 나름의 복락원으로 생각한다. 즉 그가 어릴 적부터 보모들이나 크로쇼한테 보이던 일과 놀이의 자연스런 합치를, 앨런은 선불교 식으로 풀어서 가벼운 신비주의가 곁들인 지적인 놀이쯤으로 여기는 것이다. 늙어(과연 그런 앨런에게 늙음이라는 것이 가능한지?) 죽도록 그는 저 장난꾸러기 일곱 살의 무한한 탐구심을 버리지 못한다. 일설에 의하면 그는 술을 마시고도 단전호흡을 너무 진지하게 시행하던 끝에 아마도 그 심호흡에서 깨어나지 못한 채 낙원(?)으로 돌아간 것이라고(그의 조용한 죽음을 그렇게) 해석하는 사람도 있다. 열네 살 적에는 달걀의 이름이 어째서「파라디들」인가를 화두로 삼다가, 스물한 살에야「달마가 동쪽으로 간 까닭이」왜「뜰 앞의 잣나무」인지를 알아차린 폭이다. 이제부터 그는 독립한 선객이었다. 아니 그를 억누르던 영국식 엄격한 교육의 대안을 화두 공부에서 발견한 것이다. 탐구심의 조직적 훈련에서 탐구 자체를 즐기는 작업, 즉 그가 그렇게도 원하던 일과 놀이의 일치를 화두 공부에서 발견한 것이다. 재미는 그 질문을 던지는 것 자체에 있지 그 질문에 대한 해답을 발견하는 데 있지 않다는 단순한 진리를 그는 동양의 선불교 공부에서 발견하곤 어린애처럼 환희작약했던 것이다.

그러나 그런 놀이가 그를 잡아매는 일이 되었을 적에, 즉 그가 자유를 만끽하던 캘리포니아의 밀 골짜기나 소살리토의 삶은, 글을 써서 식구를 먹여 살려야한다는 생각이 들 적마다 그에게 다시 어떤 의미에서는 실락원이 되고 말았다. 왜냐하면 장년기의 앨런은 그 어린시절의 낙원을 그리워하며, 스즈키의 분명하고도 신비한 선불교를 그가 다룰 줄 아는 유일한 도구인 영어라는 언어로 재탕 삼탕하는 재미로, 그 가운데 간혹 그 낙원을 재생시키는 재미로, 그것을 엉뚱하게도 남의 나라에서 마치 자기가 무슨 대 종사나 되는 양 장광설로 떠벌여 설교하는 재미로, 나머지 반생을 보내게 된다.

그에게는 뚜렷한 스승이 없다. 학무상사(學無常師)라고 본시 자수성가한 사람에게는 배움에 있어 도움이 되는 책이나 사람이 모두 스승이라서 일정한 사람을 정해 놓고 배움의 과정을 거치지 않기 일쑤이다. 특히 앨런의 경우에는 대학의 문턱에도 가보지 않고 온갖 책을 미리 읽어 소위 동양철학의 진수를 그 나름대로 정리한 책 『선의 정수(The Spirit of Zen)』를 펴낸 이래 그 나름의 정견이 있어 스스로 불교도를 자처했으나, 부잣집 사위로 빈둥빈둥 놀고 먹기가 뭣하던 그는 살림을 떠맡고 일정한 사회적 역할을 해야겠다는 명목으로 칠 년 동안 성공회 목사로 봉직한다. 이 사건을 두고 왓츠가 카멜레온이냐 배교도냐 논의의 여지가 많다. 앨런 자신은 천진스레 웃어넘긴다.「무슨 일이든 해야 할 것 아니겠소?」2차대전의 전화에 휩쓸린 영국을 떠나며, 미국 시카고 변호사집 딸을 만나 부잣집 사위가 되어 뉴욕에 내린 앨런은 나중에 미국 제일 선원(The First Zen Institute of America) 주인이 된 장모 루스 에브렛(Ruth Everett)의 재정적 도움에서 벗어나 버젓한 직업을 갖자는 목적으로 에반스톤에 있는 성공회 신학교를 속성으로 나오고(이미 그는 신학과 철학 종교에 관하여 교수진을 능가하는 실력을 갖추고 있었던 것이다), 근처 시카고대학의 교목으로 변신하였던 것이다. 겨우 서른의 나이였다. 당시 미국의 고등학교 졸업생들이 1천8백 시간의 영어교육을 받은 데 비해 종교에 대해서는 겨우 3백6십 시간의 교육밖에는 받지 못한 것을 감안하여 보라. 그는 캔터배리 하우스(Canterbury House) 목사관을 24시간 개방하여「나는 무엇 때문에 사느냐? 무엇이 나를 이렇게 존재하도록 하느냐? 신은 어디에 섰느냐?」는 등을 논의하는 동안 그 학생들과 함께 놀며 정력적으로 목회 활동에 종사한다. 그러나 행복의 신은 얄밉게도 그의 목사로서의 성공을 내버려두지 않는다. 그 바쁜 중에도 기성 기독교를 비판하고 그 밑바닥에 깔린 신비주의를 드러내는 『이 정신을 보라』를 펴내고 열광적인 평가를 받는다. 그 성공에 신이 나기도 전에, 집안에는 아내가 그의 「이상한 성적 욕구」에 불편을 느끼던 중 십년 연하의 청년과

아들을 만드는 비극적 파국에 직면한다. 목사직을 내던진 그는 두 딸을 돌보아 주던 시카고대학교 수학전공의 대학원생 도로티와 재혼한다. 목사의 이상한 성생활과 이혼 그리고 재혼. 그동안 세인들의 비난과 그가 받은 수모는 짐작하고도 남음이 있다. 그러나 그는 분연히 60년대 이후 미국 사회에 편만한 고독과 불안을 40년대에 미리 당하고 당당히 이를 극복한다. 이제 다시 그는 애시당초 그가 본능적으로 심취했던 예전의 불교적 지혜로 돌아오는 것이다.

서른다섯의 나이에 소위 세속적 실패와 재혼을 계기로 앨런은 다시 한 번 낙원을 찾아 떠난다. 몸도 마음도 지쳐 지긋지긋하게 춥기만 하던 동부를 떠나는 앨런에게 신천지는 다름아닌 서부 캘리포니아였다. 올더스 헉슬리(*Aldoxs Huxley*)와 크리스토퍼 이셔우드(*Christopher Isherwood*)는 기꺼이 저들의 스승 스와미 프라브하난다(*Swami Prabhananda*)와 앨런의 만남을 성사시킨다. 그러나 스와미의 금욕주의와 엄격한 수련의 길이 무목적의 무방법을 통한 깨달음을 추구하는 앨런의 비위에 맞을 리 없었다. 그는 아무튼 그 나름대로 우뚝 솟은 거목이었다. 아무도 그의 신념을 꺾을 자가 없었다. 마침 런던에서부터 알던 친구 프레드릭 스피겔버그(*Fredreic Spiegelberg*)가 제안하는 미국 동양학대학(*American Academy of Asian Studies*)의 창설에 그는 참여한다. 단순히 석박사 학위나 수여하는 대학원이기를 넘어 전인류의 의식을 바꾸어놓겠다는 야심에 불탄다. 앨런 자신에게는 제2의 인생도약 겸 제2의 복락원을 시험하는 단계이다. 아시아 도처에서 선생들을 불러모으고 기성대학에서 도저히 가르칠 수 없는 과목을 가르치는 이 학원의 재정 상태는 일 년 안에 선생들의 봉급을 지불하지 못하는 사태에 직면한다. 아무 할 일도 없던 앨런에게 학장이라는 행정직이 맡겨진다. 그동안 『禪의 길(*The Way of Zen*)』로 저술가로서의 명성을 얻는다. 학교 재정 파탄의 짐과 그의 격식에도 맞지 않는 교수직에 진절머리가 났다. 앨런은 둘째 아내 도로티의 권유로 나이 마흔셋에 다시금 프리랜서로 전환, 온갖 잡무로부터 벗어나 밀 밸리에 정착하여 처음으로 마음껏 써낸 책이 바로 우리가 읽는 이 책이다. 그동안의 시난고난과 학문적 성숙은 깊을 대로 깊어, 우리는 앨런의 인생과 학문의 핵심을 보는 폭이다.

3-5 앨런 왓츠: 종잡을 수 없는 신비주의자(wayward mystic)라?

이 책에서 앨런은 마음과 육신의 이원성을 통렬하게 공박한다. 이 비난은 결국 이제까지의 기독교 전통이 지나치게 마음 즉 정신의 우위를 무의식적으로 조장한 데 기인한다고 한다. 서양 전통에서 여성은 흔히 이브로 표현된다. 여성 이브는 남성 아담을 유혹하여 하나님으로부터 떠나 죄악에 빠지게 하는 원흉이다. 여성은 또한 바로 육신의 상징이다. 따라서 성욕은 금욕을 결행할 수 없는 의지 박약한 인간이 어쩔 수 없이 빠져드는 나약한 인간의 징표가 된다.

앨런은 이처럼 성욕에 대한 전통적 이해를 근본적으로 뒤바꾸는 작업을 시도한다. 남성이나 여성이나 이 우주간을 떠도는 고아처럼 방기해서는 안 된다. 오히려 남성과 여성은 이 우주의 물샐틈없이 꽉 짜인 조직의 일부로 보아야 마땅하다. 따라서 사랑의 행위는 우주자연의 일부가 또 다른 우주자연의 일부를 바로 자기 자신의 일부로 인정하는 일이요 놀이다.

그런데 우리는 전통적으로 무의식적으로 자아(에고, *ego*)의 가위눌림에 시달려 버릇해 오기 수천 수만년을 지나고 있다. 일시에 그런 가위눌림에서 해방되기란 그리 쉽지 않다. 주관과 객관, 경험과 경험자를 갈라놓는 에고의 장벽을 허물기가 쉽지 않다. 그러나 애시당초 그런 장벽은 없다. 우리는 그냥 연속적 경험선상에 놓여 있는 하나의 경험이다. 우리는 그 경험을 받아들이고 그 느낌을 느끼기만 하면 된다. 본시 유기체로서의 인간은 자연적 동물과 이를 의식적으로 주재하려는 자아/에고가 둘로 갈라져 있는 이원적 실체가 아니다. 흔히 우리가 피해야할 것이라고만 아는 고통과 또 항상 추구해서 마땅하다고 배운 즐거움이란 것도 따지고 보면 바로 저 의식적 의지 즉 자아/에고가 주체할 수 없는 공포와 불안의 대상을 실체화한 것에 지나지 않는다. 이원적 실체의 주재자로 상정한 자아를 직시하라. 바로 보면 그 자아로부터 벗어나고, 동시에 고통과 즐거움의 이원적 세상도 없어진다.

느낌의 예술과 환희의 절정을 길게 그리고 나서 앨런은 남성과 여성의 마땅한 관계를 천착한다. 두 연인의 만남과 합일은 바로 그 의식적 의지의 자아가 만들어놓은 무지의 베일 즉 인도말로 마야(maya)라는 허상을 극복하는 것이다. 마야란 심리적으로 풀이하면 두려움 또는 수치감이다. 마야는 안타깝게 만족만을 바라는 욕구가 만들어낸 허상이다. 그 허상으로부터 벗어날 때 남성과 여성은 비로소 천국의 이상이 아니라 이 지상의 현실을 실상 그대로 바로 볼 수 있다.「진실한 성적 접촉은 만남의 모든 국면을 일신한다. 그 따뜻한 빛으로 온세상이 다시 태어난다. 한갓 사랑놀이를 넘어서 대화와 일의 새로운 마당이 열린다.」사랑의 행위는 이원성을 극복하는 첩경이다.「미리 정해놓지 않은 그 독특한 순간에 둘이는 마치 상대방의 손을 자기의 손이나 되듯이 스스로 옷을 벗는다. 그 동작은 어색하지도 대담하지도 않다. 사회적 역할과 소유라는 가면에 가리워 꼭 둘인 줄만 알았던 본래의 하나는 한 덩어리로 한꺼번에 동시에 그대로 드러나는 것이다…… 여기에는 눈꼽만치도 무슨 노릇을 해야만 하겠다는 강박관념이 있을 수 없다.」

1958년 취리히의 융 연구소 초청을 받아 강연차 유럽을 여행하면서 고향 치슬허스트를 방문했을 적에 찍은 앨런의 사진에서는 마흔세 살의 나이답지 않게 짧은 머리, 탄탄하고 미끈하게 잘빠진 젊음이 용솟음친다.

캠브리지 신학, 인류학, 동양학과 학생들 앞에서 그는 새로운 진리를 설파하지만 대영제국의 권위를 앞세운 영국인들은 학생이건 교수건 솔직히 말해선 영국인도 아니고 그렇다고 미국인도 아닌 앨런의 입에서 나오는 동양의 지혜가 먹혀들 리 없었다. 고개에 힘이 들어간 영국인들의 떨떠름한 표정에서 인기상승의 앨런은 은근히 부아가 났다. 그러나 취리히의 융은 달랐다. 집단무의식이 곧 유식불교의 아라야식이며, 선종의 무심(無心)을 스즈키도 무의식(*the unconscious*)이라 번역한 적이 있다고 한 수 가르쳐주는 왓츠에게 융은 진지한 경청의 태도를 보였다. 호수 위를 한가롭게 떠도는 백조를 보며 앨런은 느닷없이 묻는다. 「저 백조는 일부일처제인가요?」 융은 거침없이 그렇다고 대답하고 껄껄 웃는다.

유럽 여행을 마치고 미국에 귀환하는 앨런을 맞이하는 낭보가 있었다. 그가 마음놓고 써낸 책 『있는 그대로의 자유(원제: *Nature, Man and Woman*)』가 낙양의 지가를 올리고 있다는 소식이었다. 그러나 다시 한 번 행복의 여신은 그의 인생에 안주의 즐거움을 허락하지 않는다. 아이러니컬하게도 남녀간의 성적인 친밀성과 사랑의 최고봉인 합일성을 그린 책이 독자의 열렬한 환영을 받는 것과는 대조적으로 저자 자신의 두 번째 가정생활은 다시 파탄의 길을 걷고 있었다. 그의 두 번째 아내 도로티는 먼저 부인의 두 딸과 자기가 들어와 낳은 네 아이를 키우느라 기진맥진한 상태였다. 언제나 강연과 세미나, 집회와 학교일에 몰두하는 앨런이 가정생활 특히 경제적 지주가 될 수 없는 환경에서 도로티는 참을 만큼 참았다. 게리 슈나이더가 도로티와 앨런의 냉냉한 사이를 보고 조용히 한숨을 내쉬며 하는 말이 걸작이다. 「그렇게 제멋대로 자유롭게 살자니 이 세속에서야 가는 데마다 문제를 뿌리고 다니는 폭이지.」 그때부터 앨런은 집에 들러 위안을 못 찾을 바에야 보드카라는 진한 알콜을 폭음하는 버릇에 빠진다. 『불안의 지혜에 관하여(*The Wisdom of Insecurity*)』라는 앨런의 자전적 고백적 수기에서 그는 알콜 중독의 위험을 꿰뚫어보고 있다. 「나 자신을 파괴하는 줄 너무나 잘 알지. 알콜은 독이야. 마시는 것조차 지겨워. 냄새도 맛도 싫어, 그러나 마셔야 해. 안 마시면 못 견디겠는 걸. 이 세상이 기본적으로 불안하고 위태롭다는 적나라한 현실을 직시할 수 없기 때문이야. 불안을 직시하는 것만으로는 부족해. 불안이 되어야지.」 이 버릇이 십여 년 뒤 그를 죽음에까지 이르게 할 줄을 그 자신도 몰랐다.

이때부터 앨런의 명성은 하늘 높은 줄 몰랐다. 특히 1960년 뉴욕에서 열린 세미나에 참석했던 앨런은 그리니치 빌리지에서 같이 마시고 춤추던 메리 제인 예이츠(*Mary Jane Yates*)라는 미모의 동년배 여성과 사랑에 빠진다. 그때 도로티는 다섯번째 아기를 배고 있었다. 두 번째 아내와 다섯 자식을 내팽개치고 가출하는 앨런을 고향의 부모조차 절대로 용서하지 않았다. 그 자신은 「제2의 자기를 찾았다」고 부르짖는다. 소살리토 부둣가에 키도 없이 매어놓은 발레호(*Vallejo*)라는 배를 집 삼아 그는 문자 그대로 자유인의 생활을 즐긴다.

1960년대. 샌프란시스코. 이상한 바람이 전 시가를 뒤덮고 있었다. 나중에야 신문기자들, 문명비평가들은 그 현상을 설명하는 표지를 찾아낸다. 이상향을 찾는 사람들(*utopianism*), 근본적으로 삶의 지표를 달리하는 사람들(*radical divergence*), 풍요속의 혁명(*revolution in affluence*), 종교부흥(*religious revival*), 샌프란시스코 문예부흥(*San Francisco Renaissance*), 그리고 반문화(*counter-culture*). 어떤 표지이건 전체를 설명하기에는 부족하나 그 나름대로 한 가닥 특징은 묘사하고 있다. 이 반문화의 뿌리는 동양종교 그 중에서도 불교였다. 그 주변에 재즈음악과 시, 그리고 환각제를 복용해서 「또 다른 현실」을 추구하는 것 등등의 특징적 면모가 있기는 하다. 이 반문화운동과 왓츠가 도로티를 떠나는 사건이 동시적으로 발생했던 것이다.

제이노(*Jano: Jane*의 애칭)와 더불어 부둣가에 떠도는 배로 이사간 왓츠는 같은 배를 반쪽 전세낸 진 바르다(*Jean Varda*)라는 화가와 죽이 맞아 「순간을 사는 재미」에 빠진다. 일요일마다 요란한 색깔의 옷을 느슨하게 걸쳐 입고 술과 춤과 노래와 여자로 즐긴다. 그러나 주중에는 근엄하게 타이프라이터에 앉아 열심히 글을 써냈다. 엄청난 이혼 위자료와 아이들 양육비를 벌어야 했다. 왓츠는 당대의 시인 슈나이더, 소설가 잭 캐루악(*Jack Kerouac*)과 더불어 부르조아 도시인들의 가치관에 도전한다. 허버트 마르쿠제(*Herbert Marcuse*)는 『에로스와 문명(*Eros and Civilization*)』 서문에서 「풍요 속의 혁명」이라 특징짓고, 테오도어 로작(*Theodore Roszak*)은 1968년 마침내 「반문화」라는 정식 명칭을 붙여 준다. 당장의 굶주림과 생존의 걱정으로부터 해방된 도시민들은 인생에서 보다 더 많은 것, 보다 더 높은 의미를 찾아 헤맨다는 것이다. 특히 인간 관계, 사회활동과 종교에서 인생의 의미를 찾자는 것이다. 마침 케네디 대통령은 국내적으로는 새로운 개척정신과 시민권의 확대를 주창하고, 대외적으로는 소련과 힘의 대결에서 우위를 점한다. 마틴 루터 킹목사는 인종문제에 근본적 해결을 요구하고 나섰다. 이 새로운 이상주의 바람은 대학 캠퍼스에서 한갓 이상이 아닌 근본적 행동으로 확산된다. 반전 데모는 「전쟁을 말고, 사랑을 하라(*Make Love Not War*)」고 외친다. 대중 음악은 인류애, 평화, 평등, 인종차별 철폐를 노래한다.

여기에 발맞추어 왓츠는 감성의 해방, 종교, 환각제, 식생활 개선, 스타일 있는 의복, 도대체 어떻게 사는 것이 참으로 멋진 인생인가에 관하여 끝없이 이야기한다. 61년부터 그는 컬럼비아, 하버드, 예일, 코넬, 시카고 대학을 돌아다니며 연사로 등장, 학생들의 인기를 독점한다. 62년부터 2년간 하바드의 사회관계학과의 연구비를 받고 자주 드나들며 당시 자기 집을 일종의 학생 공동숙소로 제공하는 티모티 리어리(*Timothy Leary*) 교수의 환각제 복용 시험 제의에 응한다. 60년에서 65년 사이 일년에도 두세 차례 슈나이더와 일본 쿄토 등지를 방문하는 동안 용맹정진보다는 아내 제이노와 절 뒤쪽 한적한 무덤 곁에서 차대신 사케를 들며「시간을 잊는 체험」에 몰두하기도 한다. 그러나 케루악이 그린 앨런의 모습은 그렇게 히피처럼 어울리는 듯해도 언제나 하얀 신사복 정장에 단장을 짚고 여송연을 빼어문 자세에 어딘지 범접치 못할 위엄이 풍긴다고 한다. 당시의 히피들에게 일종의 카리스마적 존재로 비친 것은 당연하다.

어디서 모여드는지 먹을 것과 잠잘 곳을 무료로 대주는 샌프란시스코 하이트 애쉬배리(금문교 근처) 구역에는 소위 히피들이 자유사상을 실천하며, *LSD*를 실험하고, 자유연애를 구가하고 있었다. 마침 *KQED* 라디오 방송을 통한「철학적 재담꾼(*philosophical entertainer*) 진짜 가짜(*genuine fake*)」라는 앨런 왓츠의 선불교 강좌가 이들 반문화 집단의 이야깃거리가 되었다.「너 어젯밤 왓츠의 방송 들어봤어?」는 유행어였다. 하루는 식당에 앉아 있는 왓츠에게 다가와 어느 여인은 허리를 굽혀 오체투지하며 그의 발에 경배를 드릴 정도였다.

아무튼 그는 자의반 타의반 히피들의 대장이 된다. 아무 직장도 없다. 그를 잡아매는 전통적 도덕률도 없다. 그야말로 하릴없이「꽃의 아이(*flower child*)가 된 앨런은 저 유명한 1967년 I월 14일「인간이 되거라(*human Be-In*)」제전을 주재한다. 슈나이디, 긴스버그 그리고 왓츠 셋은 샌프란시스코 폴로 구장에서 이른 새벽부터 인도의 전통적 프라닥크시나 의식(의식의 터를 신성하게 만들기 위해 그 주위를 맴도는 일종의 經行)을 거행한다. 수만 명의 히피들이 요란한 옷차림으로 새벽부터 운동장에 몰려든다. 하루종일 노래와 춤, 떠들석한 야만법석이 벌어진다. 샌프란시스코 선원(*Zen Center*)의 순류 스즈키 선사가 법단에 올라 꽃을 들어 보이는 의식도 행하고, 저녁 무렵엔 슈나이더가 소라껍질 나발을 불어 해산을 알리자, 긴스버그의 노래에 맞추어 일행은 열을 지어 모닥불을 지펴놓은 바닷가로 행진한다. 경찰들은 멀거니 쳐다보며 그들을 호위한다. 「자네들은 거 뭐라 할까 일종의 사랑의 세대(love generation)일세그려」 어처구니없는 기성세대들은 그냥 바라보고만 있었다. 그러나 이것은 잠깐이었다. 십대 소년소녀들이 떼를 지어 학교를 등지고, 부모를 등지고, 샌프란시스코로 몰려들 때, 이를 틈탄 마약상인들과 깡패들까지 끼어들자, 사랑과 평화, 있는 것 없는 것을 한 데 공유하던 공동체 하이트 애쉬배리가 곧 음험한 범죄들의 소굴로 변하고 기성세대들이 「사랑의 세대」를 보는 눈길이 바뀐다. 1966년 *LSD*나 마리화나를 소지하는 것은 경범죄, 이를 매매하는 것은 중죄로 다스려진다. 미국은 금주시대 이후 또 다시 엄격한 청교도 정신으로 돌아가는 듯했다.

히피들의 등쌀로 전화 공세는 물론 직접 소살리토 발레호 배 위의 집까지 몰려드는 추종자 「제자들」을 따돌리고 조용한 서재를 원하던 왓츠 부부는 1969년 마침내 드루이드 언덕 숲속의 원형 오두막으로 이사한다. 부엌과 거실, 침실을 겸한 방이 하나, 그리고 바깥에는 햇빛을 쬘 수 있는 마루가 딸려 있다. 키가 큰 유칼립터스나무 숲에 둘러싸여 멀리 바닷가가 내려다보이고, 가까이 시야가 닿는 곳은 인적조차 없는 산골이다. 얼굴은 부쩍 주름이 늘고 총기가 빠져나간 눈동자하며 그의 기력은 하루하루가 다르게 줄어든다. 그에게 그 오두막을 지어준 로저소머즈(*Roger Somers*)는 왓츠가 유명세를 물고 있음을 간파한다. 그의 고질적 보드카 상음은 명성 뒤에 숨겨진 처절한 고독감을 못 이겨하는 것이었다. 똑똑한 부인 제이노는 한때 정신 분석을 권고도 하고, 음주벽을 줄여도 보라고 달래보지만, 왓츠는 자기 스스로 서서히 허물어져 감을 느끼고 있는 듯했다. 이미 그의 명성은 국제적이었으나, 육체적으로 왓츠의 간은 지나치게 확대되어 있었다.

그의 관심은 선불교에만 머물지 않는다. 동서의 세계적 신학자, 정신분석학자, 신경생리학자, 인류학자, 사회학자들과 교분을 나누며 서서히 그 모든 분야를 한 데 아울러 그의 관심은 사회 심리적인 데로 통합해 나가는 모습을 보였다. 한편 건강이 여의치 않은 가운데에도 64년에 사귄 융 정신분석가 준 싱어(*June Singer*)가 남편과 사별하고 우울증세에 빠진 것을 고쳐 주는 동안, 그녀와 열렬한 연애에 빠져들고, 그녀가 박사학위 논문을 쓰는 동안 사이가 뜨악하자, 마음이 상해 절교하는 등 그는 지칠 줄 모르는 정력을 과시한다. 세 명의 아내 밖에는 그와 연애를 한 부지기수의 여성들이 있었다. 72년에 그의 자서전이 출판된다. 편집자는 이미 그의 기억력이 쇠하지 않았나 의심할 정도로 너무 조잡한 그의 문장에 실망한다. 아니면 돈에 쪼들린 때문일까? 서둘러 불러 쓴 흔적이 역력했기 때문이다. 아니면 어린 시절의 자세한 이야기를 빼놓고 고백하면 상처를 입힐 사람들이 너무 많았기 때문일까?

71년에서 73년 사이 마지막으로 왓츠는 도교(道敎)에 빠진다. 새로운 활력을 얻은 듯 중국인 황충량과 더불어 시냇물의 이미지를 중심으로 인생의 예지를 추구하는 책을 구상한다. 73년 9월 구순을 넘긴 아버지에게 고향집을 방문하고 유럽 강연여행을 통지하는 편지에는 새로운 저술 구상으로 들뜬 왓츠의 모습이 역력하다. 그러나 고향집에서 그는 동네 친지들의 눈치를 채지 못한 채 길게 길게 예의 언변좋은 장광설을 늘어놓아 자동차로 데려다 줄 사람을 한시간 반이나 기다리게 하는 등 절도있고 예절바른 예전의 왓츠가 아니었다. 이제 그에게는 인생살이가 짐이 되었다. 살기가 귀찮다는 푸념을 늘어놓으며 첫 딸애를 보고, 자기가 죽으면 빨간 머리의 소녀로 태어나겠노라는 진반 농반의 말을 했다.

1973년 11월 16일 새벽. 유럽 여행의 여독이 채 풀리지 않았다. 그 때문일까, 드루이드 언덕 집 잠든 왓츠를 깨우러 들어간 제이노는 이상하게도 움직임이 없는 남편을 발견한다. 제이노는 심장마비로 간 남편이 인생 호텔에서 「체크 아웃(check out)」했다는 표현을 썼다. 그러나 제이노는 한편 남편의 죽음을 달리 설명한다. 왓츠가 아버지한테 마지막 쓴 편지대로라면 삼매에 빠지는 깊은 호흡법을 실천하다 그만 영원한 삼매에 빠지고 만 것이라고. 다음해 2월 드루이드 언덕에서 연미사를 지내고, 다비에 부친 나머지 재는 오두막 서재 앞에 뿌렸다. 샌프란시스코 선원의 베이커 선사는 그에게 유산 묘광(幽山 妙光)이라는 시호를 내렸다.

왓츠가 죽고 나서 얼마 안 있어 그의 예언대로 맏딸은 임신을 했다. 빨간 머리의 손녀딸이 태어났다. 손녀딸 로라가 제대로 걷기도 전이다. 엄마 친구 집에 들른 길에 엉금엉금 기어다니는 아이가 찬장으로 다가가 보드카 병을 집어들었다.

윤회가 지극히 합리적 믿음이라는 생각을 하던 왓츠의 사상은 과연 지금까지 다른 사람들에게 어떻게 비쳐지고 있는 것일까? 순수 정예 선불교도들은 그의 강연을 들으며 「한번도 깨친 적이 없는 자」라고 눈살을 찌푸렸고, 대학교의 근엄한 철학자들은 「선불교에도 노만 빈센트 피일 같은 부흥사를 두었다」면서 그의 대중묵기 철학 강연을 코웃음 쳤다. 그러나 샌프란시스코 르네상스를 정확히 반문화로 규정한 로작은 왓츠야 말로 난해하게 느껴지는 선불교를 서양 언어로 똑 부러지게 해설하는 천부적 기질을 타고났다고 격찬한다.

「선불교에도 노만 빈센트 피일 같은 부흥사를 두었다」면서 그의 대중묵기 철학 강연을 코웃음쳤다. 그러나 샌프란시스코 르네상스를 정확히 반문화로 규정한 로작은 왓츠야말로 난해하게 느껴지는 선불교를 서양 언어로 똑부러지게 해설하는 천부적 기질을 타고났다고 격찬한다.

그의 사후 7년 뒤 권위 있는 동서철학잡지가 그의 저작물들을 집중적으로 토론하고 비평한 논문에 나열된 비판을 보면 한결같이 그의 신비주의가 너무 싸구려 즉흥적이라는 데 그 초점이 모아진다. 당시나 지금이나 그의 사상은 보는 이마다 제멋대로 이해하고 있음을 알 수 있다(참조; 『*Philosohy East and West 30*』, no. 3. July 1980. Feature Bood Review, 「The wayward mysticism of Alan Watts」by Louis Nordstrom & Richard Pilgrim at Syracuse University). 학자들의 견해는 천방지축 행동제일주의의 미국인들은 물론 풍요를 구가하던 전세계의 가진 자들에게 명상과 정신의 길을 처음으로 제시한 공적을 인정하면서도, 그가 지나치게 서론적인 단계에 머물렀고 또 지나치게 인기를 의식했음을 안타까워한다.

그러나 그 자신의 체험을 글로 풀어쓴 책 가운데에서 그의 진면목을 보는 양 생각하는 「먹물」들에게 그는 아마도 지금쯤 저승(그는 극락보다 저승을 택했음에 틀림없다)에서 「별 시러배 자식들, 내 똥이나 잘 핥아 먹어라」 큰소리로 웃어젖히고 있을 것이다.

그는 화엄불교에서 이른바 일마다 걸림이 없는 사사무애(事事無碍)의 경지를 누리다가 간 사람이다. 이걸 모르는 사람들은 그가 무슨 일탈행위를 하는 히피의 대변자니 또는 반문화 운동가이니 요상한 딱지를 붙일 터이나, 해설자가 보기에 그는 이른바 선종 가운데서도 마조를 우두머리로 하는 홍주종 계열의 대종사쯤으로 생각할 수 있을 것 같다. 눈알 한 번 굴리는 것까지 부처님의 현신으로 여기는 마조의 주장이나, 무명번뇌의 땅이 바로 열반 적정의 세계임을 주창하던 이통현 장자의 주장이나, 또는 천지자연과 한 몸이 됨을 지인(至人) 천인(天人)이라 하던 장자처럼, 왓츠의 모든 주장은 선가 그 중에도 홍주종의 냄새가 물씬 풍긴다. 그것이 바로 앨런 왓츠의 진면목이 아니었던가 짐작된다.

그는 자서전에서 지금도 이렇게 포효하고 있다.

「즉신성불(卽身成佛)이라는 말이 있다. 바로 그렇다. 네 몸이 바로 전 우주이다. 너는 스승이나 부모들이 입이 닳도록 주입하듯이 여러 가지 잡다한 사물의 연결고리에 파묻혀 이 지긋지긋한 지구에서 유배생활을 하고 있는 불쌍한 물건이 아니다. 너는 바로 영원이 잠깐 그 머리를 내밀고 숨을 쉬는 우주의 분신이다. 네 가슴 깊이 언제나 들어 있어 출렁이는 저 영원의 바다소리를 너는 듣지 않느냐?」

● 역자 ●

심재룡(沈在龍)　서울대 문리대 철학과 졸업
경향신문 기자, 미국 하와이대학 철학과 석·박사,
캐나다 토론토대학 초빙 교수, 캘리포니아대학 버클리분교 객원교수 역임
현재 서울대 인문대 철학과 교수(불교철학)
저서로는 『한국의 전통 사상』, 『한국에서 철학하는 자세들』,
『동양의 지혜와 禪』, 『中國佛敎哲學史』, 『부처님이 올 수 없는 땅』,
『삶이여 煩惱의 바다여』, 『한국불교의 전통과 그 변형』(영문 저서) 등이 있으며
역서로는 『아홉 마당으로 풀어쓴 禪』, 『연꽃 속의 보석이여―티베트 불교 길잡
이』, 『유배된 자유―달라이 라마 자서전』, 『티베트 성자와 보낸 3일』 등이 있음.

● 있는 그대로의 자유

● 초판발행	2001년 12월 30일
● 2　쇄	2003년 6월 30일
● 옮 긴 이	심재룡
● 펴 낸 이	채종준
● 펴 낸 곳	한국학술정보㈜
	경기도 파주시 교하읍 문발리
	파주출판문화정보산업단지 538-2
	전화 031) 908-3181(대표)·팩스 031) 908-3189
	홈페이지 http://www.kstudy.com
	e-mail(e-Book사업부) ebook@kstudy.com
● 등　록	제일산-115호(2000. 6. 19)
● 가　격	16,000원

ISBN　89-534-0487-8　93200 (Paper Book)
　　　　89-534-0488-6　98200 (e-Book)

● 잘못된 책은 구입하신 서점에서 바꾸어 드립니다.